Max Kruse, 1921 in Bad Kösen als Sohn der »Puppenmutter« Käthe Kruse geboren, leitete nach der Enteignung in Thüringen den Wiederaufbau der Puppenwerkstätten im Westen Deutschlands.
Seit seinen Kindertagen hatte er ein klares Ziel: er wollte schreiben. Also übergab er 1958 die Firma an eine seiner Schwestern und arbeitet seither als freier Schriftsteller.
Bekannt wurde Max Kruse vor allem durch seine zahlreichen Kinderbücher, durch Funk- und Fernsehsendungen und mehrere Romane. Seine Bücher wurden in sechs Sprachen übersetzt.

Vollständige Taschenbuchausgabe
Droemersche Verlagsanstalt Th. Knaur Nachf., München
Lizenzausgabe mit freundlicher Genehmigung
der Deutschen Verlags-Anstalt GmbH, Stuttgart

Umschlaggestaltung Adolf Bachmann, Reischach,
unter Verwendung der Käthe-Kruse-Puppen »Heike« (1934) und
»Du Mein« (1928),
mit freundlicher Genehmigung von Liz Körle, München.
Umschlagfoto Studio Schmatz, Egmating
Gesamtherstellung Ebner Ulm
Printed in Germany 5 4 3 2 1
ISBN 3-426-02348-2

Max Kruse:
Die versunkene Zeit

Bilder einer Kindheit im Käthe-Kruse-Haus

Mit 28 Abbildungen

Knaur

Inhalt

ISBN 3-426-02348-2 880

Herkunft

Bad Kösen ist eine kleine Stadt in Mitteldeutschland. Dort wurde ich geboren, 1921. Der Erste Weltkrieg war seit drei Jahren Vergangenheit. Für mich blieb er stets nur eine Legende. Er hätte auch im Mittelalter gewütet haben können oder noch früher, zur Zeit der Völkerwanderung. Für meine Mutter, für meinen Vater und sogar für die ältesten Geschwister war er fast noch Gegenwart. Er saß ihnen – vor allem mit seinen Hungerzeiten und den Kohlrübensuppen – noch im Nacken und im Sinn.

Ich wußte nicht, daß es den Menschen schlecht gehen konnte. Ich lernte es so bald auch nicht aus eigener Erfahrung. Wenig ist nachteiliger für die menschliche Entwicklung als das Fehlen von Zwang, sich gegen Not behaupten zu müssen; als der Mangel an Mangel; als der Mangel an Übungen des Ertragens und des Überwindens.

Meine Eltern waren das, was man in unserer Gesellschaft »berühmt« nennt. Vor allem war es meine Mutter, während der Vater seine große Zeit bereits hinter sich hatte. Ihr Ruhm strahlte auf mich über. Ich nahm ihn wie selbstverständlich für mich in Anspruch. Das Kind fühlte sich auserlesen. Spätere Enttäuschungen wurden so programmiert.

Ich kam im Bett meiner Mutter zur Welt. Und sie behielt mich dort – angeblich über ein Jahr. Sie sagte, sie habe mich auch über ein Jahr lang gestillt. Schließlich wurde das sogar ihrem gutherzigen alten Hausarzt zu viel. »Na, Frau Professor«, riet er, »nu setzen Sie den Maxel mal ab.«

Mein Vater kannte seine Käthe wohl besser. »Geben Sie's auf, Herr Sanitätsrat, die beeden kriegen Sie nich auseinander.«

Meine Mutter kokettierte mit dieser Geschichte. Sie erzählte sie oft, sogar den Fremdesten. Auch in meiner Gegenwart. Dann schämte ich mich.

Eine andere Lieblingsgeschichte meiner Mutter war, wie ich zu meinem Namen kam. Ich heiße nach meinem Vater, Max. Sie hatte schon sieben Kindern einen Namen gegeben, sechs lebenden, einem tot geborenen. Ich sollte – nach dem Willen meiner Eltern – das letzte sein. »Und der soll Max heißen«, bestimmte sie, schon als sie mich noch trug. Meinem Vater war das nicht recht. Einen zweiten Max Kruse wollte er nicht. Er wehrte sich. Vergebens. Seine Hoffnung war, daß ich ein Mädchen würde.

»Dann nenn ich sie Maximiliane«, erklärte meine Mutter. Da gab er es auf.

Das Bett meiner Mutter war breit und braun. Massive Holzwände am Fußende und am Kopf. Vier gedrechselte Säulen, von Zwiebeln gekrönt.

An der Tapete kletterten Rosen empor.

Vor dem Fenster stand eine hohe Birke, alles Licht kam durch das Filigran ihrer Äste, durch das helle Grün ihrer Blätter.

Und an den Wänden hingen viele Bilder. Über der Kommode tummelte sich Arnold Böcklins Wassermann im Spiel der Wellen, umringt von barbusigen Seejungfrauen. Da gab es Aquarelle, Landschaften, von meiner Mutter gemalt, und Kinderszenen: Bäumchen, Schäfchen, kleine Mädchen. Die hatte alle die Mutter mit Wolle gestickt und sie war stolz darauf.

Ich war also das achte Kind. Doch das Tote zählte man bald nicht mehr mit. Das siebente blieb ich, und immer das Nesthäkchen.

Meine Mutter hat den Tod ihres »Johannes« nie verschmerzt. Er erschien ihr so unnatürlich, wie ihr der Tod überhaupt gräßlich war. Mal hieß es, das Kind sei tot auf die Welt gekommen, ein andermal, es sei gleich nach der Geburt erstickt. Möglich, daß sie Schuldgefühle hatte. Immer verschleierte sich ihre Stimme, wenn sie vom »toten Bübchen« sprach. Ich glaube, es hat kurze Zeit gelebt. Sonst ergäbe der Entschluß meines Vaters, meine Mutter zu heiraten, kaum einen Sinn. Sie waren nämlich nicht verheiratet, lebten, wie man das damals nannte, in »wilder Ehe«, und zwar aus Protest gegen diese »verlogene, bürgerliche Form«. Zwei uneheliche Mädchen waren schon da. Maria und Sophie. Nun kam ein Bub, und der sollte Johannes heißen.

Und er sollte »es« – nämlich das »Uneheliche« – nicht in die Militärpapiere kriegen. So mein Vater.

Mutter Käthe und Vater Max Kruse

Meine Mutter sagte, da hätte sie sich geärgert. Eine Ehe, nur deswegen?

Aber sie heirateten trotzdem. »Aus Vernunft ... und natürlich aus Liebe!« Das sowieso. Sie liebte den Vater ja abgöttisch.

Das nächste Kind war dann wieder ein Mädchen, das dritte. Das hieß nach dem »toten Bübchen« Johanna. Aber endlich gab es danach vier Buben. Erst Michael, dann Joachim – und 1918, als man sich so sehnlichst den Frieden wünschte, den Friedebald.

Und schließlich mich.

Die Mutter war da schon 38 Jahre alt. Mein Vater sogar 68. Für mich war er nie das, was man einen Vater nennt. Sogar für einen Großvater wäre er schier zu alt gewesen. Er war eine Art Sagengestalt, Wotan vielleicht, mit seinem langen, grauen Bart und dem brummig-verschlossenen Wesen.

So sah ich ihn: schweigend in der Stube hin und her stapfend. Oder schweigend im Ohrensessel sitzend. Und meist einen Stumpen rauchend, von dessen Saft sich sein Bart dicht unter der weichen Unterlippe gelb verfärbte.

Er starrte vor sich hin. Manchmal trommelten seine kräftigen Finger – die Finger einer Bildhauerhand – Rhythmen auf die Armstützen.

Er war ein Patriarch. Acht – oder also sieben – Kinder hatte er aus seiner zweiten Ehe, vier schon aus der ersten. Er fand es notwendig, sich fortzupflanzen. Was später aus den Kindern wurde, bekümmerte ihn wenig. Daß sie alle hochbegabt waren und sich daher schon durchsetzen würden, war seine feste Überzeugung.

Dazu brauchten sie eigentlich sogar nicht einmal etwas zu lernen. Denn: »Genies setzen sich immer durch!« Und: »Auf der Akademie trägt man seine Begabungen zu Grabe!«

Ich höre ihn das noch sagen mit seiner tiefen, knurrenden Stimme, die keinen Widerspruch duldete.

Im Prinzip war meine Mutter wohl derselben Ansicht. Ihre eigene Lebensgeschichte lehrte sie das gleiche. Aber sie war immerhin so vorsichtig, ihre ersten Kinder auf Schulen zu schikken. Bei mir versuchte sie lange, das zu umgehen. Es gelang ihr so ziemlich. Ich habe wohl die ungeordnetste Schulbildung, die man sich denken kann. Wenn ich heute davon erzähle, genieße ich Heiterkeitserfolge. Aber könnte ich mein Leben zurückdrehen, möchte ich es anders machen.

Die Mutter

Als ich – der Jüngste – geboren wurde, lag schon ein reiches Leben hinter meiner Mutter. Sie hatte eine »Weltfirma«. Die Firma war klein, ihr Name war groß, unverhältnismäßig groß. Da blieb immer eine Diskrepanz, die sie mit ihrer Persönlichkeit ausfüllte.

Außerdem hatte sie sieben Kinder. Sie war mehr als beschäftigt. Auch der Vater brauchte sie mehr und mehr, er war ihr keine Hilfe, sondern das Gegenteil, ganz natürlicherweise.

Aber ohne ihre Kinder hätte sie andererseits die Firma auch nicht gehabt, nicht ihre Aufgabe, nicht ihren Ruhm.

Die Geschichte, wie sie zu ihren Puppen kam, mußte immer und immer wieder berichtet werden. Bei jedem Interview, in allen Zeitungen, im Rundfunk. Bei jeder Gelegenheit. Auch wir Kinder mußten sie erzählen, sie verfolgte und verfolgt uns bis ins Alter.

Die Mutter war nicht groß, eine kleine, eine zierliche Frau. In meiner Kindheit hatte sie Zöpfe, die sie in der Mitte des Scheitels zusammenrollte, kunstvoll und geschickt. Da trug sie dann ein kleines geflochtenes Krönchen, eine Art Nest. Die »Schnecke« nannte sie diese Frisur.

Wenn ich morgens aufwachte, stand sie oft am Waschtisch. Da schlief ich zwar schon in einem eigenen Bett, aber mit ihr im selben Zimmer. Es war so schmal, daß das Kopfende meines Bettes von einem Waschtisch verdeckt wurde, das Fußende von dem Kleiderschrank. Doch erzeugte diese Enge das Gefühl großer Geborgenheit. Hier konnte ich mich verkriechen, wie in einer Höhle.

Käthe Kruse mit einigen ihrer ersten Puppen, der sogenannten Puppe I, damals noch mit gemalten Haaren

Die Mutter wusch sich, im schwarzen, kunstseidenen Unterrock, in der Porzellanschüssel mit Rosen. Das nannte sie Katzenwäsche. Über ihre blassen Arme spannten sich dünne Träger. Sie goß das kalte Wasser aus dem Krug in die Schüssel, plätscherte, prustete, seufzte wohl auch, putzte sich die Zähne und gurgelte mit Odol – denn sie war mit einem Direktor der Odol-Fabrik in Dresden befreundet. Danach goß sie das schmutzige Wasser in einen grauen Eimer, genauer gesagt, in dessen vertieften Deckel, wo es durch eine Mittelöffnung mit darüberstehendem Häubchen abfloß. Ich habe später so einen Eimer nie wieder gesehen.

Durch diese reinigende, melodiöse, klingelnd-plätscherndegurgelnde Morgenveranstaltung wurde ich aus meinen Kinderträumen gerissen. Das fand ich behaglich.

»Guten Morgen, mein Herzblatt!« begrüßte mich meine Mutter, vielleicht mit der Zahnbürste zwischen Zähnen und Backe, dann etwas undeutlich und mit weißem Schaum auf den Lippen. Da sie zum Waschen keine Brille trug, wirkte sie auf mich seltsam fremd, mit graublauen, verschwommen schauenden Augen.

Aber je älter ich wurde, je öfter kam es vor, daß meine Mutter noch in ihrem breiten Bett am Fenster lag und schlief, wenn ich erwachte. Sie war eine Nachtarbeiterin. Sie saß im Nebenzimmer, am Schreibtisch, wenn das ganze Haus dunkel und still war, wenn niemand sie störte, kein Telefon, kein Mensch, nur die Kuckucksuhr beruhigend tickte. Dann machte sie sich Notizen fürs Diktat; schrieb ihre zahllosen Zettelchen mit Anweisungen für die Mitarbeiter in der Werkstätte; bearbeitete Katalogtexte; klebte ausgeschnittene Puppenfotos zu Prospektentwürfen zusammen; verfaßte Artikel und Radiovorträge.

Unermüdlichkeit, eine bis zur Penetranz gesteigerte Akribie, überschäumende Vitalität und Herzlichkeit hatten sie zu dem gemacht, was sie war.

Ihre Begabung allein hätte kaum genügt.

Denn ihr Leben begann düster.

1883 wurde sie als Katharina Simon in Breslau geboren. Es war die »Gründerzeit«, Bismarck regierte noch, Deutschland war ein Reich geworden. Die Wirtschaft florierte – ihre Eltern spürten nichts davon. Ihre Mutter, eines von siebzehn schlesischen Bauernkindern, schlug sich – schon mit 7 Jahren Waise geworden – mühsam als Näherin durch. Katharina war ihr einziges Kind und ein uneheliches. Das war damals eine Schande, auch für das Mädchen. Bedrückend war die Kindheit, qualvoll. Ihren Vater sah sie nicht oft, er führte eine unglückliche Ehe. Nur manchmal unternahm er an Sonntagen mit seiner Käthe kilometerweite Spaziergänge, die sie überanstrengten. Er war Schreiber bei der Stadt Breslau. Dichterisch begabt, mußte er die Hoffnung auf ein Studium aufgeben, als er früh ein Kind bekam, heiraten mußte, eine Familie ernähren. Sein Sohn Georg, meiner Mutter Halbbruder also, beging später Selbstmord. Auch das belastete dieses sensible Mädchen.

Ihr Vater war liebevoll und gleichzeitig hart, hin und her gerissen zwischen Pflicht und Neigung. Dafür eine Geschichte: Meine Mutter war immer, schon als Kind, hemmungslos tierlieb. Das fand er übertrieben, gefährlich. Um es ihr auszutreiben, schenkte er ihr ein Kätzchen, an dem sie abgöttisch hing. Doch schon bald nahm er ihr das Tierchen wieder weg, behauptete, es im Fluß ertränkt zu haben. »Ich hab ihm einen Stein an den Hals gebunden und es ins Wasser geworfen.«

Der kleinen Katharina brach eine Welt zusammen.

»Hab dich nicht so«, zürnte ihr Vater. »Was liegt schon an einem Viech? Du mußt dir die dumme Tierliebe abgewöhnen. Darum habe ich es in die Oder geschmissen.«

»Da«, sagte sie, »habe ich meinen Vater gehaßt!« Viel später erfuhr sie, daß er die Katze doch in gute Hände gegeben hatte. Aber es dauerte lange, bis sich ihr Verhältnis zu ihm wieder entspannte.

Und er ist bald gestorben, unter tragischen, die Tochter unendlich bedrückenden Umständen. Er war krank. Er fühlte, daß es zu Ende ging. Ein wenig Geld hatte er heimlich gespart, er wollte, daß es Katharina und ihre Mutter, die seine Liebe war, bekämen, da sie ja Not litten. Noch einmal erlaubte seine Frau, daß ihn seine uneheliche Tochter besuchte. »Dort, dort ist es ...«, sagte er und deutete aus seinem Bett nach dem Schrank. Das Kind suchte. Da war nichts. Ihr Vater begriff ... er drehte sich nach der Wand und weinte.

Meine Mutter hat den Tod immer gehaßt. Tag für Tag, mit dumpfer Posaunenmusik »Es ist bestimmt in Gottes Rat ...« zogen die Leichenwagen und Trauerzüge an der winzigen, ärmlichen Wohnung vorüber – ein immerwährendes Grauen für sie.

Eine erste Aufnahme gibt es von dem Mädchen, wohl 6 oder 7 Jahre alt. Im sauber bestickten Kleid, am Hals hochgeschlossen, sitzt sie auf einer Kiste beim Fotografen, die Hände still gefaltet. Streng und kurz geschnitten, ganz glatt, liegen die Haare um

Käthe Kruse als Kind:
die kleine Katharina Simon in Breslau

ihren Kopf, lassen die wohlgeformten Ohren, die hohe Stirn frei. Ernst, unter dichten Brauen blickt sie zur Seite, mit großen, so wehmütigen Augen, und ihr Mund versucht ein Lächeln. Es ist ein verhangenes Gesicht, rührend, weil man ihm frühes Leid ansieht und ein großes Liebesbedürfnis. Dieses Kind, fragt man sich, kann es laut und strahlend lachen? Die kleine Katharina ist nicht niedlich, nicht bezaubernd, kein Sonnenstrahl – sie wirkt weltverloren und heimatlos, wie ausgesetzt.

In der Schule fand sie einen verständnisvollen Deutschlehrer. Gab es etwas vorzulesen, rief er sie auf. Mit 16 war der Unterricht beendet. Sie ging aus eigenem Antrieb zum Breslauer Stadttheater. Man ließ sie vorsprechen. Sie überzeugte. Der erste Charakterspieler nahm sie als Schülerin an, er berechnete ihr wenig: sie war begabt. Als er von einer Theateragentur nach einer Darstellerin für die Premiere von Sudermanns »Johannesfeuer« gefragt wurde, nannte er Katharina – sie fuhr nach Berlin in die Großstadt. Sie stellte sich im Lessingtheater vor – wurde engagiert, zwar nicht für das »Johannesfeuer«, wohl aber für »Die Sklavin«, auch von Sudermann. 17 Jahre war sie erst. Sie ließ die besorgte Mutter nach Berlin kommen, damit sie ihr den Haushalt führte. Sie reiste unter dem Künstlernamen Hedda Somin nach Warschau, Moskau und Petersburg. Sie stand mit Agnes Sorma auf der Bühne. In Berlin lernte sie den Vater kennen, 30 Jahre älter war er als sie, schon Professor, Bildhauer: ein bekannter, ein bedeutender und ein schöner Mann, wie sie sagte. Sie liebte ihn leidenschaftlich. Noch keine 20 war sie und erwartete ein Kind. Er heiratete sie nicht. Er vertrat die Meinung, daß die wahre Liebe keiner bürgerlichen Fesseln bedürfe. Sie verließ das Theater, übersiedelte mit den ersten beiden Töchtern – Maria und Sophie – nach Ascona, in die berühmte Künstlerkolonie am Monte Verità, da bewohnte sie ein winziges Vogelstellerhäuschen, das Roccolo. Es stand wie ein Türmchen aus Granitgestein in einem Wiesenhang. Ihre eigene Mutter starb im Nachbarort, qualvoll an Tuberkulose – sie sprach später selten darüber, auch sonst kaum jemals von ihrer Mutter, als sei diese aus einer anderen Welt, an die sie nicht gerne dachte.

Dann wünschte sich ihre älteste Tochter, Maria, auch ein Kind: »Come tu e la madre Maria«. Sie schrieb es dem Vater nach Berlin. Doch der sagte: »Ich koof euch keene Puppen, ick find se scheußlich. Macht euch selber welche. Eine bessere Gelegenheit, dich künstlerisch zu entwickeln, kannst du dir gar nicht wünschen.«

Nun, meine Mutter ergriff »die Gelegenheit«. Aus warmem Sand und alten Handtüchern schuf sie die ersten drolligen Geschöpfe. Man schrieb 1905. Da war sie 23. 1910, mit 28, wurden ihre Puppen in Berlin ausgestellt, im Warenhaus Tietz, »Spielzeug aus eigener Hand«: die Käthe-Kruse-Puppen. Die Presse fand, sie wären das Ei des Columbus »warm, weich, natürlich, unzerbrechlich«. Es folgten Aufträge. Es folgten schüchterne Versuche einer Herstellung, mit Nähnadel und Faden zunächst in Vaters Berliner Bildhaueratelier. Später – schon etwas handwerklicher – in Bad Kösen an der Saale.

Dort lebte sie dann mit ihren sieben Kindern, die sie rasch nacheinander »Mimel-Fifel-Hanne-Michel-Jochen-Friedebald-und-Maxel« rief. Hier arbeitete sie. In der Werkstätte hatte sie siebzig Mitarbeiter, dreißig Heimarbeiter dazu. Ihre Puppen wurden fast in alle Welt verkauft, nach den USA, nach England, Holland, Skandinavien und in die Schweiz. Sie wurden nachgeahmt. Sie prozessierte, sie gewann vor dem Reichsgericht, es gab das grundlegende »Kruse-Urteil«, das eine besondere Art des Kunstschutzes begründete.

Sie war eine der bekanntesten Frauen Deutschlands und blieb es länger als irgendeine andere. Sie wurde in gewissem Sinne stilbildend. Noch heute sagen junge Fernsehregisseure, die weder sie noch eine ihrer ersten Puppen gesehen haben: »Da muß noch ein bißchen ›Käthe-Kruse‹ rein!«, wenn sie eine bestimmte Wirkung erzielen wollen.

In ihrer Aura wuchsen wir auf. Um sie war immer etwas los: Zeitungsartikel, Interviews, Rundfunkvorträge, es riß nicht ab. Ihr Ruhm kam nicht nur von ihren Puppen, er resultierte ebenso aus ihrer Natur. Ein großer Schriftsteller mag seinen Kreis haben, seine Gemeinde, diese Frau aber kannte damals jeder. Sie wurde verehrt von Fleischermeistersgattinnen, die ihre Puppen aus Schweineschmalz im Schaufenster nachbildeten. Sie erhielt Tausende von Dankesbriefen. Auch einen von der kleinen Elisabeth, die später Königin von England wurde. Mit ihren Puppen spielte der Kinderstar Shirley Temple, ihre Puppen erwähnte Thomas Mann, wenn er eine bürgerliche Kinderstube schilderte – und sehr viel später Günter Grass.

Ich glaube, wir Kinder fühlten uns alle wie von Goldglanz umgeben. Und oft hat man mich später gefragt, ob es denn ein Glück sei, so bekannte Eltern zu haben. Ich glaube das nicht. Für meine älteren Geschwister war es vielleicht noch schwieriger, als für mich, denn sie waren ja viele Jahre länger dem übermächtigen Einfluß ausgesetzt.

Meine Mutter regierte ihr Familien-Empire wohl so ähnlich wie die Königin Victoria. Es führte kein Weg an ihr vorbei. Sie ebnete alle Wege – aber sie verschloß sie auch wieder. Sie breitete ihre Hände über und unter alles. Immer fand sie für ihre Kinder Gründe, warum es für diese besser, warum es richtiger war, heimzukehren – zu ihr.

Der Vater

Den Vater verglich meine Mutter gern mit Leonardo da Vinci. Er sah ihm auch wirklich ähnlich, vor allem seinem wunderbaren Altersbild; dem zerfurchten Gesicht mit dem wuchernden Bart. Auch die forschenden, prüfenden Augen glichen sich.

»Und, wie Leonardo da Vinci«, meinte die Mutter, »ist er ein Universalgenie.«

Unser Vater war Bildhauer, Maler und Zeichner. Begonnen hatte er als Ingenieur. Erfinder blieb er sein Leben lang. Er konstruierte eine »Bildhauerkopiermaschine«, die jede Plastik in jedem beliebigen Material und in jeder beliebigen Vergrößerung oder Verkleinerung mehrmals gleichzeitig kopieren konnte. Wir hatten eine vergilbte Fotografie von dieser Maschine mit einigen zur Hälfte bearbeiteten Figuren. Es war ein großer, ein komplizierter Apparat, der nach dem Storchschnabel-Prinzip arbeitete. Ein Hebel tastete das Original ab, ein anderer übertrug die Formen auf eine Kopie. Ein wirtschaftlicher Erfolg wurde es nicht, allein das Modell der Maschine muß den Vater ein kleines Vermögen gekostet haben. Gedacht war sie vor allem für Akademien gewesen, zur Ausbildung junger Bildhauer, denen sie zeitraubende Vorarbeiten abnehmen sollte. Auch Seine Majestät der Kaiser zeigte kein Interesse, obwohl doch gerade damals für Siegesalleen und Ruhmeshallen Bedarf an Denkmälern herrschte.

Die bedeutendste »Erfindung« des Vaters, diejenige, die bis in die heutige Zeit wirkt, war die Umgestaltung des Bühnenbildes. Max Reinhardt trat an ihn heran – 1902 – im Berliner Kaffee des Westens, dem sogenannten Kaffee Größenwahn. Er suchte »eine Sensation« für die geplante Eröffnung des Neuen Theaters am Schiffbauerdamm. Der Vater entwickelte seine Pläne: »Man muß aus der Dekoration ein Bühnenbild machen, mit richtigen Lichtern und Schatten, man muß die ganze Bühne in Plastik umsetzen –«

Max Reinhardt bat den Vater, die Ausstattung für Oscar Wildes »Salome« zu übernehmen.

Der Vater ging zur Stellprobe ins Theater. Er ließ alle Kulissen herausnehmen. Der gähnende Raum gefiel ihm. Er legte einen Halbkreis in den Hintergrund und zog ihn hoch hinauf, einen Halbkreis aus Leinwand, die er mit Löchern versah und von hinten beleuchtete. Durchschimmernd wie Luft wirkte sie und die Sterne stiegen symmetrisch geordnet empor – eine unendliche Kuppel. Darunter ließ er eine Landschaft wie ein Relief modellieren mit nach hinten immer kleiner werdenden Lichtpunkten – zur unendlichen Kuppel kam der unendliche Raum. Und da hinein stellte er den Palast des Herodes. –

Nie – sagt die Mutter, und so stand es in den Zeitungen, so stand es in dem blauen Buch mit den Goldbuchstaben über den Vater – nie habe sie einen größeren Theatereindruck gehabt, als damals, wie sich der Vorhang über dem menschenleeren Bühnenbild öffnete und sich das Publikum unwillkürlich atmend zurücklehnte. Immer und immer wieder machte die Mutter dieses aufatmende »Ahhh« nach, das von den Sesseln aufstieg, denn es war, als flute die blaue Nachtluft von der Bühne herab.

Übrigens war auch Richard Strauss so beeindruckt, daß er daraufhin die »Salome« komponierte. Einige hundertmal ging die Aufführung über die Bühne – es kam aber zu Mißverständnissen zwischen Reinhardt und meinem Vater, Reinhardt ließ sich den Rundhorizont patentieren, bekam das Patent jedoch nur für einen gemauerten. Der Vater selbst kümmerte sich zu wenig um seine Rechte, wie er sich überhaupt immer zu wenig um alles kümmerte, er verlor einen matt und ungeschickt geführten Prozeß gegen eine Berliner Bühnenausstattungsfirma, die seine Entwürfe an alle deutschen Theater verkaufte, ohne ihm einen Pfennig zu zahlen – der Vater verlor Geld, er verlor den Mut, er hat keine Arbeit für das Theater mehr angerührt.

Ein anderes: Ähnlich wie Leonardo da Vinci wollte auch mein Vater den Menschen durch Muskelkraft in die Luft erheben. Er konstruierte eine Flugmaschine – in den ersten Jahren dieses Jahrhunderts. Er zeichnete und bastelte. Auf den sanften Hügeln der Insel Hiddensee trug er die Modelle in den Wind. Sie sahen so ähnlich aus wie Mühlräder: es waren übereinander angeordnete, stoffbespannte Flügel. In der Mitte sollte der »Luftschiffer« sitzen. Der Vater erhielt sogar ein Patent, der Aeroclub interessierte sich – dann kam der Motorflug auf, des Vaters Ideen waren überholt.

Doch sann und grübelte er immer. Sein ganzes Leben. Noch an einem seiner letzten Weihnachtsabende, als der Uralte im Lehnstuhl saß und den italienischen Tenor Benjamino Gigli aus dem Grammophon singen hörte, erklärte er mir, daß diese Wiedergabe technisch viel zu wünschen übrigließe.

Er entwarf mit in die Luft zeichnenden Händen eine riesige Glocke, eine Kuppel, die man über die Sänger und die Instrumente stülpen müßte: »So groß, siehst du, so groß! Und da oben . . .«, er zeigte hinauf zur Zimmerdecke, wo der Kronleuch-

Bühnenbildentwurf von Vater Max Kruse zu Oscar Wildes »Salome«: der Palast des Herodes mit der Kuppel des Sternenhimmels

ter mit seinen Prismen funkelte, »da oben, in einer Art Laterne, also wie im Petersdom zum Beispiel, da müßte das Mikrophon angebracht sein.«

»Und warum, Herzblatt, machst du das nicht?« fragte ich ihn.

»Ach ...«, antwortete er und blies mir den Qualm seines Stumpens ins Gesicht.

Ich kann mich nicht an viele derartige Unterhaltungen mit meinem Vater erinnern. Er stand für mich schon zu fern, am Rande des Lebens, sehr weit entrückt.

Als er geboren wurde, schrieb man 1854. Seine Großeltern lebten im preußischen Stettin. Er kam in Berlin zur Welt, dort wuchs er auch auf. Und Berlin war damals noch fast wie ein Dorf, Sand auf allen großen Plätzen, Sand auch vor den Toren. Milch- und Gemüsewagen, mit Pferden, Hunden oder Eseln bespannt, kämpften sich allmorgendlich über die Tempelhofer Chaussee zum Halleschen Tor. Da wurden die Heuwagen von den Steuerbeamten mit langen, eisernen Spießen »nach Contrebande« untersucht.

Am Engelufer, das so hieß, weil hier so oft Wasserleichen angeschwemmt wurden, betrieb sein Vater eine Dampfschneidemühle. Ringsum, in den Feldern und Äckern hausten die Landstreicher, die »Pennbrüder«. Auf den Rixdorfer Höhen drehten sich die Flügel der Windmühlen.

Die Wurzeln seiner Familie reichten nach Schweden und Schottland, aber auch zu den Hugenotten gab es wohl Verbindungen. Gern wurde bei uns diese Genealogie verbreitet: Seine Mutter war eine Bethe, und die Bethes stammten vom Duc de Bethune ab, und dieser wieder von Macbeth. So schauerliches und auch fürstliches Blut hatten wir in den Adern. Von des Vaters Onkel Carl, der einen Weinberg in Bordeaux besaß, bewahrten wir schöne, leuchtende Aquarelle aus Spanien auf, und noch heute existiert in Bordeaux eine große Weinhandlung, Cruse Fils, mit der wir uns stolz verwandtschaftlich verbunden fühlten.

Jedenfalls – ganz anders als die Mutter – erlebte mein Vater eine glückliche Kindheit in einer kleinen, miteinander innig verbundenen Familie, die ihm immer als Ideal vorschwebte. Zwei Geschwister hatte er, beide älter. Sein Bruder Oskar war fast fünfzig Jahre lang Kaufmann, ehe er seine Begabung für die Malerei entdeckte. Er kam zu bescheidenem Ansehen, verpulverte all sein Geld im Bau der Lietzenburg auf der Insel Hiddensee, war ein gemütvoller, ein wenig naiver Mann und der blendendste Erzähler, den Berlin hervorgebracht hat. Wenn er erzählte, kam er vom Hundertsten ins Tausendste. Der Berliner Kulturkritiker Paul Fechter beschrieb ihn so:

»Er gehörte zu den bei uns nicht eben häufigen Talenten des unmittelbaren Erzählens aus einer blühenden, spielenden, ständig nachwachsenden Phantasie. Er begann mit irgendeiner Belanglosigkeit des nahen Tages, der Wirklichkeit, kam von ihr aus ins Unwirkliche, Spielerische, Groteske, Phantastische, spann seinen Faden unbekümmert um alle Einwände vom Realen aus weiter und weiter, so daß die Zuhörer immer tiefer in seinen Bann gerieten und stundenlang diesen Gebilden aus Ironie und Märchen, Witz und Grausen, Lächerlichkeiten und gelegentlichem Ernst lauschen konnten.«

Noch plastischer zeichnet ihn Wilhelm Schmidtbonn in seinem Buch »Die unerschrockene Insel« – womit Hiddensee gemeint ist. Er nennt Oskar Kruse den »König der Insel« und fährt fort: »Durch Holz reich geworden, hat er das rote Schloß mit weiten Bögen auf die Bergschulter gebaut. Aller Grund ringsum ist sein. Aber kein Zaun sperrt ab, keine Tafel verbietet. Weißbärtig, blauäugig hat er das Gesicht eines Fischers angenommen. Unerkannt sitzt er auf der Bank inmitten der tausend Ausflügler ... Abends aber sitzt er im Lederstuhl, in Lederstühlen seine Gäste, der Pfarrer, der Lehrer, der Verwalter, der Privatgelehrte, der Musiker, der Schriftsteller. Dann erzählt er. Erst ein wenig eintönig, und scheint dabei über sich selbst zu spotten. Dann fängt er an, langsam unglaubhaft zu werden, und nun spottet er über die verlegenen, erschreckten Gesichter derer, die ihn noch nicht kennen. Und endlich fängt er offen zu lügen an, ein neuer Münchhausen, und während alle befreit auflachen, erschrickt er nun vor sich selber, wird von einem Fieber gepackt, kann nicht mehr aufhören, gräbt sich in ein Labyrinth, in dem er, in noch tieferen Winkeln, Grauenhaftes zu sehen scheint, das er nicht auszusprechen wagt. Plötzlich endet er, mit erschöpften und traurigen Augen, gehetzt, zusammengebrochen vor unsichtbaren Feinden. Den ganzen Abend spricht er kein Wort mehr. Mit einer Laterne bringt er zum Abschied seine Gäste an die große Steintreppe. Während das Meer heult, versucht er umsonst, die Furcht der Nacht hell zu machen. Zwergig schwankt sein Licht oben, wenn die Gäste sich im Tal noch einmal umwenden ...«

»Onkel Oskar«, wie wir ihn nannten, war kein »Schreiber«, nichts hat er aufgezeichnet, nur Ernst von Wolzogen, der Schöpfer des »Überbrettl«, hat eine seiner Geschichten nacherzählt: »Was Onkel Oskar mit seiner Schwiegermutter in Amerika passierte«. Und im Vorwort dieses kleinen Buches sagt er über ihn:

»Eine Seele von Mensch, ein grundehrlicher, zuverlässiger und von Herzen gütiger Freund, Ratgeber, Helfer war er von jeher, nicht nur für seine Familie, sondern auch für einen großen Kreis anderer Menschen gewesen. Man mußte ihn nur zu nehmen wissen; das heißt, man mußte den nötigen Humor haben, um seinen Humor zu würdigen, dann war einem Onkel Oschen gut. Es gab Leute, welche mit plumpen Zweifeln und peinlich realistischen Zwischenfragen Onkel Oschens wunderbare Erzählungen zu unterbrechen imstande waren. Solche Leute konnte er nicht leiden. Und mit Recht, denn sie bewiesen doch dadurch nur ihre eigene Dummheit und Humorlosigkeit. Onkel Oschen war nämlich trotz seiner manchmal geradezu kindlichen Harmlosigkeit und seiner Freude an absonderlichen Torheiten ein überaus kluger und praktischer Kopf.«

Ich muß gestehen, daß ich mich hierin meinem Onkel recht verwandt fühle, sowohl was die Art meines Erzählens in meinen Kinderbüchern angeht, als auch meine und anderer Leute Reaktionen darauf, und es ist mir bemerkenswert, was sich innerhalb einer Familie alles vererben kann.

Seine Schwester, Anna Kruse, liebte mein Vater so sehr, daß er in seinen Lebenserinnerungen über sie schrieb: » . . . es ist ein Jammer und ein großer Verlust für Deutschland, daß meine Schwester keine Kinder hinterlassen hat.«

»Ein großer Verlust für Deutschland?« Wer kann heute noch so etwas denken! Was für eine unendliche Kluft liegt zwischen uns und den Menschen dieser Zeit.

»Ich habe kein weibliches Wesen kennengelernt«, erklärte er weiter, »das ich ihr gleichstellen könnte.«

Anna hat lieb aquarelliert und komponiert. In des Vaters Elternhaus wurde überhaupt viel musiziert, Quartett gespielt und gesungen, vor allem Carl Loewe. Der Vater selbst bekam nach dem Stimmbruch einen so wohlklingenden Tenor, daß dem Jüngling von seinem Gesangslehrer eine große Bühnenlaufbahn prophezeit wurde. Aber er entschied sich für den Architektenberuf. In Aarau besuchte er die Kantonsschule, danach das Polytechnikum in Stuttgart, begann Akt zu zeichnen, kehrte nach Berlin zurück, war »angeekelt von den Veränderungen der Stadt

»Mimerle« – Holzplastik von Max Kruse

durch die Gründerjahre«, von der »stillosen Bauwut und dem kulturlosen Neu-Reichtum«, modellierte als erstes eine Porträtbüste seiner kranken Mutter, zeigte dem damals berühmten Professor Begas seine Arbeit, sollte gleich als Schüler bei ihm bleiben, ging aber zu Schaper, war gerade 27 Jahre alt, als er den Siegesboten von Marathon modellierte, erhielt dafür die große goldene Medaille der Berliner Kunstausstellung 1882 und den Rompreis. Die Nationalgalerie kaufte das Werk. In Berlin steht es noch heute.

»Ruhm«, sagte er später, »kommt immer zu früh.« Vielleicht war es bei ihm so. Bekannt war er jedenfalls, ohne zu den Erfolgreichen zu gehören. Einige schätzen ihn als den Erneuerer deutscher Holzschnitzkunst, als den gewissenhaften Handwerker, als den Sucher zu neuen plastischen Formen. Er schuf Büsten vieler berühmter Zeitgenossen: von Gerhart Hauptmann und von dem Dirigenten Karl Muck, von dem Maler Walter Leistikow und von Max Liebermann – die einzige Büste auch von Friedrich Nietzsche, zu welcher der todkranke Philosoph selber Modell saß. Das war, sagte er, sein größtes Erlebnis. Immer war er am Experimentieren, Erfinden. Aber nie packte er zu, niemals ging er »zu den Leuten«, die Leute sollten zu ihm kommen. »Wie unendlich viele Stunden meines Lebens habe ich erwartet und erwartet«, schrieb er. »Ein Wunder ist nicht gekommen ...«

In diesem Satz ist mein Vater. Vielleicht ist das Wunder ja doch gekommen, mit Käthe, seiner zweiten Frau. Aber das war wohl nicht sein Wunder, nicht das Wunder, auf das er hoffte. Eher im Gegenteil. Denn als er die Mutter kennenlernte, war er ein namhafter Bildhauer, 48 Jahre alt und Vizepräsident der Berliner-Sezession; auserwählt, als Juror 1883 an der Weltausstellung in Chicago teilzunehmen. Und wer war sie? Eine blutjunge Elevin am Theater, knapp 18 Jahre alt, unbekannt.

Doch bereits nach wenigen Jahren sah man in ihm nur noch ihren Mann. Das Haus, das er bewohnte, war »das Haus von Käthe Kruse«. Kamen Reporter von der Presse, vom Funk, dann interviewten sie die Mutter, nicht ihn. Die Mutter ver-

Vater Max Kruse mit Schwester Maria beim Spaziergang auf Hiddensee. Im Hintergrund die Lietzenburg

diente das Geld, sie ernährte die Kinder und ihn – und das mit einer Arbeit, die in seinen Augen ja keine Kunst war, höchstens Kunstgewerbe.

Immer zum Grübeln neigend, verlor er mehr und mehr die Motivation zu eigenen Arbeiten. Öffentliche Aufträge für Bildhauer gab es nach dem Ersten Weltkrieg, nach dem Ende des Kaiserreiches, so gut wie keine mehr. Auch war er da schon hoch in den Sechzigern. Seine Bewegungen wurden langsamer, seine Gedanken negativer, ein Werkzeug nach dem anderen legte er aus der Hand. Eine Weile knetete er noch – zögernd, zweifelnd – am Portrait seines vor ihm gestorbenen Bruders Oskar für dessen Grabstein in Hiddensee – dann ließ er auch das.

So sah ich ihn – mit dem langen, roten Bart. Vielleicht hatte man sich den Herrgott so vorzustellen, so entrückt und schweigsam bis zur Wortlosigkeit, immer ein wenig Furcht verbreitend, aber gottlob selten daheim. Ja, der Vater war immer auf Reisen, oder er »lebte« irgendwo, einmal in Rom, dann wieder in Berlin oder auf Hiddensee, begleitet stets von meiner ältesten Schwester Maria, nie von meiner Mutter. Die Mutter hatte zu tun, sie arbeitete, leitete die Werkstätte, war auch verreist, aber zu ihren Kunden, nicht um »zu leben«, sondern um Geld zu verdienen.

Eigentlich ist »Geldverdienen« aber ein zu oberflächliches Wort. Geld stand bei ihr nie im Vordergrund. Sie war besessen von ihrer Arbeit. Was dem Vater fehlte, die Vitalität und das Durchsetzungsvermögen, die Kunst der Menschenbehandlung auch, das alles besaß sie im Überfluß. Die Arbeit war einfach ein Teil ihres Wesens, so wie die Liebe ein anderer war oder das sich ununterbrochen verströmende, manchmal lästige, nie zu kontrollierende Gefühl. Selbst von ihren Reisen überschüttete sie uns Daheimgebliebenen mit Zärtlichkeiten, mit Briefen und Telefonanrufen.

Vom Vater hörte man nie etwas, monatelang. So war ich nicht nur durch die Jahre, sondern auch durch den Raum von ihm entfernt. Er war nicht eigentlich »mein Vater«. Er führte nicht, er war kein Vor- und auch kein Gegenbild, er war kein

Gegenstand der Reibung, kein Ziel des Trotzes, des Widerspruchs, kein Gesprächspartner.

Ja, ich fürchtete ihn ein wenig, von früh auf. Einmal besuchte ihn meine Mutter in Hiddensee. Sie trug mich auf dem Arm. Als der Dampfer am Bollwerk anlegte, reichte sie mich ihm über die Reling. Er küßte mich.

»Lassen Sie das!« rief ich da empört, kaum vier Jahre alt.

»Was sagst du, du Schuft?« fragte er verblüfft.

»Sie sollen das lassen, ich mag das nicht«, erklärte ich noch einmal mit Nachdruck.

Zwar änderte sich später unsere Beziehung ... ganz herzlich wurde sie nie. Er war oft knurrig, aber er tobte nie, nie war er laut. Als ich fünf oder sechs Jahre alt war, stellte ich mich einmal vor den grünen Ohrensessel, in dem der Alte saß und bat: »Herzlieb, hau mich doch mal, ich möchte wissen, wie das ist!« Und der Vater gab mir lachend einen Klaps.

»Herzlieb« – das war sein Kosename. Meine Mutter nannte ihn so, wir Kinder sprachen es nach. Ob sie diesen stillen, in sich selbst vergrabenen Mann wirklich noch als »Herzlieb« empfand?

Das Zuhause

Sogar im kleinbürgerlichen Bad Kösen gab es schönere Häuser als das unsere, die berühmten Villen von Schulze-Naumburg etwa. Unser Haus war höchstens praktisch, vielleicht nicht einmal das. Wir hatten weder eine Zentralheizung noch fließendes Wasser in den Schlafzimmern. Das Haus stand auch nicht allein – mit seinem Zwilling im Nachbargarten und dem kurzabgeschnittenen Turmgeschoß wirkte es fast trutzig, grau, fabrikähnlich.

Vom Nachbarn sahen und hörten wir aber trotzdem nichts. Ich wußte kaum, wie er hieß, kaum wie er aussah. Sein Haus war eine Pension für Badegäste. Man lebte nebeneinander her, ohne sich zu kennen. Büsche und Bäume versperrten den Blick.

Wir Kruses galten wahrscheinlich als arrogant. Aber wir hatten mit niemandem Streit, oder soll ich sagen: Vielleicht nicht einmal das?

Der Eingang zu unserem Haus lag eine halbe Geschoßhöhe über der Erde. Eine steinerne Außentreppe führte empor, wie eine Veranda eingeglast. Darunter stand ein zerrupfter Oleanderbusch im grünen Holzkübel, er wanderte im Winter in den Keller.

Wie oft wohl bin ich diese Treppe emporgeklettert, habe geklingelt und gewartet, bis sich die weiße Holztür mit dem Schnörkelgitter öffnete?

Sehr still war es meist im Haus. Selten lebten die Geschwister hier. Die Mutter war tagsüber in den Werkstätten, nicht weit entfernt, aber doch nicht gegenwärtig. Nur die Hausgehilfin klapperte in der Küche.

Das Haus gehörte mir, vom Keller bis unter das Dach.

Im unteren Flur neigte sich mir ein großer Spiegel im vergoldeten Gipsrahmen entgegen, er stand hoch über einem ebenfalls goldenen Tischchen mit ausgebuchteten Beinen. Schaute ich hinauf, sah ich wie von oben auf mich selbst herab, auf meinen runden Kopf mit den braunen, langen Haaren, auf mein Kittelchen, auf meine rutschenden Wollstrümpfe.

Hier unten war das Reich des Vaters. Aber seine Räume standen leer und warteten auf ihn. Sie lagen hufeisenförmig um den schmalen Flur, eines ging in das andere über, eine leblose Welt, ein Museum mit Familienbildern, Familienmöbeln, Plastiken, Korkschnitzereien, Büchern hinter Glastüren, dem Sekretär mit der runden Schiebeklappe.

Da wanderte ich im Lautlosen herum, nur das Parkett knackte. Die Mahagonimöbel hatten grüne Sitzpolster, das breite Sofa, die Stühle. Ernst und würdig blickten die Großeltern aus voluminösen Goldrahmen auf mich herunter, hier tickte nicht einmal eine Uhr. Ich ging vom Arbeitszimmer des Vaters – wann arbeitete er hier? – ins langgestreckte Eßzimmer, in dem normalerweise nie jemand aß. Den Geschirraufzug, hinunter zur stillgelegten Küche im Keller, mochte ich. Ich zog ihn herauf und ließ ihn hinunterstürzen. Ich klimperte auf dem schwarzen Bechstein-Flügel, ich schob einen Stuhl an die Wand und drückte mit den Fingern die Bäume und die Fassaden der Häuser in den unendlich fein und mühevoll geschnitzten Korkbildern meines Urgroßvaters ein. Es waren wahre Wunder geduldiger Arbeit, äußerst seltene Stücke.

Im nächsten Zimmer, so dunkel wie die Abenddämmerung, strahlte Weihnachten der Baum, und im Großelternzimmer, zur Linken, gab es reizende kleine Möbel aus dem Rokoko; Sesselchen, zu unbequem um darauf zu sitzen; Schränkchen zu klein, um sie zu benutzen, aber so fein auf dem dicken Teppich unter dem zierlichen Kronleuchter.

Im ersten Stockwerk war alles ganz anders. Da lebten wir. Da arbeitete die Mutter. Hier klingelte das Telefon, hier duftete es aus der Küche, hier schliefen wir – die Sekretärinnen kamen zum Diktat und brachten einen Hauch von »Drüben« mit, aus der Werkstätte. Ich konnte sie anstaunen, begrüßen, necken.

Noch weiter oben, unter dem Dach, richtete sich später die Schwester Fifi ein Atelier ein, da gab es Gästezimmer und Abstellkammern, da wohnte unser Hausmädchen und da hinauf huschten wir morgens barfuß ins neu installierte Badezimmer.

Das Parterre, die Etage des Vaters, blieb immer unberührt. Auch behielt meine Mutter ihre Zimmer stets so, wie sie einmal waren. Aber aus allen anderen Räumen, unter dem Dach, im Hinterhaus, zogen wir Kinder und die Dienstboten wechselnd um, aus und ein.

Das Haus war vollgestopft mit Möbeln, die selten zueinander paßten, mit kleinen und größeren Kunstwerken, mit Plastiken und Handarbeiten der Kinder. Es quoll über von Akten, Büchern, Kartons und Bindfäden, denn meine Mutter brachte es nicht übers Herz, irgend etwas wegzuwerfen. Es war voller Kunstmappen und kaputter Koffer; es war die Heimat von Mottenschränken und Chiffonieren, deren Schubladen von eingerollten Stoffresten überquollen; von Kleidern, die längst verschlissen waren. Es war ein Museum auch für des Vaters Holz- und Bronzeplastiken, ein Sammelsuriumsgehäuse, in dem jedes

Ding seine Geschichte hatte und von Gefühlen umgeben war. Diese drei Stockwerke waren das vollkommene Zuhause, in dem alles zu uns sprach, oder schwieg, wie wir es bedurften und in das wir eintauchten – ja, fast wie in ein Aquarium der Geborgenheit.

Aber alle Geborgenheit kam letztlich doch von der Mutter. Vielleicht lag es auch am Ticken der Uhren, die niemals stehenbleiben durften. Oft ging sie nach durcharbeiteter Nacht, im Morgengrauen, noch leise durch alle Räume, um sie aufzuziehen: den großen Regulator im Flur mit seinem schwingenden Perpendikel; das verspielte Tempelührchen zwischen den vier Marmorsäulen im Wohnraum und die Schwarzwälder Kukkucksuhr in ihrem Arbeitszimmer.

Wenn ich erwachte, hörte ich das leise Schnarren der Zahnräder und Ketten, an denen die Tannenzapfengewichte baumelten.

Erste Erinnerungen

In unserem Vorgarten stand eine Kastanie, hoch wie ein Dom, ein Wunder, ebenmäßig gewachsen, gewaltig. Sie überragte unser Haus weit und verlieh ihm Schönheit und Würde. Im Herbst war der Weg von bunten Fächerblättern und braunen Kugeln überdeckt. Sie lagen wie gelackt zwischen den aufgeplatzten Schalen. Im Frühling steckte der Baum seine Kerzen auf, er warf sie über sich, Meisterstücke von Silberschmieden mit weißen, rotgeränderten Blüten, eine Illumination.

Ich war noch sehr klein, saß im Vorgarten auf einem Holzstuhl, er war hoch, ein kunsthandwerkliches Möbel, die Wonne seines Entwerfers und wohl wert, von Kunstzeitschriften für edle Form gerühmt zu werden. Er war aber gerade deshalb äußerst unbequem, ich mußte sehr gerade auf ihm sitzen, wie auf einem Thron, meine Füße reichten nicht auf den Boden hinab.

Ich spielte mit farbigen Bauklötzen, setzte sie aufeinander – zwei oder drei, immer wieder andere.

Die Kastanie blühte hoch über mir.

Eine Schwester kam, Maria, die älteste. Sie war gutherzig aber auch dickköpfig, sie wußte vieles anders, doch immer besser und blieb dabei.

Sie fragte mich, welches wohl die schönsten Farben seien, sie malte ja und wollte auch in mir den Sinn für Schönheit wecken.

»Rot und blau!« antwortete ich.

»Rot und blau? Aber das ist nicht fein, nein, das steht viel zu derb nebeneinander, rot und blau passen gar nicht zusammen.«

Ich weiß nicht, welche Farben sie mir zeigte, aber ich weiß, daß ich sie nicht verstand. »Du bist blöd«, sagte ich und beharrte fest darauf.

Sie war gekränkt und ließ mich. »Kleiner Dummkopf, du weißt es eben noch nicht besser!«

Ein wenig später dröhnte der Flügel durchs offene Fenster. Maria war musikalisch. Sie konnte improvisieren. Dann tönten ihre Gefühle.

Viel mehr weiß ich nicht aus dieser frühen Zeit. Meine Mutter fand mich »süß«, aber vielleicht nicht ganz so strahlend wie Friedebald, den nächst älteren Bruder. Er war das, was sie einen »Wonneproppen« nannte, jedermanns Entzücken mit seiner Lockenpracht.

Ich war eher ernst, etwas blaß, guckte groß und erstaunt – das fand sie freilich auch sehr schön.

Noch heute zeigen mich so die ersten Fotografien.

Das Atelier des Fotografen lag in der Nähe des Bahnhofs, günstig für die ankommenden und für die abreisenden Kurgäste, genau am Ende der Kurpromenade.

Über der Tür wölbte sich ein geschwungenes Schild, wie ein Triumphbogen. Doch fühlte ich mich viel eher gequält als geehrt, als ich darunter hindurchschritt.

Es war hell in diesem Atelier, das Fenster so hoch wie die Wand, aber verhüllt durch einen weißen Vorhang, der das Licht filterte und gleichmäßig verteilte, die Schatten mildernd. Der Fotograf hatte es mit Abzügen seiner Werke geschmückt, lächelnde, grinsende oder schmollende Kurgastkinder; auch

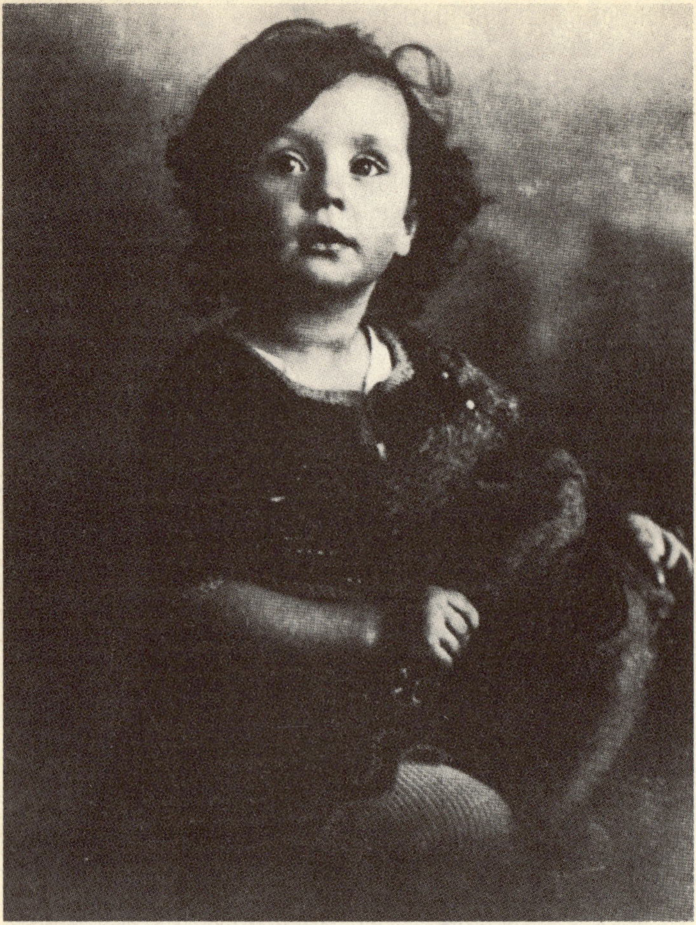

Der kleine Max mit dem Kamel, aufgenommen im Fotoatelier von Bad Kösen

Hochzeitspaare; Buben und Mädchen mit Blumenstrauß und Gesangbuch und – natürlich – Nackedeis auf dem Eisbärenfell.

Das blieb mir erspart. Ich war auch schon drei Jahre alt. Ich mußte auf einen Schemel steigen. Da stand ich nun in einem Wollkleid, in lockeren Maschen gehäkelt, und der Saum endete in Wellen über meinen rührenden Knien. Ja, sie waren rührend, suchten bescheiden Schutz aneinander, schön waren sie nicht, das fand auch niemand, nicht einmal die Mutter. Aber noch rührender waren vielleicht meine dünnen Beinchen in den faltig sitzenden, über die Schuhe fallenden Gamaschenstrümpfen.

In meinen Armen hing mein Lieblingskamel, braun, mit kräftigen Metallrädern. Es hing da, traurig, den Kopf nach unten, ein Abbild meiner Gemütsverfassung.

Und der Fotograf bückte sich hinter seinen Apparat, verschwand halb unter dem schwarzen Tuch, sah nun wie ein Fabeltier mit fünf Beinen aus, das mich durch ein großes Auge, das gleichzeitig seine Nase war, beängstigend musterte.

So belichtete er mehrere Bilder von mir, alle mit dem hängenden Trampeltier. Eines hing später im Schlafzimmer der Mutter, in bräunlichen, wolkigen Tönen und schwarz eingerahmt.

Da gucke ich sie mit den berühmten großen Augen an, das Kindergesicht ist von Locken umgeben und der Mund – den sie »das Mäulchen« nannte – ist etwas geöffnet. Es ist kein sehr geistreiches Porträt, es zeigt einen verträumten, schüchternen Knaben, der auch ein Mädchen sein könnte.

Es hing da recht deplaziert neben Böcklins wildem Faun, neben all der überschäumenden Lebensfreude, Wellen und üppigen Meerjungfrauen.

Um diese Zeit kam ich zum erstenmal von zu Hause weg, ich weiß nicht warum. Einige meiner Geschwister waren in der Odenwaldschule, dem Landerziehungsheim von Paul Geheb, wo die Kinder nach dem Ersten Weltkrieg in internationalem, humanem Geist aufwachsen sollten. Es war ein schönes Heim, das aus einer Anzahl großer, behaglicher Gebäude bestand, die mit tief herabgezogenen Dächern auf Hügeln im Wald verstreut waren. Es gab da oben keinen Autoverkehr, die Wagen – so man überhaupt welche besaß – blieben im unten gelegenen Gasthof, wie auch die Eltern, die dort hinter Holzschindeln wohnten.

Ich erinnere mich – vielleicht von späteren Fahrten – an die schmale, abenteuerlich gewundene Straße von Heppenheim, der Bahnstation, hinauf nach Oberhambach, zur Schule, müde, im Dunkeln, denn man hatte ja schon eine lange Tagesreise hinter sich. Der Motor dröhnte zwischen den eng zusammenstehenden Hauswänden in den Dörfern, die immer nur ausschnittsweise von den Scheinwerfern aus der Nacht gerissen wurden – und matt, denn die Autolampen waren noch schwach.

Ich fühlte mich heimatlos, traurig.

Ich kam in den Kindergarten, schlief, erwachte, der Mond stand voll über den dunklen Baumriesen, die Kinder in ihren Gitterbettchen ringsum schlummerten fest, so friedlich-behaglich, aber meine Matratze war naß. Das war ein großer Schrekken, eine tiefe Scham, ich kletterte über das Geländer, holte ein Handtuch aus dem Waschraum und versuchte, die nasse Stelle trocken zu reiben.

Ich weiß nicht, ob es mir gelang, ich weiß nicht, was am Morgen war, ich sehe nur den Mond, weiß von meinem Kummer, meinem Eifer.

Ich erinnere mich an einen großen, schönen Knaben, der war dunkelhäutig, ein Amerikaner. Wir nannten ihn damals noch Neger, seinen Namen habe ich vergessen. Er ließ mich auf seinen Schultern reiten, rannte mit mir im Galopp über die Sandwege von Haus zu Haus, zwischen den grünen Bäumen, die Treppen hinauf und hinab. Ich hielt mich an seinen Haaren fest, die waren so schwarz wie Kohle und so federnd kraus wie die Pferdehaare im Sofapolster.

Wir lebten im Wald, wir spielten im Wald, wir bauten eine Höhle aus Zweigen, sie erschien mir riesig. Wir wanderten, blieben die Nächte über auf den Hügeln, kuschten uns in Schlafsäcken auf den weichen Boden, auf die braunen Nadeln. Unter dem Kleinholz wurde eine Blindschleiche entdeckt, sie war wie ein kostbares, silbernes Geschmeide, gar nicht ekelhaft, wir Kinder betrachteten sie entzückt.

Es war eine schöne Nacht, der Wind erzählte etwas, man verstand es nicht, aber die Bäume flüsterten mit ihm, das Dunkel war sanft, nicht schrecklich, der Himmel voller Sterne und ein Käuzchen rief.

Am Morgen – in der Schule – frühstückten wir gemeinsam im größten der Häuser, ein Saal, Holztische, ringsum Kinder, Buben und Mädchen jeden Alters, die Koedukation war noch keineswegs überall selbstverständlich, hier war sie es, aber ob es gut sei oder nicht, dieses frühe Miteinanderleben von Mädchen und Jungen, das wurde viel diskutiert.

Meine Mutter fand es richtig. Sie war besorgt, ihre Buben könnten sonst homosexuell werden. Denn so schlimme Dinge wurden zum Beispiel von »Wickersdorf« berichtet, wo die Lehrer mit den Schülern ...

Ich wußte nicht, was ... Die großen Brüder steckten die Köpfe zusammen und flüsterten.

An einem gesonderten Tisch saß Paul Geheb, der Leiter und Gründer der Schule, Paulus genannt. Er sah furchtgebietend aus, sein Bart war so lang und so dicht wie der des Vaters, vielleicht glich er dem Apostel gleichen Namens – als einziger bekam er den morgendlichen Haferbrei mit Ei, Butter und Sahne. Sein Bart war gelb verkleckert.

Am Sonntagabend wurden Schattenspiele vorgeführt, hinter glattgespannten Leintüchern, da agierten die Kinder, von hinten angestrahlt, so daß man nur ihre schwarzen Silhouetten sah. Sie trugen Krinolinen, bewegten sich kunstvoll und hielten zwischen Daumen- und Zeigefingerspitze eine Murmel, das sollte die Erbse sein. Zu einem unregelmäßigen Turm wuchsen all die Kissen empor, und die echte Prinzessin konnte doch vor Schmerz nicht schlafen, auf diesem winzigen Ding, so zart wie sie.

Dieser Aufenthalt endete plötzlich. Im Wald, beim Spielen, stürzte ich von einem Stein, gewiß war er nicht hoch, in meiner Erinnerung ist es ein Felsen. Ich sehe mich fallen, mit ausgebreiteten Armen, die Kinder schrieen, danach weiß ich nichts mehr. Ich biß mir die Haut unter der Unterlippe durch, vollkommen, gottlob nicht die Lippe, das hätte mein ganzes Leben verändert, wie eine Hasenscharte. So sah man nichts, nur ein Geflecht von Narben blieb in der Falte, und die oberen Schneidezähne bäumten sich auf, wuchsen in die Waagerechte, zur Qual meiner Kindheit.

Danach kam ich nach Hause, nach Kösen.

Und die Trotzzeit begann. Ich haßte es, den Besuchern »schön die Hand« geben zu müssen, »artig einen Diener« zu machen, ich verkroch mich unters Sofa, lag dort im Dunkeln, besah mir die Spiralfedern, wie sie sich zusammenschoben, wenn sich einer – um mich zu ärgern – auf das Polster setzte und mir die Gurte bedenklich auf die Nase gedrückt wurden. Ich war unfähig, wieder hervorzukriechen, über Stunden.

Es wurde schlimm mit dem Trotz. Ich war ganz ausgefüllt, ganz dunkel, konnte nichts anderes denken, nichts anderes empfinden, nur einen dumpfen Druck.

Wir reisten in die Dolomiten, eine Denkwürdigkeit, denn es war wohl das erste, und blieb das einzige Mal, daß wir alle mit Mutter und Vater in die Ferien fuhren.

Der Vater war 72, er stapfte schweigsam am Bergstock, ich war gerade 4 Jahre alt.

Diese Reise wurde ein Familienereignis, man sagte später: »vor der Dolomitenreise«, »nach der Dolomitenreise«, sprach wie von einer Zeitwende. Die Schwester Maria dichtete viele Verse: »Der Friedel ist faul und beim Steigen nicht munter: warum soll ich rauf, ich muß bloß wieder runter!« Manchmal wurde das Lied mit dem »Holladrioh«-Refrain zu Hause gesungen.

Ich wurde krank, lag auf dem Sellajoch unter aufgetürmten Federbetten, sah die Felskegel vor dem Fenster, der Bruder Jochen ließ aus Papier geschnittene Tierfiguren über meine Bettdecke laufen. Da war die Prärie. Die fieberhafte Erkältung hatte ich mir am Dorfbrunnen geholt, unter dem Kirchturm, als ich die hölzerne Eisenbahn durchs eiskalte Wasser fahren ließ.

Auf dem Kirchturm spielten die Brüder, Michel und Jochen, der Michel zog am Glockenstrang, die Glocke schlug an, dem

Jochen an den Kopf, eine Wunde klaffte, die Pfarrköchin verklebte sie mit Honig und einem Verband. Darüber zog er die Zipfelmütze.

So saß er an meinem Bett, zur Ruhe verbannt. Deshalb zeichnete er mir die Tiere. Dazu war er begabt.

Als ich wieder gesund war, wanderte die Mutter mit mir an den Karersee. Die finsteren Tannen wuchsen so hoch, sogar die Schroffen des Rosengartens verschwanden dahinter. Doch wenn ich auf den See schaute, sah ich sie wieder, die Wipfel nach unten gerichtet.

»Da hinein versenken wir jetzt dein Böckchen«, sagte die Mutter und faßte mich fester. Ja, ich sah meinen Bock mit den geschwungenen Hörnern hinabsinken, es tat mir leid, das Tierchen, aber vielleicht fand es da unten eine saftige Weide.

Der See glänzte dunkelgrün, wie eingefärbt.

Entdeckungen

Der Blick zurück geht wie in eine andere, sehr ferne Zeit. Heute denke ich, sie war dem Mittelalter näher als unseren Tagen. Wir kommen aus einer »heilen Welt«, und das ist wörtlich zu verstehen. Ich meine nicht den Krieg, den Hunger, die Arbeitslosigkeit, die Not. Das alles war schlimm, aber nicht schlimmer als es jemals war oder sein wird.

Ich meine, daß die Welt selbst, die Erde, noch »heil« war. Die Natur war noch nicht zerstört, die Flüsse waren noch sauber, die Meere, die Luft.

Daß meine Generation am Ende ihres Lebens auch das Ende der Menschheit vor sich sieht: einen solchen Gedanken hätte man damals noch für vollkommen absurd gehalten.

Die Technik steckte noch in den Kinderschuhen. In meinen ersten Jahren mußte ich zum Baden in den feuchten Keller hinab. Die Treppe war steil, sie ächzte und knarrte. Der Keller muffelte, es war düster.

Ich dachte, dort unten wohnten die Zwerge unter den Kohlehaufen. Um meine Angst zu übertönen, sang ich laut. Wenn ich schwieg, lachten die Wichtel, sie wisperten und krochen aus den Verschlägen.

Die Badewanne auf hohen Beinen stand in einer winzigen Kammer, man heizte das Wasser mit Holz, der Ofen glänzte kupferfarben, er bullerte, es roch nach Rauch.

Immerhin kam das Wasser aber schon aus der Leitung. Es floß dann in eine Sickergrube vor dem Haus. Ich wartete immer, bis es ganz niedrig geworden war, in der Wanne. Dann bildete sich über dem Ausfluß ein Wirbel. »Die Hexe tanzt« nannte ich das und schaute gebannt, wie sie sich hin und her neigte, sich wehrte, gurgelte, bis sie ganz hinabgesogen war in den Schlund.

Allen war die Badestube im Keller ein Greuel. Glücklicherweise wurde sie später unter das Dach verlegt. Es war, als ob das ganze Haus heiterer würde. Allerdings gaben nicht nur vernünftige Überlegungen den Ausschlag, meine Mutter gab nicht leicht Geld aus, nur um etwas zu verbessern.

Aber wenn sie mit einer Herstellerfirma in geschäftliche Beziehungen kam und direkt etwas beziehen konnte, dann »bezog« sie es vielleicht sogar, ohne es zu brauchen. In diesem Fall war es ein bekannter Hersteller von Gasbadeöfen, Küchenherden, Backöfen. Dem verdankten wir die neue Badestube, den Durchlauferhitzer, das warme Wasser in der Küche, den Gasherd – die mit Gas in Papiertüten gebratene Gans – sogar einen Eisschrank.

Die ganze Familie, einschließlich des Mädchens Martha, segnete diesen Fabrikanten. Und die Mutter betrachtete ihn, nach ihrer Art, als innigen Freund.

Da oben gab es keine Zwerge mehr. Da schien die Sonne durchs Dachfenster – oder der Vollmond. Dort waren auch Kammern, vollgestopft bis an die Schräge, Kisten und Kasten – und lange Regale, wacklige Regale, mit verstaubten Flaschen, Vasen, Väschen, Dosen, Medizinfläschlein. Des Vaters lange schon unbenutzter Handdrucker stand hier, zentnerschwer – eine Petroleumlampe, ich liebte die Laterna Magica mit ihren bunten Bildern: Bären und Offiziere, uniformierte Reiter und Harlekine.

Einmal fand ich einen Stapel großformatiger Blätter, der Staub stob auf, als ich sie unter zerknüllten Faschingskostümen hervorzog. Es war ein »Totentanz«, ich weiß nicht von wem, der von Rethel war es wohl nicht, er hatte mit der Französischen Revolution zu tun, denn die Guillotine war zu sehen, abgeschlagene Häupter, eine wilde Menge, die Barrikaden und Paläste stürmte, durch die Straßen wogte. Am prächtigsten erschien mir ein riesenhaftes Weib mit der Jakobinermütze, ihr linker Busen war entblößt und groß und üppig, den nackten Fuß setzte sie auf übereinandergetürmte Leichen, in der rechten Hand hielt sie die Trikolore, mit der linken reckte sie den Kopf eines Mannes empor, aus dessen Hals das Blut tropfte.

Andere »Darstellungen von Gewalt« habe ich in meiner Kindheit kaum zu Gesicht bekommen, ich kann mich an keine erinnern. Auch das: eine heile Welt?

Jedenfalls schmiß ich die Blätter diesmal auf die Faschingskostüme. Sie wieder darunter zu schieben, war mir zu mühsam.

Dann ging ich in den Hinterhof, ans Gartenhaus. Da war das Regenrohr unten kaputt, eine Regentonne gab es nicht. Ein kreisrunder Fleck schwarzen Schlamms hatte sich gebildet. Schön, darin herumzupatschen und sich das Gesicht zu beschmieren.

Dieses Fehlen all der Massenmedien, mit denen wir und unsere Kinder heute so selbstverständlich leben und leben müssen, ist kaum noch vorzustellen. Wir Kinder mußten unseren Freiraum selber ausfüllen, den Freiraum auch an Zeit. Wir hatten lange kein Radio. Zwar gab es Kino, aber kaum in Kösen, erst später sah ich einige Stummfilme. An Fernsehen dachten vielleicht noch nicht einmal seine Erfinder – ich weiß es nicht.

Statt dessen hatten wir ein Marionettentheater, es gehörte den Geschwistern, ich hab sie aber nie damit spielen sehen, nie eine Aufführung erlebt. Sie waren schon zu erwachsen dafür. Meine Mutter erzählte nur manchmal, wie die älteste Schwester, Maria, um ihren Text aus einem Pocci-Stück zu lernen, sich ins Klo eingeschlossen hatte, aus dem es dann schallte: »Ich bin die Fee Zimberimbimba, und sitze in einer hohlen Eiche«. Saß sie dort lange genug, ertönte die Wasserspülung.

Ich vermochte das komplizierte Gestänge des Theaterchens nicht zusammenzusetzen, der rote Vorhang gefiel mir mit seinen goldenen Ringen, die Pappkulissen, die Bäume und Häuser. Auch die Figürchen lagen über und ineinander verknäuelt, die Prinzessin auf dem Bauch des Polizisten, der König umarmte den Teufel. Elfen und Feen gab es und den Kasper in seinem bunten Kostüm.

Ich versuchte, sie an ihren verwirrten Fäden zu bewegen, sie guckten mich aus ihren Punktaugen starr und fast blödsinnig an, statt des Ärmchens hoben sie irgendein Bein, sie nickten mit dem Kopf oder mit dem Po, der Wachtmeister trat dem Minister ins Kreuz – sie schienen mir unwillig und eigensinnig zu sein.

Das Kind

Ich kam in ein Heim. Es war das erste Mal, es blieb nicht das letzte. Auf den Fotos aus dieser Zeit wirkt das Kind (das ich hier »ich« nenne, obwohl es mir fast so fern steht, wie irgendein anderes) pausbäckig und gesund.

Aber es scheint schwächlich gewesen zu sein, und wurde noch schwächlicher mit zunehmenden Jahren.

Damals kam ich nach Riezlern im Kleinen Walsertal. Ich trug einen Russenkittel über der »Spielhose«, die sah etwa aus wie eine aufgeblasene Pagenhose aus der Renaissance. Aber ich mußte dazu lange, von Hand gestrickte Wollstrümpfe tragen, die Haare hingen mir in die Stirn. Ich trug sie – nach damaliger Ansicht – immer wie ein Mädchen.

Das Kinderheim hieß »Sonneck«, es war ein Bauernhaus auf der Alm, weit ab von der Gemeinde, davor stand das aufgeschichtete Brennholz, die Fensterläden hingen schief, sie kreischten in ihren Angeln.

Gingen wir nach Riezlern, liefen wir durch eine Schlucht, in der ein Bach schäumte. Manchmal wanderten wir auch durch die Breitachklamm, die war erfüllt vom Tosen des Wildwassers, es stäubte wie ganz feiner Regen und hing in Schleiern zwischen den Felsen.

Wir zogen hintereinander auf schmalen Steigen, klammerten uns ans Eisengeländer, im Lodenmantel, mit der Kapuze auf dem Kopf, dunkle Zwerge.

Dann kam die Krankheit. Zuerst erwischte sie die anderen. Das ging sehr schnell, die Kindergärtnerinnen sprachen von einer Epidemie. Die Kameraden bekamen rote Punkte und Fieber. Ich nicht. Da war ich sehr stolz. Man brachte mich in Quarantäne – des Wortes erinnere ich mich genau, ich verstand es nicht, aber gerade das war wundervoll, etwas Rätselhaftes, eine Auszeichnung! – Eine »Tante« zog mit mir um, in ein winziges Häuschen weit weg, durch die Schlucht, und auf der gegenüberliegenden Seite wieder den Berg hinauf. Da saß ich auf der Wiese zwischen blühenden Gräsern. Der Sommer duftete.

Und nun überfiel es auch mich. Ich mußte zu den anderen, ins Krankenhaus. Ich glühte. Ich sah nur noch Schleier, das waren die weißen Wände. Sie standen nicht still, sie schwankten.

Und wenn wir aufs Töpfchen mußten, saßen auch wir schwankend neben den Betten.

Kaum genesen, kappte man mir die Mandeln, man machte sie kleiner, schnitt sie ab. Ich fürchtete mich vor dem Eingriff, die Kameraden machten mir Angst, ich würde an meinem eigenen Blut im Hals ersticken, ich müßte alles trinken und trinken.

Da lag ich voll Furcht auf dem Operationstisch, eine weißgekleidete Gestalt beugte sich von hinten über meinen Kopf, »Blut trinken«, stöhnte ich, der Arzt drückte mir ein Tuch auf den Mund, träufelte Tropfen darauf. »Zähle!« befahl er, »eins – zwei – drei –«

Ich war schon hinüber.

Als ich erwachte, saß ein rosa Marzipanschweinchen vor mir auf dem Bett. Das hatte die Mutter bestellt. Mein Schlund brannte wie Feuer.

Ich durfte bald wieder heim.

Daheim kam der Mann mit dem Tanzbär. Er stieß den Stab mit den Schellen auf den Boden und blies die Mundharmonika auf einem Gestell vor den Lippen. Eine Pauke hatte er vor dem Bauch und auch auf dem Rücken, die eine schlug er mit der Hand, die andere mit dem stampfenden Bein, mittels Seilzug.

Mit der rechten Hand führte dieser so vielfältige Künstler den Bären, ein tollpatschiges Ungetüm, größer als der Mann, der Bär hatte einen Riemen ums Maul und einen Ring in der Nase. Er tanzte auf kurzen krummen Beinen, das Fell schlotterte tief im Schritt, er hob die Vorderpfoten und brummte. So zogen die beiden von Haus zu Haus, von Straße zu Straße, wir Kinder umringten sie, liefen hinterher, bezahlten unsere Groschen.

Mir tat der Bär aber leid. Er war ein gefangenes Tier, und einen Ring durch die Nase hätte ich auch nicht haben wollen.

Es gab viele Bettler damals, sie klingelten am Hoftor. Das waren arme Leute, doch die meisten mochten kein Brot. Sie wollten Geld. Unsere Mädchen schmierten dicke Stullen, mit Butter und Wurst. »Geld versaufen die doch bloß«, hieß es. Manche sagten danke. Manche murrten. Manche legten das Brot beim Nachbargrundstück unter die Hecke. Wir sahen auch sonderbare Zeichen, wie Runen, in den Putz der zwei Säulen des Tores geritzt, eine Geheimschrift. Was für Leute hier wohnten, wurde so dem nächsten Landstreicher berichtet. Und daß es hier kein Geld, sondern nur »Bemmen« gab.

Vielleicht hielt das manch einen armen Teufel ab.

Der Mann mit dem Leierkasten aber bekam seine Groschen. Man wickelte sie in Papier und warf sie hinab, oder wir legten sie in seine Blechdose. Es war ja leicht einzusehen, daß er nicht so viele Stullen essen konnte, aus allen Häusern. Seltsam nur, daß man den Bettlern einen so unersättlichen Magen zutraute – ein Brot an jeder Haustür.

Der Leiermann hatte ein Äffchen, das hockte auf dem Kasten, kratzte sich und blickte uns mit dunklen Augen wachsam an. Manchmal auch krächzte oder kreischte es. Meist war es still. Es lauste sich.

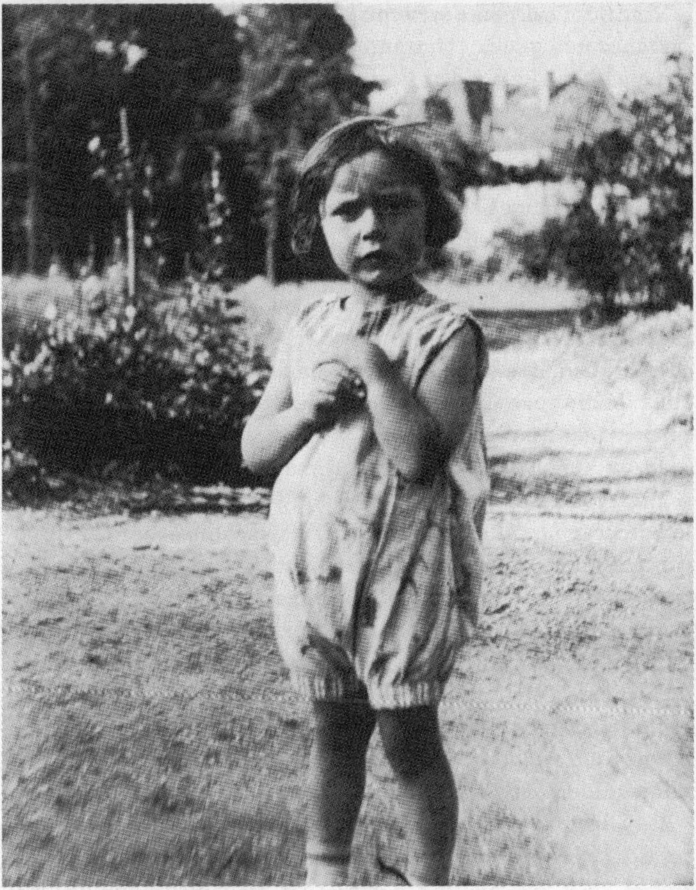

Max Kruse – etwa im Jahr der Dolomitenreise

Zog der Leiermann weiter, saß es auf seiner Schulter. Die beiden machten mich noch trauriger als der Bärenführer. Sie leierten auch traurige Lieder; vom Morgenrot, das zum frühen Tod leuchtete; vom Mariechen, das weinend im Garten saß.

Dieses Lied liebte unser Mädchen, die Martha. Sie hatte einen Buckel und ein uneheliches Kind, ich sah es nie. Sie schämte sich seiner, es war eine Schande. Aber eigentlich hätte sie doch darauf stolz sein sollen. Beim Lied des Leiermanns vergoß auch sie Tränen.

Mich tröstete mein Teddybär. Er war aus weißem Plüsch, doch innen war eine Gummiblase. Ich konnte ihn aufpusten und die Luft herauslassen. Dann wurden die Wangen hohl, die Nase spitz. Aber seine Glasaugen veränderten sich nicht, sie sahen mich klagend an.

Dann ähnelten sie seltsam den Augen der Mutter. Auch sie konnte einen so weh anschauen, und nicht nur mich. Sie verleugnete nie, daß sie Schauspielerin war. Sie schmollte nachdrücklich und gern, sie blickte arm und verloren aus kurzsichtigen Augen, nahm, weil es wirkungsvoller war, vielleicht die Brille ab und seufzte: »Aber, aber, mein Herzblatt!«

Stundenlang konnte sie gekränkt sein, zog sich zurück, sprach nicht, war voll stummen Vorwurfs, wartete, daß man sich entschuldigte, tat man's, meinte sie: »Das wollen wir aber bestimmt nie wieder tun!« – Tat man's nicht, kam sie wohl auch selber und sagte: »Man soll nie böse aufeinander zu Bett gehen.«

Genauso vollendet war sie komisch. So gern gab ich ihr saueres Obst, grüne Äpfel und noch lieber Sauerkirschkompott. Sie spielte gern mit. Sie führte den Löffel scheinbar ahnungslos in den Mund – um gleich das ganze Gesicht schaudernd in die Breite zu ziehen. Sie sog die Wangen ein und formte mit den Lippen einen Rüssel, während sich ihre Augen erschrocken vergrößerten. Sie schnurrte in sich zusammen. So schaute sie mich an, scheinbar hilflos vor Entsetzen, gleichzeitig erstarrt und verkrampft, zitternd. In Wahrheit aber höchst belustigt und erfreut über die Wirkung, die sie erzielte. Ich schüttete mich aus vor Lachen. Und durchschaute ihr Theater.

Sie ließ mich viel allein. Sie besuchte Kunden, überall, in Deutschland, in Österreich, in der Schweiz, in Holland, England, Dänemark und Schweden. Jede ihrer Abreisen war ein tumultuöses Ereignis. Ihre Stimme gellte durchs Haus: »Marthale!« – »Finerle!« – so nannte sie die Schwester Sophie (oder Fifi), »Finerle ... wo habe ich denn ... ach, wo ist denn nur ...«. Es fehlte immer etwas. Vor dem Gartentor wartete das Taxi mit ratterndem Motor. Martha schleppte die Koffer hinab. Immer viel zu viele. Fifi rief: »Nun mach doch! Beeil dich! Du kommst wieder zu spät!«

Und »Käthchen« – so nannten wir die Mutter bald, je älter sie wurde, desto mehr wünschte sie es – »Käthchen« sauste die Treppe im Haus herauf und herab, suchte Briefe, telefonierte »rasch noch mal« mit der Werkstätte, fand ihren Hut nicht, die Handschuhe, die Akten – die Hunde (oft hatten wir zwei) jaulten, tobten, angesteckt von der Unruhe.

Sie verließ das Haus immer in der letzten Minute.

War sie daheim, arbeitete sie von früh bis in die Nacht. Auch am Samstag, auch am Sonntag. Sie kannte keine Feiertage. Ihr ganzes Leben nicht. Sie nahm auch niemals Urlaub. Arbeit und Leben waren für sie dasselbe. Auch während sie arbeitete, war sie mit all ihren Gefühlen immer da, immer in der Familie, bei uns. Nie empfand ich, daß sie entfernt von mir sei, fühlte mich niemals allein, niemals verlassen. Man konnte sie immer ansprechen, immer anrufen. Vielleicht sagte sie zwar: »Aber Herzblatt, ich diktiere doch gerade.« Aber das war auch schon der größte Tadel.

Vielleicht empfand ich dieses nahtlose ineinander Verwobensein von Arbeit und Leben auch deshalb als so natürlich, weil sie ja sehr viel daheim arbeitete, weil ihr Arbeitszimmer zu Hause auch eine Wohnstube war, weil sie auch morgens im Bett schon die Post erledigte, telefonierte. Sie hatte zwar nie Zeit, aber andererseits hatte sie eben immer mal Zeit, zwischendurch.

So war es zum Beispiel mit dem Heckpfennig. Ich weiß nicht, ob sie dieses Spiel selbst erfunden hatte – oder woher sie es kannte. Sie stellte unter die runde, aufschiebbare Klappe ihres

Schreibtisches an versteckter Stelle ein winziges Schmuckkästchen aus Pappe und polsterte es mit rosa Watte aus. Da hinein durfte ich einen ganz neuen Pfennig legen. Der Pfennig war rund und schimmerte kupferrot, »wie die untergehende Sonne«, sagte sie.

Nachts »heckte« dieser Pfennig, er bekam Kinder. Dann lag er am Morgen umgeben von anderen Pfennigen, wie eine säugende Sau auf dem Wattepolster. Mal hatte er drei, mal elf Abkömmlinge, dabei war er ja eigentlich männlich, *der* Pfennig – es geschah wohl durch Teilung. Oft waren seine Kinder alt und abgenutzt, es störte mich nicht, daß sie offenbar schon viel mehr Tage erlebt und schon durch viel mehr Hände gegangen waren, als ihr Erzeuger.

Ich wußte schon, wer die Pfennige nachts in das Kästchen legte, aber wir spielten beide mit vollem Ernst.

An Wunder glaubte ich bald nicht mehr, weder an den Osterhasen noch an den Weihnachtsmann. Man war »aufgeklärt« bei uns. So richtig glaubte auch niemand an den lieben Gott. Der Bruder Michael wurde später Physiker, er kannte nur Ursache und Wirkung.

Einmal geriet ich aber ins Wanken: gab es vielleicht doch einen hilfreichen Herrn der Schöpfung? Ich saß im offenen Küchenfenster, im ersten Stock. Neben mir stand eine Porzellantasse, gefüllt mit Seifenwasser. Ich blies Seifenblasen in den Wind. Sie stiegen schillernd empor und zerplatzten.

Unter mir, auf einer Betonplatte, die zur Jauchegrube gehörte, balgten sich zwei Katzen. Wahrscheinlich waren es Kater, liebestoll, die sich um eine Kätzin stritten. Es war ein Höllentheater. Ich erschrak. Ich wischte die Tasse vom Fensterbrett, während sie noch fiel, und also noch ganz war, aber nach aller Erfahrung doch gleich zerschmettern mußte, betete ich laut: »Lieber Gott, hilf, daß die Tasse nicht kaputtgeht!«

Und sie ging nicht kaputt. Sie knallte nur wie ein Schuß. Die Katzen stoben davon. Die Tasse blieb heil. Nicht einmal der Henkel war ab.

Das kam – sagte der kluge Bruder – nur von dem Seifenwasser. Das gab ihr die Widerstandskraft. Wäre sie leer gewesen, wäre sie zersprungen.

Nun ja, vielleicht. Vielleicht aber auch nicht. Niemand wagte es, den Versuch um des Beweises willen zu wiederholen. Übrigens wäre ja auch nie etwas zu beweisen gewesen. Der schöne Zweifel an Gottes Hilfe (ich sage nicht: der Glaube an Gottes Hilfe), der Zweifel wäre immer geblieben. Er kann auch, vernünftigerweise, immer bleiben.

Nach dem Mittagessen legte sich die Mutter ein wenig hin. Dann sollte das Haus in Ruhe versinken. Es wurde auch ruhig, totenstill. Martha schloß die Küchentür, Straßenlärm gab es kaum. Aus der Werkstätte telefonierte in dieser Zeit niemand. Nur die Uhren tickten, aber das war ja beruhigend, der Takt der Geborgenheit.

Die Mutter bettete sich, angezogen, auf ein Sofa mit sehr steiler Lehne, eine Art Récamier, fast ein Lehnstuhl. Sie legte sich die »Katze« über die Füße, eine struppige, gelblich-braune Felljacke. Manchmal guckten unten ihre Füße in den grauen Strümpfen heraus. Irgendwo fand auch Bömby, der Hund, seinen Platz. Er war bestimmt still. Und die Mutter zog sich die aufgeschlagene Zeitung, das Naumburger oder das Berliner Tageblatt, übers Gesicht. Da hatte sie dunkel. Und die Fliegen konnten sie nicht kitzeln.

Da ich ihr immer »sehr zart« zu sein schien, mußte ich mich auch hinlegen. In ihrem Zimmer war noch ein Sofa, hinter dem ovalen Tisch. Ich lag da fast wie in einer Höhle. Ich versuchte zu lesen, aber jedes Umblättern der Seiten knisterte. Ich versuchte es ganz, ganz langsam, im Zeitlupentempo. Es knisterte nur noch mehr.

Die Mutter seufzte. Ein Zipfel der »Katze« rutschte, er näherte sich dem Boden.

Der Tisch war überfüllt, Akten, Briefe, Zeitungen, Bücher, Schächtelchen, Klebstoff, Scheren, Bleistifte, Büroklammern. Mein Wunsch nach Schere und Bleistift wurde übermächtig. Ich schob mich empor. Das Sofa knarrte.

Die Mutter seufzte zweimal.

Meine Hand kroch wie eine kleine Ratte über den Tisch, zwischen den aufgestapelten Akten hindurch, irgendwo mußte die Schere doch liegen. Irgendwo lag sie auch.

Irgendein Schächtelchen knallte bestimmt auf den Boden. Die Mutter schreckte auf. Ihre Zeitung segelte hinab. Die »Katze« stützte sich mit dem Ärmel auf den Teppich. Bömby, der Hund, hob den Kopf.

»Aber Herzblatt!«

Ich legte mich – ächzend – zurück.

Die Mutter brachte Katze und Zeitung erneut in die richtigen, bedeckenden Positionen. Bömby schlief ohne Schwierigkeiten weiter.

Ich litt. Überall kitzelte es mich, die Haare, die Beine, der Po. Ich mußte mich kratzen. Kratzen macht Krach.

Die Mutter stöhnte.

Ich versuchte, stocksteif dazuliegen.

Im Sommer gab es Fliegen.

Ich lag nicht unter einer Zeitung ...

»Aber Herzblatt!«

Dann mußte ich mal. Vielleicht mußte ich ja nicht wirklich, nicht dringend. Aber mir war so. Und je mehr ich darüber nachdachte, um so mehr war mir so. Ging ich nicht, machte ich mir in die Hosen. Dann hätte es geheißen: »Warum bist du nicht gegangen!?«

Ich ging. Sehr langsam und sehr leise streckte ich die Beine aus und versuchte, mit den Füßen den Boden zu erreichen. Irgendwie mußte ich ja aufstehen und mich irgendwie unter oder am ovalen Tisch vorbeischlängeln.

Und auf Zehenspitzen zur Tür.

»Herzblatt! Ach, Herzblatt! Kannst du denn nicht einmal fünf Minuten Ruhe geben?«

Gottseidank! Sie war wach. Bömby hob interessiert den Kopf. Die Katze rutschte auf den Boden. »Ich muß mal!« flüsterte ich.

»Schon wieder?«

Ich war draußen. Auf dem Klo stand ich dann lange am winzigen Fenster und schaute hinaus. Drüben war das Kinderheim

»Bubiag«. Das bedeutete nicht »Bubi– AG«, sondern »Braunkohlen und Brikett AG«. Da liefen die Kinder der Bergarbeiter im Hof herum. Glückliche Kinder: Sie brauchten am Nachmittag nicht zu ruhen.

Rings über den Gärten und Bäumen türmten sich die Wolken.

Unten summten die Fliegen um die Aschentonnen.

Blieb ich zu lange, konnte die Mutter auch nicht schlafen. Sie rief nach mir: »Herzblatt! Wo bleibst du denn? Du sollst dich hinlegen!«

Dann zog ich. Nicht immer hatte ich auch etwas gemacht. Das fiel mir sofort ein, aber erst, wenn ich wieder auf dem Sofa lag. Nun mußte ich es freilich aushalten.

Über mir hing eine Gitarre. »Käthchen« hatte sie sich aus Neapel mitgebracht. Sie schwärmte von Neapel. »Vedere Napoli e poi morire ...«, seufzte sie. Sie hatte im Selbstunterricht ein wenig Italienisch gelernt.

Auch der Vater war in Neapel gewesen. Und Onkel Oskar hatte dort Aquarelle gemalt, den Vesuv, eine glutrote Wolke über der Bucht, ein eindrucksvolles Bild.

Die Gitarre aus Neapel war aber nur ein Schmuck. Die Mutter spielte nicht. Sie konnte zwar einige Akkorde. Einmal, ein einziges Mal bettelte ich so sehr, daß sie sich das Band um den Hals legte. Sie setzte sich auf den Stuhl. Sie sang: »Sul mare luccia, l'astro d'argento ...«

Sie sang ein wenig unsicher, ungeübt. Vielleicht schämte sie sich sogar. Aber ich war gerührt. Gerne hätte ich mehr gehört, aber sie hängte die Gitarre wieder an ihren Platz. »Genug«, sagte sie und strich mir lächelnd übers Haar. »Ich hab's ja nicht gelernt.«

»Hast du gar kein Instrument spielen gelernt?«

»Ein wenig Zither!«

Das fand ich seltsam. Dieses bäuerliche Instrument kannte ich kaum. »Wieso Zither?«

»Mein Mutterle hat mir eine geschenkt!«

»Aber warum ausgerechnet eine Zither? – Warum kein Klavier?«

»Du Dummerle, dazu war sie ja viel zu arm! Sogar die Zither konnte sie kaum bezahlen.«

Da schämte ich mich, schämte mich tagelang. Ich hatte brennendes Mitleid mit der Mutter und mit ihrer Armut.

Auf der Gitarre hat sie nie mehr gespielt. »Ich bin ganz unmusikalisch«, meinte sie. Musik bedeutete ihr nie viel.

Gebete und Liebe

Meine Mutter wollte mich immer schonen. So sollte ich abends auch früh schlafen gehen. Ich drückte mich, wo ich konnte, hielt mich zurück, war leise, um ja nicht aufzufallen, um vergessen zu werden. Half das nichts, bettelte ich: »Nur noch fünf Minuten!«

Vergeblich. »Nein, Herzblatt! Mach keine Geschichten, sei ein artiges Kind.«

Ich trödelte beim Waschen, beim Ausziehen. Lag ich endlich im Bett, setzte sich die Mutter zu mir. »Nun wollen wir beten«, meinte sie. Sie faltete ihre Hände, so lagen sie im Schoß, sehr weich und klein. An der linken war der Ring mit dem Skarabäus, den hatte ihr der Vater aus Ägypten mitgebracht. Es war ein einfacher Ring, golden und bunt, aber er galt als Symbol für die Mutterliebe: dieser Käfer rollte ja seine Nachkommen als Mistkugeln vor sich her. Neben dem Skarabäus blitzte ein kleiner Diamant, er war an einem Eisenring befestigt. Auch er sollte ein Symbol sein, für das Unzerstörbare ihrer Verbindung. »Das Eisen«, erklärte die Mutter, »ist nämlich viel härter und dauerhafter als Gold.«

Zum Beten senkte sie ihren Kopf. Sie schaute auf ihre Hände und sprach das Vaterunser mit warmer Stimme.

Auch ich schaute meine Hände an. Die klaren Worte, wie holzgeschnitzt, wirkten sehr feierlich auf mich, zumal ich nicht alles richtig verstand, von dem Reich und der Kraft und der Herrlichkeit in Ewigkeit Amen. Waren nun die Kraft und die Herrlichkeit in Ewigkeit oder das Amen. Oder vielleicht beide?

Und auch das Reich? Amen, das war ein großes Wort, wie der Atem Gottes, der um die Weltkörper flutete.

Nach dem Vaterunser sagte die Mutter allein ihre Bitten an den lieben Gott. Er sollte so vieles machen: »... mein Herzblatt wieder gesund, ... und daß wir uns immer lieb haben ... und daß wir unser Herzlieb bald wiedersehen.« Das Herzblatt war ich und der Herzlieb war der Vater.

Ich war recht vertrauensvoll, daß sich der liebe Gott all unserer Wünsche annähme und fügte vielleicht auch noch einen eigenen hinzu, meist allerdings leise. Nur manchmal überlegte ich, ob denn der liebe Gott nicht überfordert sei, all die Millionen Wünsche auch nur anzuhören, jeden Abend, von all den Kindern ganz Deutschlands, vielleicht sogar der Welt, und dann der Erwachsenen, Stunde für Stunde, und so viele auf einmal, und Nacht für Nacht. Denn natürlich waren es ja nicht meine Mutter und ich allein, die ihn um bedeutende und unbedeutende Gefälligkeiten baten, es mußten ganze Heerscharen von Müttern, Kindern, Großmüttern, Tanten, Onkeln und Geschwistern sein. Vielleicht sogar Väter. Allerdings, das war mir – aus eigener Erfahrung heraus – weniger vorstellbar.

Ich war noch sehr klein, als ich über die Unendlichkeit von Raum und Zeit zu staunen begann. Wo kam dieses Staunen her? Von meiner Mutter nicht, sie hat, soweit sie es vermochte, behutsam geantwortet, aber sie hat keine Zweifel, keine Fragen in mein Herz getragen, für die ich noch nicht reif war. Die Fragen kamen doch wohl von mir, von meiner räumlichen Vorstellung: wo endete das All, wo begann es? Wo endete die Zeit und wann begann sie. Und was ist dahinter, was davor? Meine Kindergedanken spazierten durch den Weltraum und stießen überall und immer wieder an das Unvorstellbare.

»Gott hat alles geschaffen!« Diese Antwort befriedigte mich nie. Ich war sehr früh ein Zweifler, denn ich fragte gleich: »Aber wer hat Gott geschaffen?« Genauso unerklärlich und unglaubwürdig wie die Entstehung dieses gewaltigen und wunderbaren Weltalls mit seinen Millionen und Milliarden von Himmelskörpern, Sonnen und Milchstraßen und allen Geschöpfen aus dem

Nichts, war für mich die Entstehung eines Wesens (noch dazu eines Wesens, dem wir Menschen ähnlich sein sollten!) aus dem Nichts, das all dies geschaffen haben sollte. War es möglich, daß Gott von Anbeginn an da war ... wo: da? – und von welchem Anbeginn an? – war er aus eigener Herrlichkeit entstanden, so konnte die Schöpfung genauso auch ohne ihn entstanden sein.

Ja, vielleicht waren Schöpfung und Schöpfer überhaupt ein und dasselbe!

Das hinderte mich freilich nicht daran, eben doch im Gefühl vollkommener Geborgenheit mit meiner Mutter zu beten. Hatte sie ihre letzten Worte gesprochen, hatte auch ich nichts mehr zu sagen, dann sprach sie das Amen, wartete eine kurze Weile, löste den Blick von ihren Händen, löste diese selbst, lächelte mich an, umarmte und küßte mich.

Ich schlang meine Arme um ihren Hals.

Dann stand sie auf. Sie knipste die Deckenlampe aus, einen Lampion aus weißer Seide, eine helle Trommel, an deren unterem Rand Perlenfransen baumelten und im Luftzug knisterten. Es wurde dunkel. Alle Dinge verschwanden, die Tapete, die Waschkommode, der Kleiderschrank.

Draußen leuchtete die Straßenlaterne durch die Birkenzweige. Meine Mutter ging ins Arbeitszimmer, ließ die Tapetentür einen Fingerspalt offen, da kam ein Lichtschein hindurch und das Tick-Tack der Kuckucksuhr.

Die Mutter raschelte am Schreibtisch mit Papieren. Ich schlief ein.

Wenn sie damals immer wieder betete: »Und laß es unserem Vaterle gut gehen!« so wußte ich noch nicht, daß sie an Herzensnöten litt.

Ich kannte aber den eleganten jungen Mann, der mit einem grasgrünen Auto in Bad Kösen auftauchte. Er trug einen langen Ledermantel und war sehr flott. Er war einer der begabtesten Journalisten Berlins, Mitarbeiter einer großen Zeitung, er schrieb Feuilletons und Tagebuchblätter, die meine Mutter bewunderte.

Und nicht nur diese.

Ich sehe ihn mit seinem Auto am großen, runden Brunnen aus Kalkstein auf der Kreuzung vor der Puppenwerkstatt stehen – sonst weiß ich aus eigener Anschauung nichts von ihm. Nur die Geschwister waren später voller Geschichten. Der Dichter Walter von Molo behauptete, ganz Berlin habe davon gewußt, die Mutter habe ihm dieses Auto sogar geschenkt, und als der Journalist dann doch geheiratet habe, hätte seine Frau verlangt, daß er es verkaufe und sie habe eigenhändig alle Geschenke »Käthes« aus dem Fenster in den Berliner Hinterhof geworfen, wo es einen großen Haufen gegeben habe.

Aber das »sei alles Unsinn!« sagte der älteste Bruder Michael, der es anders wissen wollte oder wußte.

Auch die Schwestern hatten Verehrer, an einen erinnere ich mich sehr viel besser, ich weiß nicht, ob er Fifi oder Hanne umschwärmte, es war mir auch herzlich gleichgültig. Aber ich liebte ihn. Er war ein Flieger, ein Reklameflieger, er hieß Kurt – für mich ohne Nachnamen – von der Mutter »Kurtl« genannt und flog einen offenen Doppeldecker für die Schokoladenfabrik »Trumpf«.

Er zeigte sein Können als Kunstflieger über gemähten Wiesen und abgeernteten Stoppelfeldern, er fegte wenige Meter über dem Boden dahin, er winkte uns im Fluge zu, stieg senkrecht empor, zog Schleifen, schlug Loopings – und ließ Schokoladentäfelchen auf uns herabregnen.

Sollte ich ihn nicht herrlich finden? Ihn und sein Flugzeug mit dem Sternmotor? Zum Schluß flog er mit einem Copiloten, damit er selbst aus unermeßlicher Höhe im Fallschirm zu uns niedergleiten konnte.

Einige Fotos sind mir von Kurtl und seinen Kunststücken geblieben. Er zog vorüber, schlug keine Wurzeln – durch ihn angeregt befestigte ich eine Nürnberger Pfefferkuchenschachtel mit vier dünnen Fäden an meinem Taschentuch und ließ sie vom Turmzimmer in den Garten segeln.

Damals hatte die Mutter eine Freundin in Berlin, Steffi Brandl, eine Fotografin, deren Atelier in einem Eckhaus am Kurfürstendamm war, unter dem Dach. Sie hatte von meiner

Käthe Kruse mit ihrem Hund Bömby,
aufgenommen von Steffi Brandl in Berlin

Mutter einige künstlerische Porträtaufnahmen gemacht, auf bräunlichem Papier. Auf diesen Bildern trug die Mutter keinen Zwicker, auch keine Brille, das sollte sie wohl jünger erscheinen lassen, aber mir wurde sie dadurch fremd, sie schaute so verträumt und unscharf aus dem Rahmen.

Steffi Brandl war Jüdin, sie verließ Berlin und Deutschland glücklicherweise frühzeitig. Sie übersiedelte nach New York. Von ihr ist mir eine Geschichte in Erinnerung geblieben, die meine ganze Freude war. Sie erzählte sie mir selbst. Es hatte in ihrem Atelier gebrannt. Als sie vom Einkaufen heimkam, sah sie den Rauch oben aus ihren Fenstern quellen. Die Feuerwehr war schon da und kurbelte die Leitern hoch. Steffi Brandl kämpfte sich durch die neugierige Menschenmenge vor dem Eingang und hastete die fünf Treppen empor, um zu retten, was zu retten war.

Sie schloß ihre Wohnungstür auf, tappte durch den Rauch ... »Und weißt du, worüber ich jetzt so froh war?« fragte sie mich.

Ich dachte an alles mögliche, sah eine Gluthölle vor mir, aber sie sagte lachend: »Daß ich meinen Regenschirm dabei hatte! Den hab ich gleich aufgespannt, als ich in mein Atelier kam ...«

Ich verstand gar nichts. Feuer? – Und ein Regenschirm?

»Ja«, erklärte sie, »was meinst du wohl, was für ein Wolkenbruch auf mich niederging, aus den Feuerwehrschläuchen!«

Diese Geschichte erschien mir sehr, sehr lustig. Es war ja, wenn man es sich überlegte, alles ganz klar. Aber wer denkt schon daran, daß er den Regenschirm braucht, wenn die Wohnung brennt.

Vor nichts empfand meine Mutter größeres Grauen als vor dem Tod. Sie selber schildert in ihren Erinnerungen wie schrecklich es für sie war, daß in Breslau vor der Wohnung ihrer Mutter die Leichenzüge vorbeizogen. Wohl ein dutzendmal am Tage, meinte sie, ertönten vor ihren Fenstern die Posaunen: »Es ist bestimmt in Gottes Rat ...« Da hielt sie sich die Ohren zu.

In Kösen gab es selten Blasmusik. Aber der düstere Kondukt zog auch bei uns vorüber, freilich bei weitem nicht so oft. Dann schloß meine Mutter rasch die Fenster und vergrub sich in ihre Arbeit.

Ihr Entsetzen übertrug sich auf mich. Dabei bedrückte mich der Leichenwagen mit seinen gedrechselten Säulen und dem Baldachin, mit seinen dekorativ aufgezogenen silbergrauen Vorhängen noch am wenigsten, selbst der blumengeschmückte Sarg ängstigte mich nicht so sehr. Grausig waren vor allem die beiden Pferde, eigentlich doch ganz harmlose, dicke Ackergäule. Aber sie wirkten so mittelalterlich-maskenhaft in ihren schwarzen Schabracken, die auch den Kopf mit den Ohren verhüllten und nur die Nüstern und die feuchten Augen in einem brillenartigen Ausschnitt freiließen. Mit schwerem, klapperndem Hufschlag trotteten sie langsam – feierlich! – dahin, wie die Abgesandten eines sehr düsteren Reiches.

Da wünschte ich mir oft eine Begräbniszeremonie, bei der alles weiß war, weiß der Sarg und die Überwürfe und alle Trauernden weiß gekleidet, Sonne und Blumensträuße, keine Kränze und letzten Grüße.

Ich sah den Tod aber nie, sah lange keine Toten, außer Vögeln, die ich rührselig im Garten vergrub und ein Holzkreuz aus Ästchen auf das Grab stellte. Von meiner Halbschwester Eva, aus Vaters erster Ehe, wurde mir nur erzählt, die war sehr krank gewesen, und sie war gestorben, nicht in Kösen, ich wußte nicht wo. Meine Schwester Hanne berichtete es mir, als wir am Kiosk beim Hotel »Mutiger Ritter« vorbeigingen, da war das Schaufenster voller Faschingskrimskrams, Masken und Papierschlangen. Um Eva hatte es lange schlimm gestanden, das Leben mit ihr war den anderen zur Qual geworden, sie hatte »Zustände« gehabt, ich wußte nicht, was Zustände waren, aber nach Hannes verschleierter Stimme zu urteilen, waren es schlimme Dinge und es gehörte sich auch nicht, danach zu fragen. Die Zustände hatte sie im Kopf gehabt, aber gestorben war sie am Krebs, der sie von Innen heraus langsam verzehrte.

Begraben wurde Eva im Familiengrab in Berlin, in der Grabstätte, wo auch des Vaters Eltern »ruhten«, der Vater schuf dafür eine große Plastik, und diese war in einem Buch über des Vaters Werke abgebildet. Da hielt eine sehr große und traurige Mutter Erde einen hageren unbekleideten Mann, dem alle Rippen hervortraten, auf dem Schoß. Es sollte bedeuten, daß die Mutter Erde ihren Sohn wieder in sich aufnahm. Aber die christliche Friedhofsverwaltung verlangte, daß die Mutter Erde Engelsflügel bekam, da war das Symbol dahin.

So saß die Mutter Erde nun also mit Schwanenfedern und vermochte doch nicht zu fliegen, und sah auch nicht wie ein Engel aus. Und über den Leichnam beugt sich trauernd ein Angehöriger.

Ich erfuhr auch, daß die Privatsekretärin meiner Mutter sehr krank war, Erika, ein lieber, fleißiger Mensch. Sie wohnte über der Saale, nahe bei der Kirche. Aber die Nähe zur Kirche nutzte ihr nichts, sie siechte dahin, an derselben Krankheit, an der auch Eva gestorben war.

Ich glaube, meine Mutter besuchte sie nie, obwohl sie ein herzliches Verhältnis zu ihr hatte, sie fürchtete sich vor dem Sterben, vor der Todkranken auf ihrem Lager. Sie schickte ihr Briefe und Wünsche und ließ ihr vom Delikatessenhaus Kempinski aus Berlin kleine Körbchen eingeeister Erdbeeren schikken, die waren das letzte, was Erika zu essen vermochte. Auf den Friedhof ist sie vielleicht doch gegangen, aber bestimmt nur, weil sie es mußte, wegen der Leute, wegen der Mitarbeiter in der Werkstätte und weil sie die Chefin war.

Aber – ich bin nicht ganz sicher. Vielleicht ist sie auch »geschäftlich« nach England oder Holland geflüchtet, so weit weg wie möglich.

Sie nahm dieses »Sterben-müssen« dem lieben Gott unendlich übel, auch das Alt-werden und alles, was mit dem Tod und Begraben-werden zusammenhing, die Schmerzen, das Wissen vom Ende und das Verscharrt-werden unter der Erde. Der Anblick jeden Sarges war ihr ein Greuel. Und obwohl sie mich vor schlimmen Gedanken zu behüten versuchte, erzählte sie mir doch von Scheintoten, die in der Finsternis ihres Sarges, in dieser grauenvollen Enge aufgewacht seien und sich die Fingernägel blutig gekratzt hätten ...

Dieser Gedanke peinigte sie womöglich noch mehr, als der richtige Tod. Sie tröstete sich selbst, wenn sie meinte, heute könne das kaum mehr passieren, die Ärzte seien so viel besser als früher, niemand dürfe begraben werden, der nicht schon drei Tage leblos daliege, und schließlich könne man auch bestimmen, als Letzten Willen, daß einem eine Nadel – groß und lang – ins Herz gestoßen werde. Dann wäre es sicher aus und vorbei.

Ich malte mir lebhaft aus, wie es wäre, wenn ich stürbe, dahinsiechte am Krebs oder anderen Tieren. Es waren ergreifende, wollüstig-schöne Gedanken, denn die Mutter und der Vater würden ja untröstlich sein, und alle Geschwister auch, und weinen, weinen ...

Weinen um mich!

Immer, wenn ich zum Kurpark am Gradierwerk ging, kam ich am Kösener Friedhof vorbei. Manchmal trat ich dort ein, schritt durch das große Tor. Der Friedhof war weiträumig, man hatte viel Platz für seine Toten, deren Gräber in Reih und Glied lagen, wie mit dem Lineal ausgerichtet, als gäbe es eine Ordnung des Todes, wo doch eigentlich jede Ordnung aufgehört hat.

Ich las die Namen auf den Steinen, manche Familien kannte ich, die meisten sagten mir nichts, aber ich wußte, daß alle einmal Menschen gewesen waren, Körper, die man anfassen konnte, Geschöpfe aus Fleisch und Blut, die gesprochen hatten, die Kleider trugen, die lachten und weinten. Von all dem war nun nichts mehr übrig – da unten lagen vielleicht einige Knochen, ein Schädel – sonst nichts, in lauter Erde, Feuchtigkeit, Moder, unter Würmern.

Kaum jemals sah ich einen Menschen auf dem Friedhof, wenn aber, so versuchte ich, ihm aus dem Wege zu gehen, als schämte ich mich, hier gesehen zu werden, als sei ich auf unerlaubtem Gelände.

Und immer war ich ganz leise, bemühte mich, geräuschlos aufzutreten. Manchmal wunderte ich mich, daß die Vögel auf die Ruhe der Toten so gar keine Rücksicht nahmen. Und fand das auch wieder sehr schön, wie eine Lebensbotschaft.

Wenn ich wieder draußen war, atmete ich auf. Ich tröstete mich mit dem Gedanken an die Fülle der Jahre, die noch vor mir lagen. Ich rechnete mir aus, daß ich das Jahr 2000 noch erleben könnte. Dann war ich froh.

Später, sehr viel später, als meine Mutter die Achtzig weit überschritten hatte, tröstete sie mich auf ihre liebevolle Weise. »Mein ganzes Leben habe ich mich vor dem Sterben gegraust«, meinte sie, schon sehr klein und sehr zerbrechlich, »aber ich will dir sagen: es ist nicht schlimm!«

Ich glaube nicht, daß sie aus Güte gelogen hat.

Die Schwestern

Es gibt kein Datum und kein Ereignis, an das ich mich erinnern könnte, und an dem mir bewußt geworden wäre, daß ich Geschwister, sogar viele Geschwister hatte. Es ist ja eine der Eigentümlichkeiten des kindlichen Wesens, daß es alles als ganz selbstverständlich hinnimmt. Die Geschwister waren einfach da, von Anfang an.

Ich sah sie allerdings selten. Sie waren fast immer in der Odenwaldschule, in Weimar oder in Berlin. Eigentlich wuchs ich doch als Einzelkind auf, so groß unsere Familie auch war.

Die Geschwister waren alle älter als ich. Maria – auch Mimerle genannt (was sie haßte) oder Mimusch – hätte auch meine Mutter sein können. Als ich geboren wurde, war sie 19. Sie war fast immer mit dem Vater auf Reisen, sie waren in Italien, in Rom – oder auf Hiddensee.

Ihre ersten Jahre hatte Maria mit der Mutter in Ascona verlebt, im Roccolo, jenem winzigen Vogelstellerhäuschen.

Die Mutter hat es mehrmals gemalt. Und dort gab Maria der Mutter also durch ihren Wunsch nach einem Baby den bekannten Anstoß zu ihren Puppen. Denn gerade war die zweite Schwester Sophie – oder Fifi – geboren worden. Mimusch empfand Eifersucht. Auch sie wollte ein kleines, eigenes Kind.

Später besuchte sie ein Lyzeum, jedoch ohne Abschluß, denn Vater und Mutter meinten, Mädchen brauchten das nicht, die heiraten ja sowieso. Sie studierte Klavier und Komposition und verstand zu improvisieren. Wenn sie daheim war und vor dem mächtigen Bechstein saß, gab sie gewaltige Töne von sich, ganz ohne Noten. Ich schaute gern von unten in den Kasten, der hier golden war und sah die Hämmerchen mit ihren weißen Häubchen gegen die Saiten schlagen, während sich die schwarz lakkierten Dämpfer reihenweise hoben und senkten, ganz wie die Schwester es ihnen durch das Pedal befahl.

Vielleicht liebte ich das wilde Springen, Purzeln und Hüpfen sogar noch mehr als die rauschende Musik. Maria hob und senkte den Oberkörper rhythmisch, der Kopf hing verträumt vornüber, sie neigte sich nach rechts und nach links, indes ihre Arme weich auswärts – einwärts, hoch und nieder wallten und ihre Finger krabbelnd über die Tasten hüpften.

Dabei balancierte sie auf einem dreibeinigen Hocker, dessen runde Sitzfläche sich mittels einer Spindel in der Höhe verstellen ließ. War er weit emporgedreht, schien es, als ob Marias auf und ab wippender, sich wiegender Oberkörper nur auf einem dünnen Stengel lastete, der sich selber ebenfalls seitlich neigte und jederzeit abzubrechen drohte. Manchmal wünschte ich es, manchmal drehte ich die Spindel bis zu ihrer äußersten Windung, so daß sie nur noch wenige Millimeter in ihrer Hülse steckte. Aber vergeblich, die Schwester kurbelte sie jedesmal zurück.

Und oft mußte Maria vor Gästen beweisen, wie »begabt« sie war. Daß wir alle nämlich auf die eine oder andere Weise begabt waren, verstand sich für die Mutter von selbst. Für uns übrigens auch. Dann improvisierte also Mimusch – mehr oder weniger freiwillig. Und hatte sie ihr Musikstück beendet, das immer ein Unikat blieb und nie wieder zu hören sein würde, denn es entstand ja im Moment und verging im Moment, ruhten ihre Hände also auf dem Schoß aus und lauschten alle noch stumm und verdutzt ihren Tönen nach, dann rief ihre beglückte Mutter in dieses Schweigen hinein: »Sehr hübsch, mein Mimerle, sehr hübsch!«

Maria bekannte, dann hätte sie ihre Mutter erschlagen mögen.

Später komponierte sie ein »Hiddenseer Fischerspiel«, das auf der Insel mit Einheimischen aufgeführt wurde.

Sie reimte liebenswürdig, sie zeichnete und malte. Es wurde immer viel gemalt und in vielen Künsten dilettiert in unserer Familie. Ich liebte »Mimusch«, weil sie mir ein ganzes Album mit Wasserfarben illustrierte. Ich war vernarrt in Moscheen und Minarette, immer wieder Moscheen und Minarette. Ich wollte runde und grüne Kuppeln sehen und schlanke, bleistiftdünne Minarette mit Umgängen für den Muezzin.

Mimusch malte mir alles in Herzensgüte und Geduld, sogar die Kamele und Araber in braunen Gewändern.

Die zweitälteste meiner Schwestern war Sophie, also Fifi. Sie hatte kupferrote Haare, weshalb ihr die Brüder einen schlechten Charakter andichteten. Ihr rundliches, hellhäutiges Gesicht war mit Sommersprossen übersät.

Sie hielt den Haushalt zusammen. Sie war die praktische. Sie lernte als erste das Autofahren. Dafür freilich wogte sie auch niemals am Flügel. Doch den Führerschein erwarb sie schon in jungen Jahren und chauffierte die Mutter durch halb Europa, zu einer Zeit, als Frauen am Steuer noch Aufsehen erregten. Dieses Aufsehen genoß sie.

Im offenen Wagen, ein enganliegendes Käppchen auf den wehenden Haaren, brachte sie die Mutter nach Holland und zur

Weltausstellung nach Barcelona. Von dort kamen bunte Postkarten zu mir.

Es ging ja damals alles viel bescheidener vor sich als heute. Es war – 1929 – undenkbar, daß jede deutsche Firma selbst in Spanien ausstellte. Die Mutter bekam die ehrenvolle Aufgabe, die deutsche Spielwarenindustrie zu vertreten. Sie sollte die Erzeugnisse der verschiedensten Hersteller in Barcelona aufbauen – dekorieren. So mühte sie sich also auch, gemeinsam mit Fifi, Hunderte von Nürnberger Zinnfiguren richtig hinzustellen. Es waren sehr kunstvolle, handbemalte Gebilde, Azteken und spanische Eroberer sowie die Armee Friedrichs des Großen. Hatten sie eine Reihe von Grenadieren nebeneinander gestellt, genügte ein Windhauch, sie wieder umzukippen, einen nach dem anderen.

Da die Mutter und die Schwester von Paradeordnungen nun nichts verstanden, hatte ihnen der Fabrikant den richtigen Platz jeder Figur auf ein Packpapier aufgezeichnet und beschriftet.

So weit, so gut. Entnervt vom ständigen Umfallen kamen die beiden Frauen nach Mitternacht vor der Ausstellungseröffnung auf den Einfall, die Figuren mit Syndetikon festzukleben.

Wunderbar!

Bis der deutsche Geschäftsträger am frühen Morgen zur Kontrolle kam und ein betretenes Gesicht machte. Jede Figur stand zwar an der richtigen Stelle, an ihrem Platz, aber genau verkehrtherum. Da marschierten die einfachen Soldaten vorn, und hinten folgten die Trommler, die Fahnen, zuletzt die Offiziere …

Alle Figuren mußten einzeln wieder umgedreht werden. Ich bekam sie nach der Weltausstellung geschenkt. Das hat ihnen noch weniger gutgetan.

Etwas später reiste Fifi nach London. Allein. Sie sollte ihr Englisch verbessern. Die Puppenfirma gewann internationales Ansehen und Kunden.

Auch von dort schickte sie mir viele bunte Postkarten. Von daher rührt mein fragwürdiger Hang zu monarchischer Prachtentfaltung: Da saß der König von Großbritannien in seiner offenen Kutsche, sechsspännig – so habe ich es in Erinnerung – Lakaien im Rücken und Reiter auf Schimmeln zu beiden Seiten. Die Reiter trugen hohe, gelackte Stiefel, wallende Federbüsche an den Helmen und schulterten blitzende Degen.

Vor allem die Garde mit den Bärenfellmützen verwirrte mein leicht erregbares Gemüt. Stundenlang betrachtete ich sie. Dennoch kam es mir nie in den Sinn, auch ein Soldat werden zu wollen. Aber ich malte sie mit Bleistift und Wasserfarben ab, eine Bärenfellmütze nach der anderen.

Diese Postkarten aus London bildeten mit denen aus Spanien den Grundstock meiner geographischen Bildung. Ich ordnete sie in ein schweres Album, steckte sie mit ihren vier Ecken in vorgestanzte Schlitze. Rathäuser aus Holland und Schweden, der Zeitglockenturm aus Bern, das Schloß von Kopenhagen, der Arc de Triomphe kamen dazu. So lernte ich Namen.

Als Fifi aus London heimkehrte, erschien sie mir unverändert. Sie sprach noch deutsch und trug keine Bärenfellmütze. Bald chauffierte sie die Mutter wieder – im offenen Wagen.

Möglicherweise holte sie sich da die Gebrechen, die sie mir so interessant machten. Sie litt an Ischias und Migräne, wechsel- und anfallsweise. Mir war es egal, an was sie litt, ich fand die Namen ihrer Leiden höchst interessant, interessant auch ihr wehes Gesicht.

Dann zog sie sich in ihre Kammer zurück, in die Dämmerung. Ich besuchte sie gelegentlich. In diesen Zeiten schien sie sich ausschließlich von Tabletten zu ernähren.

Zum Geburtstag schenkte ich ihr ein selbstgenähtes Kissen, in das ich getrocknete Farnkräuter gestopft hatte. Sie knisterten geheimnisvoll und dufteten würzig. Der Rat stammte von einer Bäuerin mit Kiepe. Das Kissen sollte gegen das Ischias helfen. Eigentlich wünschte ich, es hülfe nichts. Nicht, weil ich die Schwester gerne leiden sah, sondern weil ihre Leiden mit ihren fremdartigen Namen eine so schöne, das Gemüt bewegende Abwechslung in das Leben brachten.

Die Schwester Johanna – Hanne, oder das Hannerle – war die dritte der Töchter. Sie war jenes Mädchen, das dem totgeborenen Johannes das Leben verdankte. Ich sah sie am wenigsten.

Oft, wenn von ihr gesprochen wurde, senkte man die Stimme, als ob es da etwas zu verheimlichen gäbe. Sie galt als kapriziös und die Mutter meinte, sie sei die hübscheste.

Auch ihre Schulzeit liegt für mich im Dunkeln. Doch sehe ich sie als einzige von meinen Schwestern – im Sinne der Koedukation – mit meinen Brüdern in der Odenwaldschule. War sie aber wirklich da? Das Abitur machte sie jedenfalls nicht, weder dort noch woanders. Daß auch Töchter eine Schule bis zum Abschluß besuchen sollten, ein solcher Gedanke lag der Mutter ja sehr fern. Und vielleicht nahm es ihre Hanne auf der OSO mit der Koedukation auch zu genau, was der Mutter nicht geheuer gewesen sein mag. Jedenfalls – eines Tages drang die verblüffende Kunde nach Kösen, daß Hanne auf einer Haushaltungsschule in Rothenburg ob der Tauber Hühner fütterte. Warum? Eine solche Ausbildung lag uns Kruses doch überhaupt nicht. Es mochte wohl etwas mit Männern zu tun haben, vielleicht im Hinblick auf eine Ehe, im Sinne einer Erziehung zur perfekten Hausfrau. Die Mutter berichtete es jedenfalls mit einer gewissen Verlegenheit. Sie versuchte dann später mehrmals wieder, das Hannerle gut zu verheiraten, gegen deren energischen Widerstand.

Wie dem auch sei – ich schätzte an dieser stillen Schwester das madonnenhafte Antlitz und die aschblonden Haare. Sie schien mir auch ständig umschwärmt zu sein und das machte sie mir zeitweise noch interessanter als Fifi mit ihrem Ischias.

Die Brüder

Mit Michael wurde dann endlich ein Junge geboren. Er war elf Jahre älter als ich, ein hohes Wesen. Er fiel auch sonst aus der Rolle, der dunkle, etwas klein geratene Knabe, denn er war ein fleißiger Schüler, fast immer Primus.

Als einziger besuchte er das humanistische Landschulheim »Schulpforta« – bei Kösen, das ursprünglich ein Zisterzienserkloster war: Monasterium Sanctae Mariae de Porta, 1134 gegründet. Eine schöne, rein erhaltene Anlage. Von daher trug Michel einen Glorienschein. Wo andere flatterten, war er würdevoll, ernst.

Schulpforta war nur wenige Kilometer entfernt. Man konnte es auf einem breiten Weg neben der Chaussee auch zu Fuß erreichen, immer unter Bäumen dahin. Leider hatten die kleine Stadt und die strenge Schule aber nichts miteinander im Sinn. Für den normalen Kösener lag Schulpforta wie auf einem anderen Erdteil. Was das Klostertor verschluckte, blieb verborgen. Es erreichte uns auch keine Kunde von dort. In völliger Abgeschlossenheit lag diese Welt der Wissenschaft mit ihren alten, grauen, spitzgiebeligen Gebäuden, den dunklen Schieferdächern und der Kapelle hinter dem hohen Mauerring.

Aber Michel brachte von dort bedenkliche Berichte heim von Schlafsälen, von älteren und jüngeren Schülern, die der Mutter nicht behagten. Michel wechselte zur musischeren, weltoffenen Odenwaldschule.

Einmal kam er von dort – mit den anderen Geschwistern – in den Ferien nach Kösen. Da hatte er den Wunsch, uns seinen Mut zu demonstrieren.

Im Hinterhof stand das Gartenhaus mit dem flachen Dach. Es war wohl als Teehaus gebaut worden, geschnitzte Rahmen umgaben die Fenster, auf die Blumen und Ornamente geschliffen waren – für uns war es nur noch eine Rumpelkammer.

Michel bestieg das Dach. Er verkündete, er wolle hinabspringen. Um die Höhe jedoch etwas zu verringern, wurde unten ein Leiterwägelchen aufgestellt. Ich weiß nicht von wem, vielleicht sogar von mir. Michel hüpfte hinein. Der Wagen sauste nach vorn. Michel fiel, da knackste sein Bein. Er trug es in Gips und humpelte auf Krücken herum. Ganz gerade wuchsen die Knochen nie wieder zusammen. Stolz zeigte er das Narbengeflecht, das von der Verletzung herrührte.

Auch er zollte dem sanften Wahn der Familie, dem Künstlertum, seinen Tribut. Viele Jahre lang schleppte er ein Cello mit sich herum – und spielte darauf. Ja, er erzeugte Töne und

Hausmusik bei Kruses.
Maria am Flügel, Michel mit dem Cello,
Hanne mit der Geige und
Jochen mit dem Blasinstrument

schwankte sägend mit dem Oberkörper. Es gibt eine Fotografie, auf der er mit den Schwestern Hanne und Maria und dem Bruder Jochen musizierend zu sehen ist. Das war zu der Zeit, als Hanne es mit der Geige probierte, nach meiner Erinnerung vor den Hühnern in Rothenburg.

Aber irgendwann gab es Michel auf, den Cellobogen hin und her zu bewegen. Er erkannte, daß er den Rechenstab genauer zu schieben vermochte und darin uns allen weit überlegen war. Die Mutter genoß sogar das. Er war auch so ihr »begabtes Männerle«.

Für mich wurde Michel aus einem anderen Grund zu einem wahren Gott, zum Spender unermeßlichen Vergnügens. Er bekam einen der ersten Amateur-Filmapparate geschenkt. Ich war hell entzückt von den schattenhaften Szenen, am meisten von einem Picknick mit der Mutter, bei dem sie ein weiches Ei ausschlürfte. In flatternden Einstellungen, in unregelmäßigen Tempi und ungefährer Belichtung hob sie ihre Hände vom Tischtuch, das über den Waldboden gebreitet war, zackig und immer wieder abgerissen, sie warf ruckartig den Kopf zurück, öffnete die Lippen, setzte das Ei an, schlürfte und schluckte ... es gab nichts, was mich mehr belustigte als diese trickartige Karikatur meiner Mutter mit ihren kasperlehaften Bewegungen. Ich krähte, kreischte, preßte meine Hände vor den Mund und Tränen flossen über die Backen. »Nana, mein Herzblatt«, meinte die Mutter ein wenig konsterniert, »so blödsinnig komisch bin ich doch nun auch wieder nicht.«

Leider filmte Michel später nicht mehr, und diese ersten Streifen gingen verloren.

Mir – als dem zuletzt Geborenen – boten sich die Brüder und Schwestern immer sinnvoll aufgeteilt dar. Ich sah sie als zwei gleich große Blöcke: zuerst die drei Mädchen, dann die drei Jungen. Ich gehörte nicht eigentlich zu ihnen, sie waren mir symmetrisch zugeordnet, und zwar nur mir, denn kein anderer konnte sie so sehen wie ich.

In dieser Ordnung hatte jeder seinen ganz festen, unverrückbaren Platz. Jochen – eigentlich Joachim – war immer der Bruder in der Mitte, zwischen Friedebald und Michel. Aber nach diesem Bruder suche ich in meiner Kindheit mit einem geheimen Kummer. Ich wußte, daß es ihn gab, doch sah ich ihn selten. Der Kummer kommt daher, daß ich zu Jochen später ein besonderes Verhältnis gewann, daß er aber im Krieg starb, recht elend, während er als angeblicher Simulant aus Griechenland an die Front versetzt wurde. Auf dem Weg nach Rußland schlief er ein, an einem unerkannten Gehirntumor.

Ein wenig fremd, scheint mir, lebte Jochen unter seinen Geschwistern, oder überhaupt in der Familie, als sei er da nur zufällig, wie spazierend, hineingeraten. Schon äußerlich gehörte er nicht recht dazu, er galt immer als das häßliche junge Entlein, blond und blauäugig, sehr dünn und schlaksig – und gestraft mit einer übertrieben großen Nase. Er sah von klein auf schlecht, mußte eine Brille tragen, eine armselige, mit dünnen Drahtbügeln und trauriger Einfassung. Er war still und schüchtern.

Er hätte aus einem Berliner Hinterhof stammen können, wo es an Sonne mangelt. Die Geschwister meinten, er sei ein Fehltritt der Mutter, ein Kuckucksei, oder untergeschmuggelt. Bestenfalls wäre sein Vater ein preußischer Prinz, ein Abkömmling des Alten Fritz, der absonderlichen Nase wegen.

Jochen ertrug viel Spott, doch vielleicht mauserte er sich gerade deshalb zu einem eleganten Jüngling, zu einem Schwarm der Mädchen. Da nannten ihn die Geschwister »oberflächlich«. Er trug hochmodische Maßanzüge, er spielte Instrumente, die »einfach irre« waren, zunächst das Banjo, später ein Saxophon und entwickelte eine Vorliebe für den Jazz. Das alles war »ganz unkrusisch«, eigentlich »unter unserem Niveau«. »Ramona« hieß ein Tango, den damals alle Welt tanzte und Jochens jaulendes Saxophon brachte die Mutter zur Verzweiflung. »Ach, mein Jockerle, muß denn das sein?« rief sie, halb wütend, halb lachend durchs Haus und hielt sich die Ohren zu. Meist räumte sie dann das Feld und ging hinüber in die Werkstätte.

Jochen bildete sich später auf der Reimann-Schule in Berlin zum Gebrauchsgraphiker aus. In den Weihnachtsferien sah man ihn daheim witzige Glückwunschkarten zum Jahreswechsel zeichnen, die er in der Werkstätte vervielfältigte. Da klammerte sich ein Schiffbrüchiger in stürmischer See an einen Baumstamm und hielt Ausschau nach Rettern. Der Vers dazu lautete: »Das alte Jahr hat sich verkrochen, viel Glück zum neuen wünscht der Jochen.«

Jochen war einer der wenigen Kruses, wenn nicht der einzige, der außer Humor auch schlagfertigen Witz besaß.

Sein vollkommener Gegensatz war Friedebald – oder Friedel – von klein auf nach der Mutter Meinung: »ein Wonneproppen«. Und zwar sowohl im Aussehen als auch im Wesen. Die Mutter erzählte zahllose »niedliche« Geschichten von ihm. Er erschien in den Wohnungen der Werkstättenmitarbeiter zur Essenszeit, ließ sein Pferdchen auf Metallrädern, das er an einem Ohr durch die Straßen zu ziehen pflegte, vor der Tür stehen und bettelte um Nahrung mit der Begründung: »Bei uns gibt es Spinat, den mag ich nicht.«

Er war anzusehen wie aus einem Bilderbuch, er hatte ein drolliges, rundliches Gesicht, das von blonden Locken umrahmt war, sein »Mäulchen« – wie es die Mutter in ihrer alles verzärtelnden Art nannte – war rund und »wie eine Kirsche« – und er hatte blaue »Kulleraugen«.

Friedebald, 1918 geboren, verdankte seinen Namen der Sehnsucht nach Frieden am Ende des Ersten Weltkrieges. Er stand mir im Alter am nächsten, unsere Beziehungen waren daher auch am engsten. Freilich war auch er fast immer woanders. Drei Jahre älter als ich und wesentlich kräftiger, hatte er Macht über mich und übte sie aus. Er hätte sie noch viel mehr ausüben können, wäre er nicht so gutherzig gewesen.

Einmal fuhren wir mit dem Auto auf den Brocken im Harz. Solche Ausflüge waren selten, die Mutter hatte kaum Zeit für ein Privatleben im üblichen Sinne. Aber der Thüringer Wald lag ja nahe. Die »Schmücke« war eines unserer Ziele, die Mutter liebte diese Landschaft, das kleine Gasthaus auf der Höhe mit dem Blick auf die grünen, von einem dichten Laubwald bedeckten Hügel, die sich weit in die Ferne dahinbuckelten.

Auf dem Brocken hatte man einen noch weiteren Blick. Das Hotel lag auf der kahlen Kuppe. Ich war mit Friedebald in einem Doppelzimmer untergebracht, es war ein schwüler Sommerabend, ein Gewitter lag in der Luft, dunkle Wolken türmten sich auf, hingen über den umliegenden Höhen und Tälern.

Und Friedebald genoß es, er erzählte mir von den Hexen, die auf ihren Besen von weit her geritten kamen, um sich hier in der Walpurgisnacht mit dem Teufel zu vermählen. Die Walpurgisnacht war heute. Die Hexen waren schon überall, man konnte sie nur nicht sehen, aber spüren konnte man sie, sie saßen auf den Schränken und unter den Betten, unsichtbar zwar, aber um so mächtiger. Der Teufel wird sie gleich mit Donner und Blitz empfangen, er liebt dieses höllische Feuerwerk...

Und gleich darauf donnerte es, der Wind heulte, er riß an den klappernden Fensterläden, und als die Blitze zuckten, flammten sie aus dem Wolkengebräu, blendeten uns, es ging Schlag auf Schlag.

Ich verkroch mich unter die Decke.

Aber Friedebald tanzte im Nachthemd und barfüßig ans Fenster, er riß die Flügel weit auf, der Wind verwirbelte seine Haare, die Regentropfen klatschten in sein Gesicht und er rief begeistert: »Mensch, det is knorke!«

Er begriff nicht, daß ich mich fürchtete.

Er schien immer rundum gesund und völlig harmonisch zu sein, er betrachtete alles mit Einverständnis und Freude. Er verbreitete Behaglichkeit und Herzlichkeit. Wie kam es, daß dieses heitere Kind, dem es nie an Zuneigung mangelte, eine Zeitlang Bettnässer war?

Ob daran nicht doch vielleicht die übertriebene Liebe der Mutter zu mir schuld war? Vielleicht schlug sie sich ihm auf die Blase? Vielleicht – geredet aber wurde über eine Nierenschwäche – und es wurde überhaupt viel und ernsthaft davon geredet. Es wurden Ärzte konsultiert und Medikamente genommen. Es half nichts. Lange Zeit. Wohl gab es freudige Tage, an denen sich morgens Bettuch und Matratze trocken anfühlten, aber sie waren selten.

Ich weiß nicht, ob Friedebald selbst darunter litt, ich kann ihn mir immer nur heiter vorstellen.

Meine Mutter erfuhr von einem Augendiagnostiker. Er praktizierte in Pößneck am Thüringer Wald. Fifi chauffierte uns zu ihm. Im überfüllten Wartezimmer hing der Druck eines großen Auges. Es starrte unheimlich. Die Sektoren und Pigmentzellen der Iris waren darin wie Edelsteinsplitter.

Der Heilpraktiker selbst ging barfuß. Nicht nur Friedebald, auch ich mußte hinter seinem Augenmikroskop Platz nehmen. Er schaute in uns hinein, wir glotzten ins Licht. Ich bekam Fläschlein mit Tropfen, zur Stärkung. Friedebald aber sollte täglich eine Flasche Saalfelder Heilquelle trinken, ein schwefelhaltiges Wasser, das unerträglich nach faulen Eiern stank.

Mutter Käthe Kruse mit ihren beiden Jüngsten, Friedebald und Max

Ekelerregend durchdrang dieser Geruch alle Räume unseres Hauses. Ich weiß nicht, wie lange sich Friedebald überwand – plötzlich war sein Leiden dahin und zwar für immer. Vielleicht war sein Widerwillen gegen das Getränk doch stärker als seine seelischen Beschwerden, die sich offensichtlich nicht auszahlten.

Und was uns betraf, so verstanden wir uns immer besser.

Manchmal durften wir ins Kino. Das fand die Mutter immer ein wenig bedenklich. Ob es mich auch nicht verdürbe ... ob es mich nicht zu sehr aufrege? Zu sehr aufregen, ja, das tat es!

Aber man kann ein Kind, und sei es das – scheinbar – zarteste, doch nicht von allem fernhalten. Sie selbst war ja fasziniert von der neuen Kunst, obwohl sie sich sehr im Zweifel war, ob es überhaupt eine Kunst war, oder nicht eher ein Verderbnis.

Manchmal erzählte sie mir von Filmen, die sie gesehen hatte, in Berlin, oder auf anderen Reisen. Sie lachte Tränen über Charlie Chaplin – und dann wußte sie selber nicht, ob es nicht eigentlich zum Weinen traurig gewesen sei. So unendlich rührend! Ja, Charlie Chaplin liebte ein blindes Blumenmädchen. Er hielt ihr den Strang, von dem sie Wolle abwickeln wollte. Aber sie erwischte den Faden seiner Hose. »Sie konnte ja nicht sehen, mein Herz! – Und er war zu zartfühlend, sie auf ihren Irrtum aufmerksam zu machen. So stand er da, und drehte sich, und drehte sich um sich selbst, während sie seine Hose aufribbelte, von oben nach unten ...«

Tief berührt war sie auch von einem Film aus dem kommunistischen Rußland. Er hieß »Der Weg ins Leben«. Er zeigte, wie verwahrloste Jugendliche durch sinnvolle Tätigkeit wieder zu ordentlichen Menschen wurden. Sie bauten irgendwas, ich glaube Straßen, sie fuhren auf Loren – es gab viele Konflikte. Aber irgendwie war alles sehr positiv und der Kommunismus hatte doch auch viel Gutes.

Die Filme für mich durften selbstverständlich nur »jugendfrei« sein. Und Friedebald mußte mich begleiten, alleine konnte ich nicht gehen. So wanderten wir über die Saalebrücke. Ich war voller Vorfreude, jetzt schon wie im Fieber. Das Lichtspielhaus war weit weg, fast eine halbe Stunde liefen wir, am Bahnhof vorbei, in ein Stadtviertel an der Saale, das mir immer etwas schmuddelig erschien. Da gab es eine Zementfabrik, von der lag Staub auf allen Dingen.

Da war auch noch ein anderes Werk, Lacke und Farben, das war eines Nachts in Flammen aufgegangen, wir sahen den Glutschein am Himmel – und gleich war auch der Verdacht einer Brandstiftung da. Warum wohl? Ich verstand nicht, wie man sein Eigentum vernichten, verbrennen konnte. Friedebald erklärte es mir. Wegen der Versicherung. Die Polizei kam. Und wirklich fand man in der Garage des Mannes Zeitungen, mit einem Datum, aus dem ganz klar wurde ...

Nichts war mir klar. Zwischen dem Feuer, der Brandstiftung und dem Datum auf der Zeitung bestanden für mich unentwirrbare Verbindungen. Friedebald gab es auf, das kleine Dummerle zu belehren.

In dieser staubigen, unheimlichen, nach Brand und Verbrechen riechenden Gegend war also das Kino, in einer heruntergekommenen Gastwirtschaft. Der Saal roch nach gescheuerten Tischen, nach Rauch und abgestandenem Bier. In der Mitte stand der Projektionsapparat, ein Mann daneben leierte die Kurbel. Auf einem alten Klavier wurden Töne erzeugt. Der Lichtstrahl suchte seinen Weg durch Qualm und Mief. Auf der Leinwand erschienen zappelnde, blasse Bilder. Friedebald lachte über »Dick und Doof«. Ich mochte die beiden nicht. Ich fand sie ekelhaft, so gewöhnlich! Der Dicke erinnerte mich an unseren Nachbarbuben, an Gerhard Schmohl aus der Kneipe gegenüber, vor dem fürchtete ich mich. Ich verstand auch die Komik nicht. Aber ich hütete mich wohl, das zu verraten. Dann hätte ich ja nicht mehr hierher gedurft.

Es gab bald auch andere, höhere Genüsse. Ich wurde älter, man konnte mir mehr zumuten. Ich verliebte mich in Brigitte Helm, wunderschön war sie, »die Frau im Mond« – hätte ich mir je träumen lassen, selbst zu erleben, daß Menschen wirklich den Mond betraten?

Friedebald teilte meine Liebesglut. Wir schwärmten von ihrem marmor-klassischen, ihrem griechischen Profil. Wir durften es tun, denn »griechisch« war künstlerisch. Vielleicht war sie eher langweilig, ausdruckslos, trug immer die gleiche, starre Maske. Aber ich war berauscht von ihr als Herrin von »Atlantis«, sie war edler und geschmeidiger als die gefährlichen Geparden, mit denen sie sich umgab.

Mit Friedebald saß ich auch zum erstenmal vor einem Radio. In Kösen hatten wir keines, der Vater hatte sich in Berlin so einen Teufelskasten zugelegt, der alle Kultur zerstören würde, wir würden es sehen! Zeitlebens verleugnete der Vater ja nicht seine Affinität zur Technik, zu Erfindungen, er, der ursprünglich hatte Ingenieur werden wollen.

Er hatte damals in Berlin, in der Fasanenstraße 13, eine Atelierwohnung – es war ein bekanntes Künstlerhaus. Ich erinnere mich an ein behagliches, großes Backsteingebäude, das man durch den Hof betrat. Dort kletterte Efeu die Wände empor.

Ich liebte Berlin, an der Wohnung sauste die S-Bahn vorbei, etwa in gleicher Höhe mit den Fenstern. Groß und ratternd tauchten die schnellen Züge auf, alles zitterte, bebte – und schon waren sie wieder verschwunden. Ich liebte die bimmelnden Bolle-Milchwagen mit den Messing-Glöckchen und den braunen Pferden; ich liebte die Straßen voller Menschen, die Autos und Droschken; die Zeitungsjungen rührten mich, die auf den Plätzen standen und brüllten. Es waren ja Buben wie ich, nicht einmal viel größer, aber so mager, so arm, so abgerissen. Sie hatten es schwer, erzählte die Mutter, sie verdienten kaum das allernötigste zum Leben und litten Hunger und froren im Winter.

Auf dem riesigen Platz zeigte die berühmte Normaluhr den Verliebten die Zeit für ihr Rendezvous. Da tauchten sie aus der Erde auf und verschwanden wieder im Untergrund, in den U-Bahn-Schächten mit den blauen Zeichen. Daneben standen die dicken, bunten Litfaßsäulen, sie verhießen Vergnügungen, Bälle, Varieté, Wintergarten, Girls mit schlanken Beinen – für die ich jetzt noch zu klein war, aber später...

Ich war nicht oft in Berlin. Meist nur kurz, etwa auf der

Durchreise nach Hiddensee. Aber jedesmal war es ein Fest, ein Wunder, ein Taumel.

Der Radioapparat des Vaters stand auf einer Kommode. Wir durften ihn nicht berühren. Aber wir waren einen Abend allein, Friedebald und ich. Es war eine Art Zigarrenkiste, nur größer, ein Holzkasten mit Drehknöpfen, gewickelten Drahtringen und Glasröhren, die rot glühten, wenn man sie einschaltete.

Wir saßen in unseren Nachthemden davor, mit nackten Füßen. Es war sonst alles dunkel, wir machten kein Licht. Doch die Röhren leuchteten auf, als ob Teufelchen darin erschienen, langsam erwärmten sie sich – dann ertönten aus dem Lautsprecher Töne, kreischende, quarrende Stimmfetzen, ein Piepsen, Heulen und Jaulen ...

Der Bruder drehte die Knöpfchen, das Piepsen, Heulen und Jaulen hüpfte vorüber, sprang, klopfte. »Das sind die verschiedenen Wellen«, erklärte Friedebald, er wollte Moskau gehört haben, Berlin und Paris, ich kann mich an nichts Verständliches erinnern, mein rechter Fuß kletterte am linken Schienbein empor, die großen Zehen verhakten sich ineinander.

Ich glaube, es gab damals noch Gasbeleuchtung in dieser Wohnung. Die Technik steckte ja erst in den Kinderschuhen. Wir wußten noch nicht, daß sie das eigentliche, das große Schicksal unserer Generation werden würde. Wir sahen den Fortschritt, das Wunder.

In meiner Kindheit war die Welt noch im Lot. Noch war nichts verdorben, nichts unwiederbringlich verloren. Alle Entwicklungen hätten angehalten, das Gleichgewicht bewahrt werden können. Alles Unselige, alles nicht mehr Umkehrbare, die Ausbeutung der Bodenschätze, die Vergiftung von Wasser, Luft und Boden, die grenzenlose Vermehrung des Schreckens, die nicht mehr zu stoppende Bevölkerungslawine – all das begann erst.

Wir lebten damals noch im Zustand der Unschuld. Wir freuten uns, daß wir keine Petroleumlampen mehr brauchten, wie noch in Hiddensee, sondern daß wir das Licht an wackligen Porzellanschaltern anknipsen konnten. Die elektrischen Leitungen zogen sich in Form geflochtener, weiß übertünchter Schnüre an den Wänden empor und an den Decken entlang, von fingerhutgroßen Isolatoren in schwebendem Abstand gehalten.

Ich betrachtete dieses Linienspiel gern, knipste man das Licht an, warfen sie Schatten. Eine Zeitlang wohnte ich mit Friedebald zusammen im gleichen Zimmer in Kösen, er mußte sich – in der Odenwaldschule verbummelt – auf seine Aufnahmeprüfung für die deutsche Aufbauschule in Weimar vorbereiten. Da rasselte der Wecker schon um fünf Uhr morgens für ihn. Es war dunkel. Stöhnend knipste er die Deckenbeleuchtung an, stöhnend stand er auf, stöhnend rannte er später zum Bahnhof.

Ich konnte im Bett liegen bleiben und die Augen an den Kabeln entlangwandern lassen, die das Licht in die Glühbirnen brachten, ohne daß ich es sah.

Lebewesen

Unsere Mutter war sicher einer der zärtlichsten Menschen der Welt. Nur die Stärke und die Aufrichtigkeit ihrer Gefühle verhinderten, daß sie verkitschte. Und ihr Humor. Oft balancierte sie auf dem schmalen Grat zwischen dem noch Erträglichen und dem schon Peinlichen und dann konnte sie uns verschmitzt-hintertrieben ansehen, mit leicht gespitzten Lippen und amüsierten Augen, als ob sie prüfen wollte, wie wir reagierten – sich stets die Ausflucht offen lassend: so war es ja nicht gemeint.

Ich bin nie dahinter gekommen, ob sie immer so intensiv empfand. Ich glaube wohl. Aber sie war sich sehr wohl bewußt, daß ihre von Gefühlen überströmende Ausdrucksweise ungewöhnlich, verblüffend, sogar manchmal peinlich war. Sie liebte es, diese Wirkungen zu erzielen, sie wußte aber auch, daß man sie »einfach überwältigend« fand. Bewußtes Kokettieren und vollkommene Naivität waren bei ihr so ineinander verwoben, daß sie selbst dieses Knäuel nicht zu entwirren vermocht hätte – hätte sie es gewollt. Ich weiß nicht, ob es das geben kann: eine vollkommen bewußte Naivität – das scheint sich ja auszuschließen. Aber wenn irgend jemand – so brachte sie das Wunder fertig, auf eine vollkommen artifizielle Art naiv, und auf vollkommen naive Weise artifiziell zu sein.

Ich habe nie einen ähnlichen Menschen erlebt.

Wir Kinder litten oft sehr. Wir kannten ja die Schau, die sie abzog – so würden wir heute sagen – während sie für alle anderen originell und sogar sehr einnehmend sein konnte. Aber indem sie diese »Schau abzog«, indem sie ihren Besucher, Geschäftspartner, Freund oder Feind mit Zärtlichkeiten und Herzlichkeiten geradezu übergoß – zog sie schon wieder keine Schau mehr ab, spielte sie kein Theater mehr, wurde ihr die Rolle zur Natur.

Sie hatte nacheinander mehrere Autos, zu einer Zeit, als das noch etwas sehr Besonderes war. Das waren keine Maschinen, keine Dinge, das waren Gefährten mit Namen.

Zuerst kaufte sie den »Felix« – einen siebensitzigen weinroten Buick. Er hatte gelbe Speichenräder. Er hatte sechs Zylinder, er war ein Ungetüm. Ein kleines Vermögen hatte er sie wohl gekostet, in sehr schweren Jahren.

Die Mutter lernte nie Autofahren. Die Schwester Fifi machte den Führerschein, darauf war die Mutter womöglich noch stolzer als die Tochter. Fifi fuhr – die Mutter schrieb einen Artikel: »Der Platz neben dem Steuer«. Der »Felix« war ein offener Wagen – und selbst wenn man das Verdeck zumachte, zog es durch alle Spalten. Die Mutter saß neben ihrem »Finerle«, vor Stolz strahlend, sie trug die dicke Katzenfelljacke, deren feine Haare wirbelten, sie trug eine eng anliegende Kappe. So sah sie, klein und gewissermaßen aufgeblasen, mit ihrer großen Hornbrille fast aus wie ein Uhu, der die Federn sträubt.

Sie vertraute der Fahrkunst ihrer Tochter blindlings, starrte aber doch ständig gebannt auf die Fahrbahn. War auf den engen Dorfstraßen ein Huhn zu sehen, flatterte es auch noch gackernd vor dem Wagen her, dann stemmte die Mutter Hände und Beine ängstlich vorne auf und rief vorwurfsvoll: »Aber Finerle!«

Auch die Schwester liebte den Felix. Er erhob sie weit über

Max als Kühlerfigur auf »Felix«

uns andere. Über lange, glückliche Jahre hinweg blieb sie die einzige, die ihn fahren konnte. Sie mußte gebeten werden. Wir waren von ihr abhängig. Eine Last war es auch, natürlich, aber durch welches Selbstwertgefühl wurde sie belohnt!

Ich sehe sie noch, auf dem Sportplatz von Bad Kösen, irgendwann in den zwanziger Jahren, gegen Ende dieses »goldenen Jahrzehnts«. Da wurde ein Reit- und Fahrturnier abgehalten. Tagelang vorher übte Fifi im Werkstättenhof zwischen dicht nebeneinander aufgestellten Holzkegeln das Vor- und Zurückfahren, enge Kurven, Einparken – dann kam der Tag, schwarzweiß-rote Fahnen flatterten, der Himmel war blau, man war festlich gekleidet, es gab noch keine braunen Uniformen, die Blaskapelle spielte zwar Märsche, doch dachte niemand ans Marschieren. Wohl möglich, daß Uniformen von der »Reichswehr« zu sehen waren, wohl möglich, daß Offiziere teilnahmen, sie fielen weder auf noch genossen sie besonderes Ansehen. Sie gehörten zu unserem »Hunderttausend-Mann-Heer«, man hatte Mitleid mit ihnen, und mit sich selbst in der deutschen Seele, weil der Versailler Vertrag, »das Diktat«, Deutschland nur hunderttausend Mann erlaubte.

Über den Rasen, der gleichzeitig das Fußballfeld war, fuhren die Kutschen der umliegenden Güter, mehrspännig, die Herren in Bratenröcken und Zylindern, Blumenstrauß oder Kokarde am Hutband. Gespanne kurvten – Reiter in roten Fräcken trabten, lange Röcke fielen und wehten von Damensätteln. Man galoppierte, sprang über Hürden und Wassergräben, Hufe tänzelten nach den Regeln der Dressur.

Und die Schwester Fifi war die einzige Frau im Auto. Sie steuerte den Felix sicher, aber mit eingekniffenen Lippen um alle Kegel, lenkte rückwärts in Tore, mußte sogar – »langsam, langsam mein Finerle« – über eine Wippe aus Brettern.

Sie wurde geehrt. Sie war glücklich. Die Mutter war es auch: »Meine Finusch!«

All ihre Autos spielten im Leben der Mutter eine große Rolle. Sie gehörten – mit ihren Namen – ganz zur Familie. Sie besaß drei in den Jahren von 1926 bis 1939 und es waren eben nicht

»der Buick, der Chevrolet und der Röhr«, es waren der Felix, das Brigittchen und die Trudel. Die Mutter sagte: »Nun komm!« zu ihnen und »Willst du wohl?« – »der Felix hat heut schlechte Laune«, – »das Brigittchen muß saufelen« –»die Trudel hat Durstel«. Statt in die Garage mußte »das Brigittchen ins Bettele« oder »ins Ställchen« gebracht werden.

Doch hinderte diese zärtliche Fürsorge nicht, daß Schlimmes passierte. Der Felix hielt sich bis Anfang der dreißiger Jahre, dann vergaß man, im bitteren Winter »das Wasserle abzulassen«, das nahm er übel, der Kühler fror ein, platzte, zwei Mechaniker reisten heran, smarte Burschen auf Motorrad und Beiwagen. Ich durfte in der wippenden Seitengondel mitfahren, durch Dörfer knattern, zu Schmieden, zu Materiallagern, ich weiß nicht mehr. Der Riß wurde geschweißt, er hielt nicht, wohin Felix kam, erfuhr ich nicht, ihm folgte »Brigittchen«.

Brigittchen war schon uralt, schrottreif, ein hochrädriger Chevrolet. Die Türen gingen teils nicht auf, nicht zu, man kletterte hinten durchs Fensterloch ein, Brigittchen war ein geschlossener Wagen, ein Kasten.

Gewollt hatte sie niemand. Die Mutter hatte bereits in Leipzig einen eleganten Ford gekauft und bezahlt, die Fotografie stand auf dem Schreibtisch. Da betrachteten wir sie, bekümmert. Der Autohändler machte vor der Lieferung pleite, der Mutter blieb aus der Konkursmasse nur das älteste, klapprigste Modell, es war längst aus dem Verkehr gezogen, fahruntüchtig. Es rostete auf dem Hof, 50 Reichsmark bot ein Altwarenhändler der Mutter – da tat ihr das Auto leid! So ein armes, so ein trauriges Geschöpf! Es sah sie so flehend an, mit seinen schielenden Scheinwerfern. Ach Gott! Und die Sitze waren so zerschlissen – ihr war sofort klar, es konnte nur Brigittchen heißen und sie würde es bei sich aufnehmen. »Du sollst es gutel haben. Du wirst schon sehen!«

Sie ließ Brigittchen nach Bad Kösen schleppen, versteckte sie hinter dem Wohnhaus im Hof. Den ältesten Bruder, Michel, der Ingenieur werden wollte, bestach sie. »Wenn du sie mir wieder ganz machst, darfst du mit mir nach Holland fahren.«

Der Buik »Felix«, die Familienkutsche, mit Fifi am Steuer. Neben ihr Käthe Kruse auf dem Beifahrersitz. Dann (von links nach rechts) Friedebald, Max, Hanne, Michel und Jochen

Holland – das war fernes Ausland, ein magisches Wort, weite Ebenen, Kanäle; Amsterdam, die schöne Stadt; internationales Flair; Meisjes – Michel legte sich unter den Wagen, war verschmiert bis in alle Poren, Haare, Hände ...

Das Wunder geschah, eines Tages ratterte Brigittchen auf die Straße. »Ach, ich hab's ja gewußt, mein Männerle!« jubelte die Mutter und küßte den Bruder, der das weniger mochte.

Wir fuhren diesen Wagen viele Jahre. Ihm folgte eine »Trudel«, ein offener Röhr, hochmodern damals. Der Bruder Friedebald pries mir des Wagens Vorzüge, wir wanderten unter den Linden auf der Landstraße in Richtung Weimar, der Sommer duftete, Vögel lärmten im Baumgrün. Der Friedebald war wohl zwölf damals, trug kurze, gewirkte Bleyle-Hosen, die am Po rasch glänzten, aber sehr praktisch waren, und vor allem war Bleyle der Mutter Kunde. »Nichts spürt man mehr«, versprach mir der große Bruder, »kein Schlagloch, keine Bodenwelle. Der Wagen fährt, als ob er flöge, er hat nämlich eine Schwingachse.«

Ich nickte begeistert, ich freute mich aufs gleichsam schwebende Auto. Schon auf der ersten Fahrt wurde mir speiübel und ich wünschte mir Brigittchens stoßharte Federung zurück.

Warum gab die Mutter ihren Autos so liebevolle Namen – und nicht nur diesen? Sie meinte es ja vollkommen ernst. Ja, allem, auch dem Unscheinbaren (vielleicht gerade diesem) schenkte sie Liebe, weil sie selbst diese Liebe empfand und mit allen Dingen und Wesen Mitleid verspürte. Aber wenn sie alles beseelte, lebendig machte, so auch deshalb, weil sie selbst aus jener sehr fernen Zeit stammte, in der die Menschen noch kaum von funktionierenden Apparaten, Maschinen, schon gar nicht von Robotern und Computern umgeben waren. Je geringer der Raum ist, den die Technik einnimmt, desto größer ist der Anteil des Lebendigen. Denn Lebensraum und Lebenszeit sind feste Größen, unveränderbar. Veränderlich ist nur das, womit sie ausgefüllt werden. Damals, zu Mutters Kindheit, gab es zwar schon die Eisenbahn, aber in den Städten fuhr man in Kutschen und Pferdewagen. Man ging oder man ritt, was sich auf diese Art fortbewegte, war lebendig. Auch das Feuer im Ofen war es, lebendig, wenn auch nicht beseelt. Oder etwa doch? Es hatte ja seine Launen, es war unberechenbar, gefährlich, tröstlich und behaglich, es knackte, prasselte und flüsterte. Die Welt war noch voller Märchen, und viele konnte man glauben, gerade Schlesien, wo die Mutter herkam, war auch die Heimat der Sagen. In dem Brunnen wohnte der Nickelmann, im Wald der Schrat, in den Bergen Rübezahl – und aus der Tiefe des Wassers rief die versunkene Glocke.

Das war die Welt der Mutter, hierfür blieb ihr Gemüt empfänglich ihr ganzes Leben.

Und nichts genügte ihr. Die Autos waren das allermindeste. Da waren die Kinder, die Freunde, die Puppen, überall Menschen, Menschen ... es würde Bände füllen. Und da waren die Tiere. Die Hunde vor allem. Wahllos. Vom räudigsten Köter bis zum überzüchteten Rassehund – nein, die mochte sie weniger. Je ursprünglicher, desto besser. Hauptsache, er hatte »vier Beine und einen Schwanz«, das war das Kriterium. Der Schwanz durfte auch fehlen, wenn er kupiert war. Er war ja mal dagewesen.

Den ersten Hund, den ich erlebte, brachte die Mutter von der Weltausstellung in Barcelona mit, 1929. Es war eine Dandy-Dimmont-Terrier-Hündin, sie hieß Bumble-bee, Hummel, wurde aber einfach Bömby genannt. Es ging die Rede, die seltene Rasse sei entstanden auf einem Wettbewerb zur Züchtung des komischsten Hundes. So war Bömby. Auf stummelkurzen, nach außen verkrümmten Beinchen schleppte sie ihren runden, langgezogenen Körper über den Boden, der vollkommen verhüllt war von einem Fellwirrwarr in Bindfadenfarbe. Ihre Bernsteinaugen waren wunderschön, verträumt und schwermütig – sie sah so verlassen aus, so einsam! Hörte sie zu, klappte sie die Schlappohren vor, ihre feuchtschwarze Nase witterte und ihr säbelförmiger Schwanz richtete sich steil auf.

Sie konnte eine Furie der Eifersucht sein. Einige Jahre besaß die Schwester Hanne eine verschüchterte, meist an Fellräude leidende und mit Schwefelsalbe eingeschmierte Foxterrierhündin, Nasha. Kam Nasha mit Hanne ins Haus, was sich nicht immer vermeiden ließ, war sie ihres Lebens nicht sicher. Alle Türen mußten verschlossen bleiben, aber umsonst, unregelmäßig zwar und nie vorhersehbar wie eine Feuersbrunst in einer mittelalterlichen Stadt, gellte angstvolles Schreien durch unser Haus, die Hunde verbissen sich ineinander, Türen flogen, Schritte polterten treppauf und treppab, die Stimme der Mutter überschlug sich: »Bömbiliiie! – Naschiii! – Finerle, Hannerle!« Wassereimer standen meist schon bereit, man schüttete sie den Geifernden gezielt über die Köpfe, in die schäumenden Rachen, schnappten sie dann nach Luft, konnte man sie auseinanderreißen.

Die Mutter beschimpfte Bömby, verbannte sie in ihr grünes Bett und brauchte selbst Herzkompressen.

Dann kam eine Katze zu uns, ich weiß nicht wie. Bömby beachtete sie nicht. Sonderbar. Aber Bömby war verliebt in einen unsagbar armseligen, dürren Straßenköter. Die Mutter versuchte die Schande zu verhindern – umsonst. Eines Tages lag Bömby mit sechs schwarzen Babies im Bett. Da war die Mutter selig: »Schau nur! Wie sie saufeln!«

Und auch die Katze kam nieder. Nun wechselten sich die Tiermütter in der Pflege ab. Ging die Katze auf Mäusejagd, holte sich Bömby die maunzenden Kätzchen in ihr Bett, mußte Bömby Gassi, schleifte die Katze die schweren Hundekinder behutsam zu sich hinüber.

Die Mutter verging vor Wonne. Die Schwester Fifi und ich ebenso. »Wie reizend Tiere sind!«

Einige Jahre später wurde Bömby dann doch zur Katzenfresserin. Sie traf einen Kater im Garten, der ahnungslos in ihr eine Feindin witterte und sie, die zutraulich zu ihm hinlief, so ohrfeigte, daß sie blutete. Von da an haßte sie! Keine Katze war mehr vor ihr sicher. Sie jagte sie erbarmungslos und brachte viele zur Strecke: sie brach ihnen das Rückgrat.

Die Mutter litt, aber sie verstand sogar das. Gefühle jeder Art, auch Haß, waren ihr völlig begreiflich. »Aber Bömbili«, flehte sie wohl, »das arme Kätzchen hat dir doch nichts getan – und du weißt doch, daß du ganz pfui warst, nicht wahr, mein Herz, du versprichst mir, das machst du nie, nie wieder!«

Dann blickte Bömby sie an, die Augen sehr unschuldsvoll, sie bewegte die Schwanzspitze ein wenig – und alles war vergeben.

Bömby begleitete die Mutter auch auf Reisen. Sie selbst erzählte im Rundfunk diese Geschichte: Der D-Zug von Bad Kösen nach Berlin war knüppelvoll, nirgends ein Sitzplatz, nur im Gang konnte sie ihren Koffer abstellen. Da wickelte sie ihren Pelzmantel, die »Katze« um Bömby und bettete sie auf den Koffer, während sie selbst daneben stehenblieb. In Halle stieg ein Herr aus, warf einen vorwurfsvollen Blick auf den im Pelzwerk schlummernden Hund und sah dann die kleine, mühsam stehende Frau tadelnd an: »Na, Fräulein«, sagte er, »Sie sollten sich mal lieber ein Kind anschaffen!«

Da hatte die Mutter schon sieben und fuhr zur Feier ihres 50. Geburtstages in die »Reichshauptstadt«, nach Berlin.

Die heimatliche Welt lag inmitten von Gärten, Bäumen und Büschen, und rings um Bad Kösen waren die Wiesen und Felder; die Höhenzüge aus Kalksandstein; der grüne Galgenberg; die weiten Laubwälder, die sich über die Hügel zogen, Polster aus gedämpftem Licht; Sonnenstrahlen; Vogelgezwitscher; Kissen aufwirbelnder Blätter; Farnkräuter und herabgefallene, knackende Äste. Und Schmetterlinge.

Vor dem Wohnhaus, dem grauen, schmucklosen, lag eine quadratische Rasenfläche, umgeben von allerlei Büschen. Sie wuchsen, wie sie wollten, da war die Birke, die große Kastanie. In der Mitte des Rasens sollte ein Rondell sein aus Blumen, es war auch meist da, ein runder Schildkrötenrücken, im Frühjahr pflanzte der Gärtner Wagner dort Stiefmütterchen, gelbe, blaue, betrachtete sie, vergaß sie.

Auch wir machten uns nicht viel daraus.

Ewald hieß der Gärtner mit Vornamen, man muß dieses Wort sächselnd aussprechen, dann hat man den schmächtigen Mann vor sich, der immer emsig war, immer still, in großen, brüchigen Lederstiefeln herumeilte, alles machte, stets liebenswürdig zu dem Kinde war, von dem hier erzählt wird.

Ewald Wagner lebte mit seiner rundlichen Frau in einer kleinen Dachwohnung, eine halbe Stunde Fußweg von der Werkstätte entfernt, am Morgen hin und am Abend zurück. Ich besuchte ihn einmal dort, wunderte mich, wie man so eng, auch so düster leben konnte, weiß nicht, was die Leute damals machten am Feierabend in so engen Behausungen – diese Welt war sehr weit entfernt von der meinen, ich bezweifle, ob ich sie überhaupt bewußt wahrnahm.

Ewald Wagner war uns immer ein treuer Helfer. Er hatte eine besondere Stellung bei der Mutter, er war halb selbständig, halb Angestellter, am Vormittag dies, am Nachmittag jenes, aber ich glaube, die Übergänge waren noch fließender, noch unklarer, denn Ewald Wagners Aufgaben waren sehr vielfältig. Er heftete die Puppenkartons an der Heftmaschine, mit Fuß und Hand; er stanzte die Körperschnitte der Puppen aus fleischfarbenem Nessel, der in vielen Lagen aufeinander lag: sehr scharfe, unregelmäßig geformte Messer, die großen Keksformen ähnelten, wurden darauf gesetzt, Ewald Wagner betätigte »die Stanze«, das Stahlgewicht, an einem Hebel. Er stanzte so auch das Rohmaterial für die Puppenköpfe aus Stoff, Pappe und Jute; am Abend fuhr er die versandfertigen Pakete zur Post, über die Brücke, über rumpelndes Kopfsteinpflaster. Meist nahm er dazu den leichten Schubwagen mit großen Eisenreifen, der war gut gefedert, hüpfte klirrend über die Steine, war meterhoch mit Kartons beladen, und so sehe ich ihn eilen, in seiner verwaschenen Kluft aus derbem Leinen.

Seltener benutzte er den sizilianischen Eselwagen, den bunt bemalten, schirrte die kleine Eselin an, die Rosinchen genannt wurde. Oft bediente er sich des Esels nicht, obwohl dieser es sehr nötig gehabt hätte, denn er wurde rund und runder vom Müßiggang – aber manchmal, wenn die Kurgäste in Kösen waren, im Sommer, dann gehörten Esel und Wagen zur Werbung im Ort. Das Gespann war ja eine kleine Attraktion, sehr reizend anzusehen, der Esel so zierlich, überaus phantasievoll, orientalisch geschmückt, Scheuklappen, Geschirr mit bunten Bändern, mit Steinchen und blitzenden Spiegelscherben, ein Papageienfederbusch zwischen den Ohren, ein noch größerer, in allen Farben prangender Federstrauß auf dem Rücken, über dem funkelnd bunten Kammdeckel, an dem die Deichseln befestigt waren. Die Speichen der großen Räder waren geschnitzt und bemalt, da drehten sich Ritterköpfchen mit Helmen und dunkelhäutige Sarazenen – und der Wagen selbst zeigte um und um Szenen aus der staufischen Zeit Siziliens. Edle mit wallenden Mänteln, Speere und Schwerter und Palmen. Auf den Seitenbrettern erhoben sich Ritterköpfchen »zum Anfassen«, pausbäckig, lustig, wie aus den Marionettentheatern Palermos.

Es war Ewald Wagner sicher zu mühsam, Rosinchen anzuschirren. Sie war sehr bockig, ließ sich schwer einfangen, schlug Dutzende von Haken, keilte aus, galoppierte davon – und nur, wenn es gelang, sie in eine Ecke oder in den Stall zu treiben, konnte man ihr das Geschirr über den Kopf ziehen. Ehe der Gärtner das alles auf sich nahm schob er die Pakete schon lieber selber zur Post. Wenn im Jahr vier- bis fünftausend Kruse-Puppen versandt wurden, so hat Ewald Wagner im Laufe von drei oder vier Jahrzehnten mehr als hunderttausend durch die Stadt geschaukelt und ist dabei einmal um die Welt gelaufen.

Trotzdem hat er mir, wann immer ich darum bat, zu jeder Tageszeit, aus jeder Arbeit heraus, Rosinchen angeschirrt und gesattelt.

Darüber hinaus war der stille Mann für mich wie ein Beschließer von Schatzkammern, er war der Herr über Pappen, Packpapiere und Kartons, Knochenleim und unendliche Mengen von kleinen Materialien, die er in verschiedenen düsteren, unaufgeräumten und verstaubten Räumen verwahrte – Schatzkammern, die da untergebracht waren in Gebäuden mit klingenden Namen, im »gelben Haus«, im »Schuppen« und im »blauen Haus«. Dieses war das geheimnisvollste, selten betreten, ein schmalbrüstiges pastellblaues Gebäude, in dem alte Möbel, Spielsachen und Rohmaterialien verwahrt wurden, niemand wußte wohl wirklich genau, was in das blaue Haus im Laufe der Jahre alles hineingestopft worden war.

Jedenfalls, wann immer ich Lust dazu verspürte, konnte ich leimen, kneten, heften, hämmern, ich bastelte mir aus Kartons Pyramiden, Zylinder, Buchhüllen und andere Mappen – ich brauchte nur zu Ewald Wagner zu gehen.

Für die Werkstätte reinigte er die Klos, er leerte die Jauchegruben, er fegte den Hof, er fütterte den Esel und die Katzen, er versorgte die Zentralheizung – und er bewirtschaftete seinen eigenen Garten. Da war er dann sein eigener Herr. Wie er dies eigentlich alles schaffte, weiß ich nicht, ich sehe ihn von einer Beschäftigung zur anderen schlurfen, quer über den Werkstättenhof, den Kopf gesenkt, immer in Eile.

Mit seinem Garten war es so, daß er mit der Mutter eine Absprache getroffen hatte. Zur Werkstätte gehörte ein Grundstück, über zwei Morgen groß und zweigeteilt, durchschnitten von einer hohen Mauer. Der vordere Teil war »der Park«, die Mutter ließ ihn verwildern. Der hintere Teil war der Gemüsegarten. Ewald Wagner durfte ihn in eigener Regie bewirtschaften, er bezahlte keine Pacht, mußte uns jedoch mit Gemüse beliefern. Da behauptete die Schwester Fifi oft, er verkaufe die besseren Früchte an seine zahlenden Kunden, zu denen unsere Mitarbeiter gehörten, und an die umliegenden Häuser. Mittags läutete er die Glocke am Werkstättentor, er schwenkte den Lederriemen, der unter dem Schwengel hing – das gellte weithin. Und die Männlein und Weiblein aus der Puppenfertigung strömten sogleich heraus, in weißen Kitteln und Schürzen und folgten ihm zu Blumenkohl, Rhabarber, Wirsing und Kohlrabi.

Bei so zahlreichen Tätigkeiten war es nur allzu verständlich, daß sich sein Garten stets im Zustand malerischer Verwahrlosung befand. Zerborstene Scheiben auf den Frühbeeten, morsche Umrahmungen, Leitern ohne Sprossen, Harken ohne Zähne – alles wackelte, der schwere Schubkarren aus Holz lief auf schiefem, eierndem Rad – auf den Beeten wucherte das Unkraut.

Periodisch erbat ich von ihm Hacke und Spaten, oder ich holte sie mir, um im »Park« eine sinnlose, zerstörerische Aktivität zu entfalten, ich verpflanzte wunderschön an verschiedenen Stellen blühende Iris, wenn sie in voller Pracht standen – denn nur da gefielen sie mir – auf ein mühevoll umgegrabenes Beet, faßte sie ordnend zusammen, es wurde eine kurze Pracht, denn natürlich gingen die Blumen ein. So vernichtete ich im Laufe der Jahre Schwertlilien, Kaiserkronen und Pfingstrosen.

All sein Gartenwerkzeug, die Rechen, Schläuche, Gießkannen und Bastschnüre, bewahrte Ewald Wagner in einem Holzhäuschen ohne Fenster auf, es sah aus wie ein mannshoher Vogelbauer. Das Holz war grau und verwittert, die Tür hing lose in den Scharnieren – und doch, nirgends war der Sommer so wie hier – in dieser Bude war er eingefangen mit seiner unbewegten, wohligen Wärme, mit seinem Geruch nach Korn und Erde, der Sommer mit seinem geheimnisvollen Licht, das ein gedämpftes Licht ist, ein Schattenlicht – durch zahllose Ritzen und Spalten der Bretterverschalung brach es ein, stach mit flimmernden Strahlen querüber und hinüber – kam ringsum aus goldenen, blendenden Schlitzen, die von der Pracht draußen erzählten, wo die Vögel lärmten und der Komposthaufen moderte.

Oft saß ich in den Bäumen, wenn die Pflaumen oder die Kirschen reif waren, »Zwillinge« über den Ohren. Zwischen Daumen und Zeigefinger sprangen die glatten Kerne davon – und Schwärme von Spatzen stoben auf, wenn die Katzen kamen.

Unser Park also verwilderte. Im Frühjahr leuchteten Hunderte von Narzissen, dann Osterglocken, Szylla und Primeln. Die Veilchen liebten den Schatten unter Bäumen, die Obstrabatte faulte, die Rosenlaube zerfiel, der Flieder bildete kleine Haine, ein Maulbeerbaum breitete seine schönen Zweige himmelhoch aus, Akazien lockten die Bienen an, Hainbuchen standen entlang geschwungener Wege, auf denen das Unkraut Muster bildete. Schneebälle hingen über dem schiefen Zaun. »Knallerbsen« wuchsen zu undurchdringlichen Dickichten zusammen, eine ausgetretene Steintreppe führte zu einem erhöhten Sitzplatz – überall konnte man sich verstecken, träumen, war man allein, hörte man Vögel, sah man Schmetterlinge taumeln – Rosinchen graste irgendwo, hatte dieses Reich für sich, weidete friedlich, ließ Häufchen fallen, die Ewald Wagner irgendwann einsammelte und unter seinem Kohl verteilte.

In meiner frühesten Kindheit hatte die Mutter den Park noch als Versteck für Ostereier benutzt, sie legte sie in die Astgabeln, auf die Lehnen verrotteter Bänke, zwischen Primeln und Osterglocken und in das Kletterrosengitter. Wir entdeckten niemals alle – bis zum Herbst stießen wir auf zerlaufene Eier in buntem Staniolpapier – irgendwo ... Eier, die auch Rosinchen nicht aufgestöbert hatte.

In der Mittagspause schlenderten die Mitarbeiter der Werkstätte auf den Kieswegen, in der Hand die »Bemme«, im Butterbrotpapier, doch wenn Ewald Wagner die Pause wieder ausgeläutet hatte, am Ledergriff des Glockenschwengels, versank der Park erneut in tiefen Schlaf.

Unser Wohnhaus mochte vor unserer Zeit herrschaftliche Jahre erlebt haben, von daher war noch eine gewaltige Küche im Kellergeschoß übriggeblieben. Ich kannte sie nur als Abstellraum. Von ihr führte ein Essensaufzug ins Speisezimmer, zwei Bretter an Flaschenzug und Seil, in dem Bruder Friedebald wohl auch mich, zusammengekrümmt, hinauf und hinab beförderte.

Wenn ich das Märchen vom Dornröschen las, dann stellte ich mir die Schloßküche so ähnlich vor, mit ebensolchen weiß gekachelten Wänden, mit der feuchten, abbröckelnden Decke, mit dem großen Kohleherd und seiner silbernen Stange, in der die Kochlöffel und die Schürhaken eingehängt wurden, mit dem Schiff, in dem stets heißes Wasser dampfte und mit den sich verjüngenden Herdringen.

Doch nun gab es dieses Reich der klappernden Töpfe, der klopfenden Messer, der raunenden Geschichten und prasselnden Feuer nicht mehr. Man sparte Personal. Die Küche war nach oben verlegt worden, ins Helle, mit Blick auf den Hinterhof und über die Gärten bis zum Galgenberg. Statt des Kohleherds gab es einen vierflammigen Gaskocher.

Und hier herrschte nun Martha.

Martha war nicht groß, sie hinkte ein wenig und hatte einen kleinen Buckel. Das Haar trug sie streng gescheitelt, im Nacken zu einem Knoten aufgesteckt. Knochig, hager, mit muskulösen Armen sauste sie im weißen Kittel hektisch und mit zackigen Bewegungen vom Schrank zum Herd, und erledigte den Berg von Abwasch Tag für Tag an zwei tonnengroßen Blechschüsseln, indem sie das Geschirr vom linken Schmutzwasser ins rechte Spülwasser gleiten ließ.

Aber oft saß sie auch versunken am Tisch. Dann blickte sie zum Fenster hinaus und träumte von einem Familienglück, um das sie das Leben betrogen hatte. Vielleicht dachte sie dann an ihr Kind ohne »richtigen« Vater.

Martha bewohnte ein schmales Zimmer unter der Dachschräge. Es war immer peinlich sauber und aufgeräumt. Ich betrat es fast nie, sie hielt es verschlossen. Aber wenn ich doch einmal dort eindrang, stieg mir sofort der scharfe Geruch von Moschus, Seife und billigem Parfüm in die Nase. Manchmal schnüffelte ich am Schlüsselloch.

Was tat sie abends in diesem Raum, der so winzig war, nur aus Bett und Tisch und Stuhl und Schrank bestand? Sie ging auch kaum jemals aus. Damals besaß nicht einmal die Mutter ein Radio – und lesen habe ich Martha nie gesehen, obwohl die Flucht in die Traumwelten der Courths-Mahler und der Marlitt gut zu ihrem kargen Dasein gepaßt hätte. Wahrscheinlich sank sie, nachdem der Abwasch erledigt und die Küche geputzt war, spät am Abend übermüdet ins Bett.

Zu ihrer Hilfe kam von Zeit zu Zeit eine Waschfrau. Dann stiegen Schwaden feuchten Dampfes aus der Waschküche im Keller empor ins Haus, es roch durchdringend nach Seife. Martha und die Wäscherin kochten die grobe Wäsche im Kupferkessel, unter dem das Holzfeuer loderte, sie standen in Holzpantinen in Wasserlachen auf denen Seifenblasen schillerten, sie schrubbten die Leibwäsche auf Waschbrettern – mit aufgekrempelten Ärmeln, so daß die Muskeln und Sehnen auf Marthas Arm stark hervortraten. Am Spätnachmittag hingen die Laken und Hemden auf der Wäscheleine, die kreuz und quer durch den Hinterhof gespannt war, gestützt von schrägstehenden Holzstangen.

Martha hatte aber doch Verwandte, die wohnten am Stadtrand Bad Kösens, im Arme-Leute-Viertel, in einem winzigen Haus zwischen Bahndamm und Saale. Einmal nahm sie mich dorthin mit, ich glaube, heimlich, zu einem Schlachtfest, das hätte die Mutter kaum erlaubt, wahrscheinlich war sie auf Reisen. Ich konnte mir nichts unter einem Schlachtfest vorstellen, war freudig erregt, dachte an Musik und Fröhlichkeit, an spielende Kinder.

Da war eine große Gesellschaft versammelt im winzigen Hof, das Bild ist mir haftengeblieben. Alle waren heiter, lachten, scherzten, sie setzten mich auf einen Hocker zum Zuschaun, sie bekleideten sich alle mit Kitteln, auch Martha, dann kam ein muskulöser, ein bedrohlicher Mann mit einer braunen Schürze, die bis zu den Füßen reichte.

Martha verschwand im Häuschen, aus Tür und Fenster quollen Dampfwolken, aus dem Ställchen wurde eine Sau herausgetrieben, sie war am Hinterbein gefesselt und quiekte verärgert oder auch in Todesangst, ich hielt mir die Ohren zu. Ich schaute aber doch gebannt hin, wie der Schlachter den Bolzen ansetzte, draufhieb, wie die Sau umfiel, das Quieken in einem Gurgellaut abriß, die Beine noch zuckten, dann aber schlaff absanken und der Metzger ans blutige Aufschlitzen ging. Die Großmutter fing den dunklen Strom in der Schüssel auf, das Schwein wurde mit heißem Wasser geschrubbt, für mich hatte man kein Auge.

Mir war übel, ich versuchte, mich tapfer zu halten, ließ mir nichts anmerken, doch wurde ich wochenlang das Entsetzen nicht los und träumte davon. Die Blutsuppe rührte ich aber nicht an und tappte schweigend neben Martha nach Hause.

Vielleicht schlug ihr ein wenig das Gewissen. Doch war sie ein härteres Dasein gewöhnt. Und vielleicht wollte sie dem verzärtelten Buben einmal zeigen, daß Blut und Tod zum Leben gehören.

Sie war länger bei uns als ein Jahrzehnt.

Die Welt

Wie war dieses Leben sonst für mich?

Unser Haus war die Mitte der Welt, und die Welt war ringsum, war nur da, damit das Haus ihre Mitte sein konnte. Frühmorgens brachte das Lehrmädchen die Post, Karten und Kuverts mit bunten Briefmarken, mit allerlei Bildern, immer wieder mit dem Kopf des Reichspräsidenten von Hindenburg. Aber auch den englischen König bekam ich zu sehen, gekrönte Häupter überhaupt, aus Holland und Schweden. Die Marken waren beziffert in fremden Währungen, Cents oder Gulden, und Kronen und Dollar. Auch über den Ozean waren die Briefe gereist, aus Amerika kamen sie, wo man in Wolkenkratzern wohnte.

Es war mir unbegreiflich, mit wie vielen Menschen die Mutter korrespondierte. Ich fand dieses fremde Wort alleine schon wunderbar. Jeden Morgen las die Mutter ihre Briefe im Bett, neben sich dampfenden Tee, den sie mit viel Zucker trank. Sie setzte die Brille auf und öffnete die Kuverts mit einem schmalen, silbernen Brieföffner.

Es schrieben ihr Kaufleute, Lieferanten und Spielwarenhändler, ihre Kunden. Für alle hatte sie eine zärtliche Anrede, »Lieber« oder »Liebster« war fast jeder für sie. Ein »sehr geehrter Herr« war fremd oder feindlich. Ihre Schlußfloskeln waren ebenso überschwenglich, »herzliche Grüße« waren das wenigste, viele »innige« »allerschönste« und »wärmste« die Regel. »Freundliche Grüße« – das empfand sie als »scheußlich« und »hochachtungsvoll« schrieb »man« nur an Prozeßgegner, um sie tief zu verwunden.

Mit den größten Zärtlichkeiten bedachte sie immer die Männer. Sie diktierte täglich einige Stunden, lange, sehr lange und sehr herzliche Briefe. Sie wickelte jedermann mit dieser Herzlichkeit ein, die Portiers von Hotels, Beamte, Präsidenten, Wirtschaftsminister. Der Direktor der Karstadt AG war nicht »Herr Direktor«, er war »liebstes Vosschen«, der Reichsbankpräsident war nicht »Doktor«, nicht einmal »Herr«, er war »lieber, guter Schacht«, und die Inhaberin eines Kinderheimes in Arosa, in das ich später gebracht wurde, ward nicht »sehr geehrte« oder »liebe Frau Suter« angesprochen, sondern »Ach, liebste Suterin!«

Oft schrieben auch Mütter, viele dankbare, doch auch solche, die bittere Reklamationen vortrugen. Sie beantwortete alles, seitenlang, unermüdlich. So entwickelten sich Brieffreundschaften über Jahre. Wenn sie selbst eine Frage oder eine Beschwerde an ihren Betrieb hatte, telefonierte sie gleich vom Bett aus: »Lieber, guter Renner«, auch wohl: »Rennerle« – oder: »Liebste Babu, Babu, mein Herz«, versah die Briefe mit Notizen und reichte sie weiter zur Erledigung.

Ich lernte bald – ehe ich noch lesen und schreiben konnte – die Namen der großen Spielwarenhäuser Deutschlands kennen, auch einige aus dem Ausland. Da gab es das Kinderparadies Hestermann und Zimmermann in Hamburg, die Roskothens in Essen und Duisburg, die Wiedlings in München, von denen ein Namensvetter das Haus Obletter am Stachus führte; D. H. Wagner & Sohn in Leipzig und viele, viele andere, die zum Teil nicht mehr existieren, wie der Mutter größter Kunde in Berlin, Mathes, der nach dem Zweiten Weltkrieg unterging. In der Schweiz gab es Franz Carl Weber, in Amsterdam den Vertreter Kamlag an der Keizers-Gracht, in New York F. A. O. Schwarz mit dem Einkäufer Ströbel, in London den schwatzhaften Vertreter Seelig.

Mehr als nur ein Begriff wurde das Haus D. H. Wagner & Sohn in Leipzig für mich, dort stellte die Mutter zur Mustermesse aus, in der Grimmaischen Straße, und später auch im Messehaus Wagner. Manchmal durfte ich sie dort besuchen, Leipzig war anderthalb D-Zug-Stunden von Kösen entfernt. Die Stadt war voller Menschen, Fahnen flatterten – und ich spielte bei D. H. Wagner & Sohn mit den wunderbarsten Dingen, während die Mutter arbeitete. Es gab dort ein Spielzimmer für die Kinder der Kunden, wir fuhren Roller und Holländer und bauten Häuser mit dem Anker Steinbaukasten.

In der Mittagspause nahm mich die Mutter zum Essen mit, sie war da stets dunkel gekleidet, oft trug sie einen eng anliegenden Hut und zog einen fein gewebten Schleier über Brille und Nase. Wir gingen in den Auerbachskeller, der lag nahe, einige Stufen hinab, Menschengewimmel, volle Tische, Stimmen und Gespräche, die sich unter den Gewölbedecken in einem Brausen verdichteten.

Die Mutter bestellte fast immer »Hausmacher Nudeln mit Gänseklein«, das war billig und nahrhaft und schmeckte uns beiden. Dann schob sie die haarfeinen Schleierfäden über den Hut empor und während ich mit den langen, breiten Nudeln kämpfte, die so leicht vom Löffel rutschten und spritzend in die Suppe zurückklatschten, ermahnte sie mich: »Schmatz nicht so, mein Herzblatt! – Halt dich gerade! – Du sollst den Ellenbogen nicht auf den Tisch stützen!« Sie erzählte mir aber auch von Goethe und seinem Doktor Faust, der hier im Auerbachskeller mit dem Teufel zu Gast war und den Studenten die herrlichsten Weine zauberte. Die Wände waren mit diesen Bildern geschmückt.

Lieber als der Doktor Faust aus dem Auerbachskeller war mir aber »der liebe, gute Kamlag« aus Amsterdam. Von ihm brachte die Mutter den Hagelslack mit, Körner aus Schokolade, die ich zentimeterdick aufs Brot häufte, und wenn sie herabrieselten, leckte ich sie vom Teller auf.

Einmal kam Herr Ströbel aus New York, er war einer der ältesten Kundenfreunde der Mutter, ein wenig beleibt, aus Berlin stammend, jetzt deutsch mit Akzent sprechend. Er schenkte mir eine Dollarnote, die ich über den Krieg hinweg bei mir hatte, er erzählte von Wolkenkratzern und Straßenschluchten und von einer Stadt, so laut und so groß, wie ich mir es nicht vorstellen konnte.

Schön und freundlich war diese Welt um mich, die aus Spielwarenhändlern bestand mit Mengen von Spielzeug. Schön waren die Briefe, die bunten Briefmarken, die Postkarten und die Geschenke. Überall wohnten freundliche Menschen, die die Mutter liebten und verehrten und die von der Mutter wiedergeliebt wurden; liebste, beste Freunde, von denen Lübecker Marzipan kam und Nürnberger Lebkuchen und Schneider-Bücher und Karl-May-Bände.

Ja, die Mutter war eine Meisterin der Menschenbehandlung und wir kamen nie dahinter, ob aus Raffinesse oder von Natur. Sie erinnerte sich grundsätzlich an keinen Namen und machte sogar daraus eine Kunst. Menschen und Gesichter merkte sie sich, aber nicht mit wem oder was sie zu tun hatten, wem sie gehörten. Sie wußte nur: den kenne ich doch! (Hilf Himmel, wer ist das nur?)

So konnte sie bitterböse und wütend auf jemanden sein, sah sie ihn nach einiger Zeit nur von Ferne, im Messehaus oder auf der Straße, irgendwo, dann »erkannte« sie ihn auf ihre ahnungsvolle Art, sie flog auf ihn zu, umarmte ihn, küßte ihn vielleicht sogar auf die Backe und strahlte: »Ach Liebster, wie schön, Sie endlich wieder einmal zu sehen.« Und gleichzeitig flehte sie Gott an, er möge sie mit seinem Namen erleuchten.

Der völlig Verblüffte – so überschwenglich begrüßt – war dann in der Regel geschmeichelt und brachte es kaum übers Herz, noch böse zu sein. Peinlich konnte das nur für uns Kinder werden, wenn sie – kokett oder hinterhältig – mit flehendem Blick fragte: »Ach, Herzblatt, sag mir doch schnell, wer das ist! Du weißt ja, ich kann mir keine Namen merken.«

Dann liefen wir Kinder rot an und kochten vor Wut. Denn wir wußten es auch nicht.

Nur ihre Sekretärinnen kannten fast alle, die Kunden, die Lieferanten und flüchtigen Bekannten. Auch diese Sekretärinnen gehörten zu den liebsten Menschen – übrigens auch für mich. In die herzlichste Beziehung trat ich zu »Dinah«, an deren echten, bürgerlichen Namen ich mich nicht erinnere, denn er kam nie vor. Sie war einfach »Dinah« oder »Dinahle« – von Anfang an. Ein gesundes, blondes, blauäugiges Geschöpf aus Naumburg, adrett gekleidet, sehr angenehm anzusehen, äußerst still, liebevoll und bescheiden, fröhlich und herzlich, für mich ein wahrer Schatz, für die Mutter auch, denn Dinah war ungeheuer fleißig, trug alles und jedes mit Geduld, arbeitete klaglos bis in die Nacht und samstags und sonntags und – so schien mir – sie war uns immer wohl gesonnen und menschlich verbunden.

Die Mutter diktierte ihr daheim, am großen, runden Eßtisch, sie diktierte ihr telefonisch vom Bett aus, sie diktierte ihr in dem kleinen »Privatbüro« im Betrieb, eine Art Allerheiligstes, das niemand sonst benutzte. Dort hing das große Ölgemälde des Vaters, von einem Freunde gemalt, in graublauen Farben blickte er ernst mit seinem rotbraunen Bart auf uns herab. Dieser Vater auf dem Bild war jung, viel jünger als ich ihn je gekannt hatte, und er war mir fremd, obwohl die Mutter ihn »Herzlieb« nannte. Ja, er sah bedeutend aus, ich konnte mir vorstellen, daß er mit Hammer und Meißel umzugehen verstand, aber seine Werke, die bei uns standen, mochte ich eigentlich nicht.

Es war sehr still in der Mutter Privatbüro, es war ein winziger Raum, hinter dem Musterzimmer mit den Puppen in den Holzregalen. Es kam selten mal ein Besucher, die Spielwaren-Kunden reisten auf die Messe oder bestellten nach dem Prospekt.

Doch manchmal verspürten Kösener Kurgäste den Wunsch, hereinzuschauen, im Sommer, ihren Mädchen eine Kruse-Puppe zu schenken, direkt »ab Werk«, obwohl sie da auch nicht billiger waren. Aber die Auswahl! Und alle waren ja so entzükkend.

Sonst dämmerte das Musterzimmer in Verschlafenheit vor sich hin. Diktierte die Mutter im Privatbüro, war man im Hauptbüro – das noch Comptoir hieß – ein wenig leiser. Nur den Gärtner Wagner bekümmerte es nicht. Ihm oblag es, die Jauchegrube auszuschöpfen, und die war nun gerade vor dem Privatbüro. Er verwendete die wässrig-braune, unappetitliche Flüssigkeit zum Düngen seiner Gemüsebeete. Er schob seine quietschend-eiernde, hölzerne Schubkarre, in der er sein uraltes Jauchefaß festgeklemmt hatte, vor das Fenster, öffnete den eisernen Deckel, senkte seine Schöpfstange mit dem Eimerchen hinab, hob den Schatz, goß ihn behutsam über den Rand ...

»Ach, lieber, guter Wagner, muß das denn gerade jetzt sein?« ertönte der Mutter Klage aus dem Fenster.

Besonders an heißen Tagen, wenn alle Fenster geöffnet waren und die Luft im Werkstättenhof unbeweglich stand, war der Geruch der Verwesung sinnverwirrend.

Der liebe, gute Wagner murmelte vielleicht eine Entschuldigung: »Nu, wenn de Jrube aber doch ieberläuft ...«, und schlug die Klappe wieder zu. Er schob die Schöpfstange neben die Tonne, und schlurfte, schwankend unter der Last, davon. Wenn das Faß voll war, schwabbte es rhythmisch schmatzend über.

Die Mutter diktierte dann lieber daheim.

Mit einer feinen, noblen Fassade, so präsentierte sich die Firma nach außen, nur drei Stockwerke hoch, eine frühere Schule. Breit erstreckte sie sich entlang einer Kreuzung, links die grünen, hochgeschwungenen Tore der Hofeinfahrt, grün vor dem Haus die mannshohe Hecke, hinter der auf einem schmalen Rasenstück der Esel graste. Und weit nach rechts dehnte sich der Park mit seinem braunen Zaun, mit seinen wuchernden Büschen, mit den Kuppeln der Bäume. »Werkstätte der Käthe Kruse Puppen« war sehr dezent und in klassischen Großbuchstaben zwischen die Mittelfenster der ersten Etage gemalt.

In sehr häufigen, wenn auch nie vorhersehbaren Abständen ertönte vom frühen Morgen bis in den Abend hinein der herzerschütternde Klageruf des Esels, jenes qualvolle, nach Luft ringende Jammern einer im Leid ertrinkenden Seele, das in mehrmaligem Röcheln erstirbt – bis es von neuem erklingt. Durchdringend, ein ganzes Stadtviertel melodisch erfüllend.

Nie hat sich einer der Mitarbeiter, nie ein Nachbar, nie ein Kurgast beschwert.

Hinter dem Haupthaus gruppierten sich um einen geräumigen, mit Kies belegten Hof, in dessen Mitte ein Walnußbaum stand und Früchte trug, Eselgehege, Wellblechgarage, Gelbes Haus, Schuppen und Blaues Haus. Ich sah sie noch, in frühen Jahren, die zwei zarten, alten Leutchen, die früheren Besitzer des ganzen Ensembles, die hier ihre pädagogische Arbeit geleistet hatten. Still und gebeugt huschten sie manchmal aus dem Blauen Haus, biedermeierklein, das nun ihre Wohnung war. Die Mutter hatte ihnen alles abgekauft, gegen eine Leibrente auf Brotbasis, das war ein fester Wert in der Inflationszeit. Sie versuchte es mir zu erklären mit gedämpfter Stimme und bekümmerten Augen – denn womöglich bereitete ihr dieser Vertrag selbst oft Sorgen. Doch die alten Leutchen welkten langsam dahin und starben bald. Da war sie die Last los und das Blaue Haus wurde zum Lager.

Die Käthe-Kruse-Werkstätten in Bad Kösen an der Saale – davor der blumengeschmückte Steinbrunnen, der das große Tor zur Werkstätte auf dieser Aufnahme verdeckt

Scharen von Mädchen, Näherinnen, Stopferinnen, Malerinnen, Perückenknüpferinnen, Zuschneiderinnen und Bürokräfte kamen am Morgen, ehe Ewald Wagner die Glocke zum Arbeitsbeginn läutete. Und ich ging in der Werkstatt ein und aus, wie ich wollte, doch immer ein wenig scheu unter so vielen Blicken, zwischen so vielen Kitteln.

Aus Puppen machte ich mir nichts. Es waren einfach zu viele. Ich besaß wohl auch einmal einen »Max«, und die Mutter verbreitete die Mär, daß alle ihre Kinder, auch die Jungen, ganz wunderbare Puppenmütter seien. – Auf mich traf das nicht zu. Meine Puppe steckte zwischen Kartons und Kästen im Spielzeugschrank. Ein ungeliebtes Kind.

Nur meinem Bruder Friedebald machte es Spaß, sich eine Zeitlang mit einer Puppe zu zeigen, mit der Puppe seines Namens »Friedebald«, deren Vorbild er war, auch die Puppe VIII

Bruder Friedebald mit der nach ihm benannten Puppe im Park von Wörlitz

oder »das deutsche Kind« genannt. Er war stolz darauf. Er schleppte diesen Friedebald mit sich herum wo er ging und stand, auf der Straße, im Auto, im Zug. Als wir einmal den Park von Schloß Wörlitz besuchten, und auf dem See ruderten, an der Rousseau-Insel vorbei, an Wiesen, Weiden und Schafen, hatte er sie auf dem Schoß. Am Parktor wurde er von Buben gehänselt, er setzte sein Kind auf die Säule, krempelte die Ärmel hoch und verprügelte sie.

Er imponierte mir sehr.

In der Werkstätte gab es natürlich Puppen, Puppen und Puppen. Sie standen nackt oder angekleidet auf den verschiedensten Stellagen, sie lagen zu Haufen getürmt in Körben. Auf den Staffeleien der Augenmaler die Köpfe ohne Rumpf, aufgereiht; bei den Stopferinnen die Körper, die Arme und Beine aus fleischfarbenem Nessel – abgenähte Fingerchen, vorstehende Däumchen – fertig oder noch in Arbeit. Überall quollen die Rentierhaare graubraun aus den Öffnungen. Die Friseusen knüpften die Perücken mühsam mit der Hand in die Müllergaze, Haarstrang neben Haarstrang.

Und in der Versandabteilung warteten Puppen auf Stufenregalen auf die Endkontrolle, fertig gekleidet und frisiert, schauten lieb aber stumm, waren reizend und kleine Wunder sorgfältigster Handarbeit. Denn es war ein ungeheuerer Aufwand an Zeit und Sorgfalt, der damals noch getrieben wurde – getrieben werden konnte. Schon längst ist eine so lohnintensive Herstellung unerschwinglich geworden.

Ich bemerkte die Puppen kaum noch. Für mich war die Werkstätte vor allem ein wundervolles und unerschöpfliches Materiallager. So viele Räume, Schuppen, Zimmer, Verschläge waren da randvoll mit Rohstoffen und Einzelteilen. Niemand sieht einer Puppe ja an, aus wie vielen verschiedenen Dingen sie besteht, was alles gebraucht wird: Pappen für die Fußsohlen; Leder für die Schuhe; Stoffe, Stoffe und nochmals Stoffe, für den Körper, die Unterwäsche, die Strümpfe, die Kleidchen, die Hüte und Mäntel; Sonnenschirme und Spazierstöcke; Stopfmaterial; Farben; Leime; rote, blonde und braune Menschenhaare; Nägel, Drähte, Schnüre, Garne, Stärke, Jute ...

Diese Rohmaterialien waren meine größten Schätze. Nichts – außer den sehr teuren Menschenhaaren, die aus Sizilien kamen – wurde mir vorenthalten. Alles wartete in stillen Räumen auf mich, duftete eigenartig, scharf oder muffig – ich klebte, kleisterte, bezog, bespannte und malte, nie gehindert, nie gestört, nie getadelt.

Aber auch wenn ich nicht bastelte, standen mir alle Räume offen. Ich schaute den beiden Augenmalern zu, dem knotigen Herrn Müller und dem schlanken Herrn Hirschfeld, die ihre Arbeitsplätze unter dem Dach an den Fenstern hatten, im Nordlicht. Wieviel Tausende von Puppenmündern entstanden unter ihren feinen, dünnen Pinseln, geschwungene Lippen, Nasenlöcher, Augenbrauen, Pupillen, darin die Iris, die Lichtpunkte!

Nur sie konnten mir die Farben anrühren, die ich brauchte, aus bunten Pulvern, mit Terpentin, Siccativ und Leinölfirnis.

Die Augenmaler in Bad Kösen. Der zweite von links: Herr Müller, der dritte: Herr Hirschfeld

Und jedes Auge, das sie so sorgfältig, so geduldig Strich für Strich gemalt hatten, wurde vor dem Versand noch einmal von der schweigsam-mürrischen Frau Busse einer Retusche unterzogen.

Über die Stoffe verfügten Fräulein Zorn, die Zuschneiderin, und Babu – bürgerlichen Namens Hedwig Mehle-Dankhoff. Fräulein Zorn war eine Meisterin des Zuschnitts, flink sauste ihre Schere ohne zuzuklappen durch das geblümte Leinen, schlug Haken, formte Bogen, Kurven, schuf Gnome, Zwerge, Trolle und sonderbare Tiergestalten, aus denen dann, wenn sie zusammengenäht waren, plötzlich Puffärmel, Leibchen, Höschen oder Schürzen wurden.

Auch die Modelle nähte »Zornchen«, auf der Nähmaschine mit dem Fußtritt, dem Schwungrad und dem Transmissionsriemen. Manchmal nähte sie auch mir Teile zusammen, Bezüge für Buchhüllen, Kostüme für Marionettenfiguren.

Über allem herrschte lange Zeit Babu, so genannt von Bruder Friedebald, als er noch ein Baby war. Sie war in der Werkstätte, so lange ich denken konnte. Sie war klein, nicht gerade dick, aber leicht rundlich, energisch und sehr auf ihre Kompetenzen bedacht. In ihren ersten Betriebsjahren hatte ihr Hans Renner, der Prokurist, »die Ehe versprochen«, zog sich dann aber von ihr zurück. Babu reagierte mit wilden Briefen, nicht etwa an Hans Renner, nein, an die Mutter. Es waren Briefe voller Gekränktheit und böser Leidenschaft, Briefe voller Beleidigungen und Herabsetzungen des ehemals Geliebten, Briefe auch, in denen um »er oder ich« in der Firma gerungen wurde –, Briefe, denen der »gute Renner« dann wieder seine Richtigstellungen folgen lassen mußte.

Es war ein finsteres Kapitel, und daß Babu und Hans Renner schließlich doch beide in der Firma blieben und – wenn auch lange Zeit in Feindschaft – schließlich wieder miteinander arbeiteten, war vielleicht nicht nur dem Geschick und der übergroßen Geduld der Mutter zuzuschreiben, sondern auch der Arbeitslosigkeit, die gerade damals am schlimmsten war. Eine einigermaßen gesicherte Stellung konnte man nicht so leicht aufgeben, nicht so leicht wieder finden.

Babu bewohnte das Untergeschoß einer behaglichen Villa in einer Parkstraße, ihre Tante Rieke sorgte für sie, die war groß, schlank und würdig, trug hochgeschlossene lange Kleider und eine Brosche am Hals.

Gleich doppelt ließ sich Babu bewachen, ich weiß nicht vor wem sie sich fürchtete, vielleicht vor Herrn Renners »Zudringlichkeiten«, vielleicht vor Dieben. Im Vorgarten unter den Büschen gab es »Selbstschüsse« – deren Wirkung malte mir Friedebald in grimmer Deutlichkeit aus. Wo ich ahnungslos hintrat, konnten sie mich erwischen, zerfetzen oder mein Ohr abreißen. Bestenfalls war ich gleich mausetot.

Die kleine Warntafel auf der Wiese, zwischen Nelken und Pfingstrosen sah eher harmlos aus.

Gefürchtet habe ich mich aber zunächst mehr vor Babus großem Bernhardiner, der überragte mich und bellte mit tiefer, volltönender Stimme. Er biß mich nie, aber er leckte mich ab und sabberte lange Fäden. Doch bald mochte ich das gutmütig tappende Tier, es ließ mich auf sich reiten und hatte ein weiches, haarendes Fell.

Als sich Babu ein Haus mit rundem Erker am Fuße des Galgenberges baute, mit dem Blick auf die Äcker und den fernen Wald, nahm sie den Bernhardiner mit, die Selbstschüsse ließ sie zurück. Unsere Mutter schenkte ihr zum Einzug einen kleinen Bastard aus Bömbys Fehltritt mit dem Gassenköter.

Daß sie sich dieses Haus leisten konnte, war für mich wie ein Wunder – wie es mir überhaupt lange als wunderbar erschien, daß Menschen so große Dinge wie Häuser zu bauen vermochten. Vor allem aber waren die Zeiten doch sehr schwer, man hatte wenig Hoffnung. Babu erklärte es oft mit gedämpfter Stimme. Geld war nie da, die Mutter hatte kein Kapital, war nie in der Lage, es zu sammeln, arbeitete immer auf Kredit, hatte kaum Sicherheiten, verschwendete viel an uns, brauchte viel für ihre Kinder, die Schulen, den Vater, für die Lietzenburg.

Hans Renner, der Prokurist – er war lang und hager –, litt wohl noch mehr unter den finanziellen Schwierigkeiten, unter dem Talent der Mutter, notgedrungen Vabanque zu spielen. In schöner Regelmäßigkeit sandte er ihr Briefe von der Werkstätte in die »Villa«, schrieb ihr: »Liebe Frau Professor!«, stellte ihr düstere Prognosen, lehnte jede weitere Verantwortung ab – war jahrelang immer auf dem Absprung, blieb aber fast ein ganzes Leben.

»Jede Verantwortung« hatte er ja auch bei Babu abgelehnt, die Werkstätte war groß und beschäftigte viele junge Mädchen. Da waren auch hübsche darunter. Aber Hans Renners private Verhältnisse waren überhaupt etwas verworren, der so knochentrocken, so urenglisch erscheinende Mann war schon einmal verheiratet gewesen, hatte eine Frau, die ihn auch verließ und eine Tochter, Ruth, die sie mitnahm, zu meinem Kummer. Vielleicht auch zu meinem Glück.

Solange ich denken konnte, wurden die Mutter und ihre Werkstätte getragen von einem Fabelwesen, von einem unsichtbaren Gott. Er hieß Christian Krüger, eine Art Buddenbrook, ein Privatbankier, zu dem die Mutter jeweils einmal im Jahr, im

Frühling, wenn die Bilanzen erstellt worden waren, wallfahrtete. Schon Wochen vorher sah sie sorgenvoll aus, Hans Renner – jede Verantwortung weit von sich weisend – versah sie mit Zahlen, von denen sie behauptete, daß sie ihr »böhmische Dörfer« seien, was nun wiederum mir ein Rätsel war. Wieso »böhmisch« und »Dörfer«?

Christian Krüger bewohnte die einzig wirklich vornehme Villa Kösens direkt an der Saale, mitten in einem verträumten, schattigen Park. Da hielt er sich verborgen. Nie sah ich diesen so wichtigen Mann. Nie besuchte er seine riskante Gläubigerin, nie wurden wir zu ihm eingeladen. Auch seine »Bank« ist mir nachträglich ein Geheimnis, keine Schalter, kein Firmenschild: ein verschwiegenes graues Haus unter verschwiegenen Bäumen.

War dieses In-der-Stille-Dahindämmern die wahre Welt des Reichtums?

Jedenfalls: Kam die Mutter nach Stunden heim, war ihre Miene entspannt. Wieder einmal war es ihr gelungen, einen Kredit über viele Tausend Mark »zu ergattern«. Das war die Summe, die sie Jahr für Jahr brauchte, um »das Saisongeschäft« vorzufinanzieren. Gearbeitet wurde vorwiegend für die Weihnachtszeit.

Dann stürzte sie sich erneut in ihre Arbeit. Reiste, besuchte Kunden, begutachtete neue Kleidermodelle, neue Perücken, fotografierte und klebte Prospekte, bereitete Ausstellungen vor, telefonierte – und brachte die Mitarbeiter durch ihre gefürchteten Kontrollen zur Verzweiflung.

Meist am späten Abend, oder sogar in der Nacht, wenn niemand mehr da war, wenn vollkommene Ruhe im menschenleeren Gebäude herrschte, ging sie in die Werkstätte und knipste in der »Expedition« alle Lampen an. Hier standen die versandbereiten Puppen auf den Treppenregalen, zwei Wände, breit und hoch. Sie nahm jede einzelne in die Hand, betrachtete alles, fand immer etwas auszusetzen und befestigte an den Körpern mit Stecknadeln die von allen Mitarbeitern gefürchteten Zettelchen. Es war ein recht grotesker Anblick, diese Reihen von Puppen mit den weißen Plakaten auf den Bäuchen. Sie schrieb aber nicht etwa knapp und klar ihre Beanstandung, schrieb nicht einfach: »Augenbrauen runder!« oder »Mund schmaler«, immer redete sie den betreffenden Mitarbeiter direkt an: »Ach, lieber Herr Müller, die guckt aber stier!« – »Ach, liebster, bester Hirschfeld, es tut mir so leid, aber die schielt wirklich, bitte, bitte, ändern sie das!« – »Gutes Zornchen, dieser Ärmel, nein, wer hat denn den eingesetzt?« – »Ach, Frau Busse ...« – »Aber Babu, wie konnte denn das passieren?« Und so fort. Meist fand sie an den Augen etwas auszusetzen. Hier fehlte der Lichtfleck oder er saß nicht richtig. Eine andere Puppe »glotzte leblos«. Die »lächelt nicht zärtlich genug!« »Die hat wohl Magenschmerzen?« »Nein, das geht aber wirklich nicht!« – »Bitte, bitte, aber ...« – Alle – die Näherinnen wegen krummer Nähte; die Beinstopferinnen wegen schiefer Waden; die Armstopferinnen wegen verkrüppelter Fingerchen; die Perückenknüpferinnen wegen »Scheitelchen, in denen die Motten waren«; alle wurden kritisiert. Sie lasen die Zettel am Morgen, seufzten heimlich, änderten, verbesserten.

Rationell war das keinesfalls. Aber kein Zweifel, daß die Mutter mit dieser Genauigkeit, die durch nichts zu beirren war, mit ihrem scharfen Blick, ihrem unnachsichtigen Darauf-Beharren, daß »nichts durchging«, ihre Puppen zu dem gemacht hatte, was sie waren und was die Kunden schätzten.

Manchmal, wenn es nicht zu spät war, holte ich sie in der Werkstätte ab. Mußte ich auf sie warten, war sie noch nicht fertig, stand sie noch vor dem Regal, den Bleistift zwischen den Lippen, eine Puppe in der Hand, die sie drehte und wendete und stumme Zwiesprache mit ihr hielt, dann verkroch ich mich wohl unter Fräulein Zorns Nähmaschine, zog den Lederriemen vom Rad und ließ es wirbeln, indem ich das Trittbrett mit der Hand wilder und immer wilder niederdrückte. Die Stange tanzte wie ein Kolben, und ich fuhr im Dampfer über den Ozean, zu den Wolkenkratzern; ich stieg im Flugzeug empor, schlug Loopings und ließ Trumpf-Schokolade vom Himmel regnen, oder ich reiste mit meiner eigenen Lokomotive zu Kamlag, um mir den Kohlentender in Amsterdam mit Hagelslack füllen zu lassen.

Rief mich die Mutter endlich, hatte ich keinen Blick für die Zettelchen. Mich betrafen sie ja nicht. Meine Klebearbeiten bewunderte die Mutter ausnahmslos, als ob sie blind gewesen wäre für schiefe Kanten und Flecke. »Schön, mein Herzblatt, sehr begabt!« – Ich war in jeder Weise bevorzugt. Sogar die Damentoilette durfte ich benutzen, da war es eng, winzig, und winzig war auch das Fenster. Um die Kloschüssel stapelten sich Kartons, Büchsen, Eimer und Flaschen, bis zur Decke hinauf – es roch scharf nach Desinfektionsmitteln und an der Tür hing ein Spruch: »Verlasse diesen Platz so sauber wie die Katz, damit ihn auch der Hintermann genauso sauber halten kann.« Das war Poesie und mit dem Hintermann konnte nur ich gemeint sein, denn sonst kamen ja nur Frauen hierher.

Die Männertoilette war über dem Hof, nicht im Haus, sie hatte keine Wasserspülung, hölzerne Plumpsklos, die stanken. Unten wohnten angeblich die Ratten. Die Mutter fand sie zu unappetitlich für mich, und das in kleine Quadrate geschnittene Zeitungspapier kratzte.

Machte die Mutter nun alle Lichter aus, schloß sie die Türen mit dem langen, zusammenklappbaren »Generalissimus«, der in alle Schlösser paßte, dann gingen wir durch die Nacht nach Hause.

Über den Bürgersteigen brannten die Laternen mit den kleinen Birnen unter den Blechschirmen, die aussahen wie Chinesenhüte. Von Zeit zu Zeit hörte man von fern ein Auto auf der Naumburger Straße, oder einen Zug über der Saalebrücke. Von der Kirche schlug die Uhr – schwere, dunkle Töne.

Die Mutter nahm mich an der Hand, ihre Hand war sehr weich und sehr warm. Das war die Geborgenheit. So gingen wir nebeneinander, sprachen kaum, selten begegnete uns jemand.

Bad Kösen war eine stille Stadt.

Durch Bad Kösen, das – wie es hieß – im Grünen Herzen Deutschlands liegt, in Thüringen, fließt die Saale. Der lehmige Strom hat ein breites Tal aus dem Sandstein gewaschen. Höhen, Hochebenen mit schroff abfallenden Hängen sind übriggeblieben.

Auf einem Felsen erhebt sich die Ruine der Rudelsburg, ihr benachbart ist die Saaleck, zwei Zahnstümpfe. Naumburg liegt acht Kilometer östlich, die Türme des romanischen Domes sind von fern schon zu sehen: von Grünspan überzogene Dächer. Die Stifterfiguren, Ekkehard und Uta.

Vierzig Kilometer entfernt im Westen ist Weimar, die Stadt Goethes und Schillers, deutsche Klassik, aber noch mehr Biedermeier, solides Bürgertum, ein Geist, der in behaglicher Selbstzufriedenheit eingeschlafen ist.

In dieser Landschaft raunten die Sagen, Raubritter machten in sehr fernen Tagen die Straßen unsicher. Wir Kinder besangen die öden Hallen und die zerfallenen Fenster: »An der Saale hellem Strande ...«

Nicht sehr weit entfernt träumten die Dornburg-Schlösser. Die Pappelalleen an den Chausseen hatte angeblich Napoleon gepflanzt. Auf den Sandsteinhöhen erinnerte ein »Napoleonstein« an ihn – der französische Kaiser war hier nach dem Sieg über die Preußen auf seinem Schimmel über die Berge geritten. In den Mauern der Häuser an der Brücke steckten noch die eisernen Kugeln der Kanonen mit der Jahreszahl 1806: Jena–Auerstedt.

Bismarcktürme gab es – einen bei Naumburg, einen bei Eckartsberga – und wo nicht? Die Jenaer Studenten hatten sich im Kösener S. C. zusammengeschlossen und marschierten einmal im Jahr vom Bahnhof durch die Stadt – in vollem bunten Wichs, mit Säbel, hohen Stiefeln und Käppchen. Sie randalierten, soffen, wir hatten uns vorzusehen, manchmal waren morgens die Fenster des Hotels »Mutiger Ritter« zerschlagen.

Saale-Landschaft bei Bad Kösen mit der Rudelsburg und den beiden Türmen von Saaleck

Wir gingen kaum zwanzig Minuten zu Fuß durch den Buchenwald zum Vogelherd, auf halber Höhe gelegen, da war eine Lichtung, rund und verschwiegen. Hier stand eine Hütte, ein Unterstand, offen nach allen Seiten, und hier war Heinrich der Vogler zum deutschen Kaiser berufen worden. Gewiß war es nicht wirklich dieser Platz – aber vorstellbar war es. »Herr Heinrich saß am Vogelherd ...«, man sah ihn sitzen unter den grünen Blättern. Hier konnte auch überall die Heimat der Grimmschen Märchen gewesen sein – in diesen Wäldern, Flußtälern und Burgen.

Am Vogelherd lärmten die Vögel. Die Zeit stand still.

Damals wurde es mir noch nicht bewußt, wie sehr dieses scheinbare Verharren der Zeit Geborgenheit bedeutet. Nichts, gar nichts änderte sich in Bad Kösen seit meiner Geburt. Es wurde kaum ein neues Haus gebaut, kaum eine Straße asphaltiert. Alles blieb, wie es war und ist es vielleicht bis heute geblieben. Die meisten Häuser waren in den vergangenen zwei Jahrhunderten gebaut worden – im Biedermeier und in der Gründerzeit. Und so standen sie und so blieben sie. Der Bahnhof sah aus wie auf einer vergilbten Fotografie, da war vielleicht schon Bismarck durch die Halle geschritten. Kösen war ja einmal ein beliebtes Kurbad der Berliner, Fontane schreibt es, und aus jenen Tagen bewahrte es einen verfallenden Charme.

So lange ich als Bub in dieser kleinen Stadt lebte, ging ich die gleichen Wege unter den gleichen Bäumen, durch den Kurpark oder am Gradierwerk entlang. Da war nichts »schön«, außer der Natur, aber alles war so verläßlich. Wenn man verreiste und erst nach Jahren zurückkehrte: nichts war anders, war fremd geworden.

Eines der ältesten Anwesen an meinen Wegen war wohl der Schafstall, groß wie ein Gutshof; graue, im Geviert angeordnete Gebäude mit hohen Dächern und Giebeln, wie aus einem Bilderbuch.

Allabendlich führte der Schäfer die Herde heim, Hunderte von Tieren. Sie füllten die ganze Straße, vom Bürgersteig bis zur Kastanienallee. Um die wolligen sandfarbenen Felle wirbelte der Staub. Es war wie ein Erdrutsch.

Zwei Hunde sausten an den wellenden Körpern entlang, vor und zurück, unaufhörlich tönte das Blöken, und der alte Mann wanderte ruhig voraus. Sein brauner Mantel fiel bis auf die Füße, er stützte sich auf den knotigen Hirtenstock.

Im Schafstall holten wir die Milch. Sie kam vom Rittergut Kukulau. Gleich neben dem Tor stand das winzige Haus des Schäfers, die Erwachsenen zogen die Köpfe ein, so tief waren die Decken. Im Vorraum stellten die Nachbarn ihre Kannen auf den Holztisch, die Frau des Schäfers schöpfte die Milch aus dem Bottich – weiß und sahnig floß sie von der Kelle.

Die Kaufleute hatten enge, kleine Läden, sie bewahrten den Gries, die Haferflocken in Schubladen, füllten das Mehl und den Zucker in braune Tüten.

Ein Kaufmann war über der Brücke, hoch über dem rauschenden Fluß. Einmal die Woche bekam er Fisch, jeden Freitag. Dann spannte er den Schimmel vor seinen Wagen, der war wie ein Trog, und darin lagen die hellen Leiber, das weiße Fleisch, die blaue geschuppte Haut.

Manchmal durfte ich ihn begleiten, dann saß ich neben ihm auf dem Bock. Ich hielt die Peitsche, auch wohl die Zügel; der Schimmel war gutmütig, er kannte seinen Weg. Ein scharfer Geruch stieg von den toten Fischen auf, er war mir nicht unangenehm, er erzählte vom Meer und der Seejungfrau, wenn der Kaufmann in ein Haus gegangen war, der Schimmel ausruhte, den Kopf senkte.

Auch die Postkutsche kam mit einem Pferd, einem Braunen. Sie war schmal und hoch und leuchtete gelb. Ihre Tür hinten war tief heruntergesetzt, zwischen die großen Räder, man klomm über kleine Trittstufen empor. Im Inneren fand ich es sehr gemütlich, rechts und links gab es Bänke, die waren vollgepackt mit Paketen.

Aus noch früheren Zeiten stammte die Fähre über die Saale. Sie war vielleicht schon dagewesen, als es die große, steinerne Brücke noch nicht gab. Der Fährmann zog sie am langen Drahtseil, das durch die Holzrollen rumpelte. Die spazierenden Kurgäste benutzten sie, oder wir nahmen sie zur Abkürzung auf dem Weg zum Bahnhof, bezahlten unseren Groschen. Kam das Motorboot von der Rudelsburg, mußte das Seil ins Wasser hin abgekurbelt werden. Dann stand man da und wartete und schaute wie es versank. Es teilte sich, die Enden liefen auseinander zu den beiden Ufern – und endlich liefen sie wieder aufeinander zu, bis sie vereinigt waren und das Seil emporstieg, sich spannte, die Tropfen herabperlten.

Im Sommer waren die Motorboote sehr beliebt, neben den Kurgästen saßen die Ausflügler aus der Umgebung, aus Naumburg, Weißenfels oder Leipzig, oder auch Arbeiter der Leuna-Werke – die wir nur Leuna-Arbeiter nannten – mit ihren Frauen. Sie hatten sich feingemacht, die Männer trugen Sonntagsanzüge, die Frauen blumige Kleider aus Kunstseide.

Die Boote folgten den Windungen des Flusses durch niedriges Unterholz, an der Badeanstalt vorbei mit ihren schaukelnden Stegen, dem Sprungturm. Da freuten sich die mutigen Schwimmer über die Wellen. Nach gemächlicher Fahrt kam man unter die Rudelsburg: hoch und schroff ragte der Kalksandstein empor, auf dem die hellen Mauern mit den Fensterhöhlen standen.

Es war ein weiter Spaziergang zu Fuß, durch wunderschöne Buchenwälder. Da konnte ich an die Burgherren denken oder auch an die Kaufleute aus Naumburg, die Pfeffersäcke, die in ständiger Fehde mit den Raubrittern lagen. Am liebsten ritt ich auf Rosinchen. Ihre unbeschlagenen Hufe pochten so gleichmäßig auf den weichen Boden, ich saß krumm im Sattel, ließ den Kopf hängen und die Füße baumeln und träumte.

Kam ich schließlich über die Zugbrücke, schaute ich hinauf zum Turm, um den die Raben und Krähen kreisten. Rosinchen schnaubte und spielte mit den Ohren.

Höhepunkte

Für uns Kösener Kinder war Naumburg eine Großstadt. Man konnte auf der Saale hinrudern, das taten wir nie, die Eisenbahn fuhr dahin und vor allem die Blaue Tante – der Omnibus. Er trug die Stadtfarben Kösens: blau-weiß, daher hatte er seinen Namen.

Wir stiegen am Metzgerladen ein, oft hingen die aufgeklappten Schweine neben der Tür des Fleischers. Dann ratterte man unter den Kirschbäumen und Napoleons Pappeln dahin, durch die Felder und an Schulpforta vorbei, kam nach Naumburg und zur dortigen Strafanstalt. Die hohen, schmutzigen Mauern waren mir immer beängstigend, wie auch das Wort: Zuchthaus. Manchmal sah ich die Gefangenen bei der Straßenarbeit, sie trugen gestreifte Uniformen und Käppis und wurden von Wärtern mit Gewehren bewacht. Dann schaute ich beiseite. Ich schämte mich, sie anzusehen. Der Bruder Friedebald nahm es robuster, hatten sie doch – wie er meinte – nicht nur geraubt, sondern auch Menschen erschlagen und sogar kleine Kinder gevierteilt.

Meist fuhren wir zum Einkaufen nach Naumburg. Da gab es

eine Konditorei am Marktplatz. Sie war innen ganz in Rosa getaucht und mit weißen Möbeln ausgestattet, wie aus Zuckerguß. Es gab hier die Eisenwarengeschäfte, das Reformhaus, den Schneider, den Buchbinder. Hier praktizierte der Zahnarzt, der meine Zähne gerade richten sollte. In Naumburg, das mit seinem Dom, den verwinkelten Gassen, den spitzgiebeligen Häusern, dem Kopfsteinpflaster, der Mauer mit den Wehrgängen, der gotischen Wenzelskirche und der Renaissancefassade des Rathauses noch von früheren Jahrhunderten erzählte, war auch die »Reichskrone«, ein Saalbau, in dem Sinfoniekonzerte, Vorträge und Theateraufführungen stattfanden – und Filmvorführungen, die wir damals Lichtspiele nannten. Die »Reichskrone« war unser Luxuskino. Hier rührten mich die ersten Tonfilme zu Tränen, ich erinnere mich an Sonny-Boy und seine tieftraurige Geschichte. Friedebald und ich wanderten heimlich zu Fuß zur »Reichskrone«, anderthalb Stunden hin, anderthalb zurück, um San Franzisko in Erdbeben und Feuer untergehen zu sehen. Friedebald schwärmte von der schönen Schauspielerin Jeanette McDonald und ihren schlanken, langen Beinen.

Es war bei uns immer aufregend, wenn abends einmal der Gedanke aufkam, nach Naumburg ins Kino zu fahren. Ich geriet in fieberhafte Erregung, wir suchten die Zeitung, das Programm: ach, wird es die Mutter erlauben, war der Film jugendfrei, hoffentlich! – Das Lebensglück hing davon ab. Dann der Anruf – mit Kurbel und Fräulein vom Amt – gab's noch Plätze? Dann das Hasten über die Treppe, immer zu spät, zur Bushaltestelle, in die Blaue Tante, an die Kasse, in die Reihen. Und der Zauber begann mit rauschender Musik.

Hinterher taumelte ich benommen hinaus, die Gegenwart war ärmlich, düster, das Wunder lag hinter mir, mein Herz war erfüllt, der Traum summte noch, ich sah die Stadt, die Straße kaum – drüben, über dem Platz wartete der Autobus, matt erleuchtet. Begann die Rückfahrt, erlosch das Licht, draußen huschten die Häuser vorbei, alles war kleinbürgerlich, ärmlich.

Kleinbürgerlich war eigentlich auch Bad Kösens jährliches Brunnenfest. Doch mich versetzte es in Hochstimmung.

Festzug in Bad Kösen. Der Gärtner Ewald Wagner führt den sizilianischen Eselswagen mit der Puppendekoration. Neben dem kleinen Max ein Kurgastkind

In Naumburg beging man ein Kirschfest, zur Erinnerung daran, daß die Stadt von den Hussitten verschont worden war, der Kinder und ihrer Kirschen zuliebe – eine rührende Geschichte. Unser Brunnenfest hingegen war ein heiterer Rummel auf der Wiese an der Saale. In der Schule bekamen wir Gutscheine, ein jeder fünf, für Karussellfahrten, eine Thüringer Rostbratwurst, eine Limonade, Kasperletheater, Schiffsschaukel oder ein anderes Vergnügen nach eigener Wahl.

1930 fiel das Brunnenfest mit der 200-Jahrfeier Bad Kösens zusammen. Da wurde die kurze Geschichte in einem Umzug nachgestellt. 22 Wagen und kostümierte Gruppen bewegten sich durch die Straßen, es wurde getrommelt, gepfiffen und gepaukt. Allen voran marschierten die Musiker der Braunkohlengesellschaft in ihren schwarzen Knappschaftsuniformen. In der Szenenfolge der Zeiten bildete die Käthe-Kruse-Werkstatt die vorläufig letzte Seite. Über den sizilianischen Eselwagen hatte die Schwester Fifi eine kunstreiche Dekoration gewölbt. Auf kreuzweise gebogenen Buchsbaumgirlanden saßen, hingen und schaukelten die Puppen, zuoberst ein »Dummerle« mit Quastenmütze und rotem Spielanzug. Dieses Schaustück mit dem zierlichen Esel im blitzend-bunten Geschirr erhielt viel Beifall. Der Gärtner Wagner führte das trippelnde Tier, er schritt ernst geradeaus, die Stiefel gewichst, die Hose gebügelt, er trug eine neue gestreifte Gärtnerjacke, sein Blondhaar war sauber gescheitelt und er hatte sich einen strohfarbenen Schnurrbart wachsen lassen. So klein er selbst war, Rosinchen wirkte noch winziger neben ihm, ihr nickender mit den bunten Scheuklappen und dem Papageienfederschmuck versehener Graukopf reichte ihm kaum bis zur Hüfte und der zweirädrige Karren wippte von ihren wippenden Schritten, so daß auch die Puppen auf den Girlanden schaukelten und hüpften.

Auf dem Kutschbrett saß ich – verkleidet in eine Käthe-Kruse-Puppe. Man hatte mir eine gestreifte, lange Spielhose mit Brustlatz genäht und den passenden Stoffhut dazu – zeit meines Lebens wurde ich es nicht los, daß man eine Kruse-Puppe in mir sehen wollte.

Abends gab es in der Wandelhalle unter dem Gradierwerk eine Kostümprämierung. Die »Halle« war eigentlich nur ein langgestrecktes Dach, gestützt von Baumstämmen und Ästen, es sollte Schutz bieten vor dem Solenebel und den salzigen Tropfen, die über das Geflecht des Gradierwerkes rieselten – im Laufe der Jahre hatte es sich mit einer dicken, gelblich-grünen Kruste überzogen, lutschte man an den abgebrochenen Stücken, schmeckte es wie konzentriertes Meerwasser.

Aus mir hatte die Mutter ein Holländer Meisje gemacht, die Tracht war echt, sie hatte sie aus Amsterdam mitgebracht: Kappe, Wollrock, schwarzes Mieder und Holzpantinen. Auch der Bruder Friedebald war holländisch verkleidet, aber als Junge, das empfand ich als kränkend.

Wir gewannen zwei erste Preise, ich war stolz und genoß das Feuerwerk zu meinen Ehren. Auch die Mutter war glücklich. Die Kostüme benutzte sie als Vorlage für neue Puppenmodelle, und die Originale zog sie später ihren Schaufensterkindern an.

Im Alltag trugen Friedebald und ich fast nur Matrosenanzüge. Von Bleyle. Einmal bekamen wir Mützen mit flatternden Bändern und Goldbeschriftung dazu: MS Europa, MS Bremen. Der Stapellauf des Ozeanriesen »Bremen« im Jahr 1929 erregte unsere Phantasie – oft und gern betrachtete ich die Fotos, auf denen die Mutter so winzig, eine Ameise unter Ameisen, neben dem riesenhaften Schiff zu sehen war. Friedebald prunkte mit einem schier grenzenlosen Wissen. Die Schiffe seien höher als Hotels, sie durchpflügten die Wellen mit tausend Knoten und hatten eine sagenhafte Tonnage. Ich verstand nichts, aber es klang interessant.

Unsere Begeisterung für die Seefahrt wurde noch gesteigert, als wir erfuhren, daß wir einen entfernten Verwandten hatten, den wir zwar niemals zu sehen bekamen, dem die Mutter aber ihre herzlichen Briefe schrieb. Er sollte ein Großonkel sein, und ein Kommodore, der erst für die Hapag-Lloyd den Ozeanriesen »Resolute« über die Weltmeere und rund um die Erde führte, und der nun das Kommando der »Bremen« erhielt, des schönsten, größten und schnellsten Schiffes der Welt.

Friedebald und Max in der Odenwaldschule

Doch damals begann ich auch das erstemal lebhaft am Anstand der Mutter zu zweifeln. Eine große illustrierte Zeitung schrieb nämlich ein Preisausschreiben aus – es könnte »Die neue Linie«, »Die elegante Welt« oder die »Berliner Illustrirte Zeitung« gewesen sein. Da waren Fotos bekannter Orte abgebildet, Häfen, Städte, Küsten, die Kreidefelsen von Dover, Capri, die Freiheitsstatue, die Tower-Bridge ... und man sollte sie erraten. Es war eine Seite, die mir sehr gefiel, am meisten begeisterte mich ein eleganter Dampfer: der erste Preis war eine Kreuzfahrt auf diesem Schiff!

Die Mutter schien meine Begeisterung zu teilen. In ihrem Privatbüro, unter dem Bild des strengen, schönen Vaters, löste sie mit mir alle Rätsel, wußte und erkannte jeden Ort, setzte die richtigen Antworten in die Kästchen, schrieb auch meinen – nicht ihren! – Namen als Absender und versprach, den Brief gleich morgen absenden zu lassen.

Ich schwelgte in Vorfreude, war mir meines Sieges gewiß, da ja die Mutter alles so sicher gewußt hatte – und erwartete die goldene Benachrichtigung ... bis ich eines Tages durch Zufall im Ablagekörbchen den Durchschlag des Begleitbriefes der Mutter an die Redaktion entdeckte: sie habe mir die Freude machen wollen, aber sie bitte herzlich darum, mir nur nicht den ersten Preis zu geben, ich sei ja noch viel zu klein für die Reise und zu zart und überhaupt noch ein Dummerle, ein zärtlich geliebtes.

O, ich haßte sie! Das schlimmste wollte ich ihr antun! Fortlaufen! – Aber wohin?

Ewald Wagner sattelte mir Rosinchen und ich kam getröstet und ermattet aus dem Walde zurück. Ich sagte ihr, sie sei eine falsche Schlange. Sie lachte und antwortete, es täte ihr leid. Aber eines Tages würde ich es schon selber einsehen ...

Dann kam ein Zirkus, und ich vergaß die Seefahrt und alle Dampfer der Welt.

Der Treck mit den bunten Holzwagen, mit den zottigen Pferdchen, zog über die Brücke. Harmlose, freundliche Leute, braungebrannt, winkten aus den Fenstern mit den Tüllgardinen, darunter baumelten Eimer, aus den Dächern ragten rostende Ofenrohre, verstruwwelte Kinder, viele barfuß, liefen nebenher.

In einem roten Wagen befand sich die Menagerie mit den kleinen Tieren, doch ein Löwe war auch dabei, er wurde in den Pausen der Vorstellung gezeigt. Und ein Kamel schritt überaus hochmütig, wiegend, weichtappend hinter dem Zug.

Ich war nicht der einzige schaulustige Bub, viele Kösener Kinder begleiteten die Wagen, lachten, plapperten – aber ich biederte mich bei den Leuten an, blieb bei ihnen, als sie ihre Wagen aufstellten und den Raum für die Manege absteckten, das Zelt hochzogen. Alles mußte sehr schnell gehen. Ich half die Seile herbeitragen, Heringe einschlagen, Werkzeuge zureichen, als sei ich einer der ihren und erhielt zur Belohnung eine Freikarte für den Nachmittag. Das war wohl eher eine kluge Investition, denn der Zirkus war am Nachmittag sowieso halbleer, nicht viele der Arbeiterkinder bekamen von den Eltern das Geld für den Eintritt. Ich aber durfte nicht allein gehen, Martha begleitete mich, und diese Karte – die sonst gewiß nicht verkauft worden wäre – mußte natürlich bezahlt werden, zum vollen Erwachsenenpreis.

Ich sah und staunte, ich glühte, ich bewunderte den Mann, der helle Flammen aus seinem Hals ausstieß, ich zitterte um die schöne Frau des Messerwerfers – wagte kaum hinzuschauen –, konnte aber auch nicht wegsehen. Des Zirkusdirektors dürres Töchterchen wippte graziös auf dem Seil, und dies regte mich mächtig an: Im Park spannte ich eine Wäscheleine von Baum zu Baum, kaum hüfthoch, stand dann lange auf der kleinen Trittleiter daneben und wagte schließlich meinen Fuß darauf zu setzen. Das Seil senkte sich, ich rutschte und zog mich mit dem dekorativ aufgespannten Regenschirm auf die sichere Leiter zurück. Ich verlegte das Seil hinab, eine Handbreit über den Boden, doch es sank auch da durch, ich spazierte auf dem Rasen, machte ein paar balancierende Bewegungen und schaute, was blieb mir übrig, sehnsuchtsvoll in den Wipfel der Linde empor und von da hinüber zum Maulbeerbaum. Da oben, in solch schwindelnder Höhe hätte ich tanzen wollen, und alle hätten mir zugejubelt.

Ich versuchte mich als Cowboy, zog das Seil durch eine Schlaufe, wirbelte es im Kreis, über meinem Kopf, aber wenn ich es warf, war es nur noch ein langer Strick. Da graste Rosinchen, der feurige Mustang, und rupfte die Halme – könnte ich ihm kühn die Schlinge über den Hals werfen, dann bräuchte ich Ewald Wagner nicht mehr.

Doch Rosinchen wechselte nur gelassen die Standbeine, wenn ihr das Seil auf die Schenkel klatschte, sie tat es mit zierlich gestellten Hufen, schüttelte die Ohren und bewegte sich einen Schritt weiter, zum Klee.

Aber die Zirkusprinzessin: Auch auf dem Rappen hatte sie ja ihr Können gezeigt, sie flog aus dem Stand auf seinen Rücken, ohne Sattel, kniete auf zwei Beinen, dann sogar nur auf einem, streckte das andere nach hinten und breitete beide Arme aus. So wippte sie auf dem wippenden Pferderücken. Auch dies war begeisternd. Ewald Wagner zwängte Rosinchen ins Geschirr. Ich jagte sie durch den Werkstättenhof, hielt die Zügel, rannte neben ihr her, gespannt zum Aufsprung. Ich sprang auch, mit Todesmut – und fand mich auf der anderen Seite am Boden, im Kies. Babu versorgte meine blutenden Knie.

Ich liebte den Clown und lachte über den dümmsten seiner Späße. Daß er immer so traurig aussah und dabei doch so lustig war, wie kam das? Ich fragte die Mutter, sie sagte mir, daß Komik und Traurigkeit Zwillinge sind, eineiige Zwillinge – das erklärte alles. Der Clown war zwei Wesen in einem, so war auch ich, ich war klein und traurig und doch groß und lustig. Ich dachte darüber nach und fand das ganz richtig. Nur etwas Eineiiges konnte ich an mir nicht entdecken.

Als bald darauf der Riesenzirkus Sarrasani nach Naumburg kam, auf die Vogelwiese, da war er wie eine kleine Stadt. Er hatte sogar sein eigenes Elektrizitätswerk. Der Bruder Friedebald wußte das, ja, der Zirkus leuchtete in blendender Pracht. Nicht nur der Name »Sarrasani« überstrahlte die schwarze Nacht, auch die Linie des Zeltdaches war mit Glühlampen nachgezogen. Ich war wie berauscht, atemlos, benommen! Die Löwen, die Kosaken auf ihren rassigen Pferden, diese fliegenden, wirbelnden Körper in dunkelgrünen Röcken; die Hanswurste und Jongleure; die Pyramiden aus schwerelosen Geschöpfen ... ich ließ kein Auge von der Chinesin, die an ihren langen schwarzen Haaren hing, schaukelte und dabei vom gedeckten Tisch aß. Doch alles verblaßte, wie ja überhaupt das Licht unten erlosch und nur noch oben strahlte, in der Kuppel, so schwindelnd hoch, wenn dort die Drahtseilartisten hin und her schwangen, Könige der Lüfte, und Königinnen! So zierlich, zerbrechlich sahen sie aus, in ihren engen, weißen Körpertrikots, nackt die Arme und Beine, die schmale Binde ums Handgelenk war wie ein Verband. Sie schwangen wie Klöppel von Kirchenglocken, lösten sich, flogen durch den Raum, von Trapez zu Trapez, federleicht, anmutig, wirbelten hinauf und hinab, sich überkreuzend, drehten den doppelten, den dreifachen Salto, begleitet vom dumpfen Trommelwirbel. Sie waren es, die mir auf Wochen hinaus nicht aus dem Sinn gingen. Mich selbst sah ich so fliegen, oben im Licht, von unten aus dem Dunkel angestarrt mit atemloser Bewunderung. Ich starrte selbst, anbetend, verblüfft, zu meinem zweiten Ich empor, das alle Schwere überwunden hatte und nur noch graziöse Leichtigkeit war – während ich doch bleiern und müde in meinen Fieberträumen im Bette lag.

Hiddensee

Irgendwo im Norden lag eine wundersame Insel, das Eiland mit der Burg, Hiddensee, wo der Vater oft war. Der Vater liebte die klare, kühle Schönheit ihrer Landschaft, die grünen Hügel, das Meer und die Kiefernwälder. Die Schwester Maria begleitete ihn dorthin, wie auf all seinen anderen Reisen. Auch in Hiddensee schnitt sie Zwiebeln in kleine Streifen und servierte sie ihm zu Quark und Brot. Einmal hatten die beiden sogar auf Hiddensee überwintert, ganz allein in dem riesigen Haus, das so schlecht zu heizen war und wo der Wind durch alle Ritzen pfiff. Es hieß »Die Lietzenburg«, war aus rotem Backstein und hatte einen kleinen Turm, und überall heulte der Wind hinein. Das war schlimm gewesen, erzählte die Schwester, die Ostsee eine Eiswüste, Schnee aufgetürmt ringsum, Eisblumen und Eiszapfen, dazu das Pfeifen des Sturmes, eine große Einsamkeit und nur der Vater tappte schweigend in seinem Atelier herum und brummte manchmal vor sich hin.

Ich hörte von Hiddensee daheim, die Mutter erzählte halb schwärmerisch, halb leidend, Hiddensee sei der Inbegriff des Schönen – und was für ein Wort war das: der Inbegriff, wenn die Mutter es aussprach – aber es verschlang eben auch Geld in Mengen, das die Mutter verdiente und ausgeben mußte, dem Vater zuliebe, es war ein Faß ohne Boden. In dem Faß saßen also der Vater und die Schwester, er qualmte Stumpen, las und grübelte; sie kochte, komponierte und fror.

Am eindringlichsten und bildhaftesten schilderte mir Emil Deckert die Insel.

Emil Deckert lebte nur wenige Schritte von unserem Wohnhaus in Kösen entfernt, einmal links um die Ecke, direkt vis-à-vis der Friedhofmauer. Er besaß da ein winziges Haus, aber unklar ist mir, wovon Emil Deckert lebte, denn er arbeitete nicht und reich war er auch nicht. Er sah aus wie ein Wurzelstock, war undefinierbaren Alters, und seine Beine waren krumm. Er trug die schlotterndsten Hosen der Welt – der Schritt hing in der Kniekehle –, sie wehten bei jedem Schritt. Dazu war Emil noch klein, der liebe Gott hatte ihn wohl auf den Kopf gehauen und da war alles zusammengerutscht, die Beine hatten nachgegeben und sich nach außen gebogen.

Und nun sprach Emil Deckert das breiteste, singendste Thüringerisch, das überhaupt in Kösen zu hören war, und so erzählte er mir von Hiddensee, wann immer er meiner habhaft werden konnte, es war das größte Erlebnis seines Daseins gewesen. Die Dinge lagen so, daß er vor vielen, vielen Jahren, noch vor dem großen Krieg, als er noch jung war, »un en schdaddlichr Mann«, daß er da mit Onkel Oskar in Hiddensee gewesen war, »geweehld hadde«, um sich in Wald und Flur zu betätigen.

Onkel Oskar nämlich, des Vaters Bruder, der Maler, hatte von dem ihm zugefallenen Teil des väterlichen Erbes ein sehr großes Grundstück auf Hiddensee erworben. Er hatte auf dem verlassenen, damals noch unbekannten Eiland die Lietzenburg zu bauen begonnen, eine Künstlerkolonie wollte er gründen, und das ist ihm in gewissem Sinne auch gelungen, denn Hiddensee kam in Mode, nicht zuletzt durch Gerhart Hauptmann, der zuallererst auf unserer Lietzenburg wohnte. Aber Onkel Oskar ging an dem Bau pleite, die Lietzenburg, zu großartig geplant, verschlang sein Vermögen, seine Geschwister, Tante Anna und der Vater, gaben das ihre auch noch dazu.

Damals, in der »erschden Bionierdscheid« war Emil Deckert mit dem Onkel in Hiddensee gewesen, »da hasde noch nich jeleebt, gleener Max, noch nich mal jeblaand warsde da«! Aber Emil hatte Gewaltiges vollbracht, »janse Giefernwäldr hadde er jeflanzd, übern janzen Hüschel wech, immer een soon gleenes Bäumchn nebn dem annern, vom frühen Morjen bis in de späde Nacht, bis daß dr Mond überm Boddn uffjing«. Der Bodden, das war die Ostsee zwischen Stralsund und der Insel, über den Bodden fuhren die Dampfer »Swantje« und »Alte Liebe«.

Nicht nur die Kiefernwälder, auch der Zaun, der das vierzigtausend Quadratmeter große Grundstück umschloß, war Emil Deckerts Werk, ein Brunnen ward angelegt und zahllos waren seine Taten im Innern der Lietzenburg selbst, »laudr Gleenichgeedn, abr ohne mich wär de Bursch nie färdsch jewordn«.

Eines Sommers kam ich selbst auf die grüne Insel. Aber ihre keusche Schönheit erschloß sich mir noch nicht gleich. Immerhin sah ich nun Emil Deckerts Zaun, er war schon etwas morsch geworden und wackelte, und ich ging im Kiefernwald spazieren, der war nun wirklich unendlich, kaum zu glauben, daß ihn Menschenhände geschaffen hatten. Die Bäume waren so knorrig wie Emil Deckert, aber sie dufteten würzig, der sandige Boden war federnd, weich und braun von den herabgefallenen Nadeln, die Wege waren schmal und verschlungen, es gab viele Hecken, unter denen ich mich verstecken konnte.

Das berühmte Jugendstilhaus auf Hiddensee, die Lietzenburg, im Vordergrund der »Siegesbote von Marathon«, Plastik von Max Kruse (Berlin, Nationalgalerie)

Die rote Burg ragte in einen Himmel, der sich ständig änderte, immer im Hellen, im Licht – über den Wolken zogen, die von sehr weit her kamen und sehr weit hin gingen, sie wanderten von Horizont zu Horizont, immer. Fern lag die Insel Rügen als schmaler grüner Streifen, im Osten schwamm sie auf dem Meer. Und in der Nacht kreiste der Strahl des Leuchtturmes durch die Dunkelheit, das war geheimnisvoll, ein langer, goldener Balken, man sah ihn selbst freilich nur, wenn es dunstig war, an klaren Tagen blinkte die Glashaube über dem Dornbusch auf.

Kam der Nebel hoch, war dieser dick und dicht, undurchdringlich, noch stiller wurde es dann auf der Insel, als sei sie versunken im Schweigen. Das Nebelhorn tutete, eine düstere Stimme, vor der ich mich fürchtete.

Auch sonst war mir manches unheimlich, im Haus, in der Lietzenburg, die ein berühmter Bau des Jugendstils war, aber davon wußte ich nichts. Freilich war die Lietzenburg ganz anders als das Kösener Haus, so großräumig, bereits die Eingangshalle mit dem Kamin war weit und hoch. Die Halle war ausgemalt, alle Wände ringsum und die Decke, da schwebten rosafarbene Mädchen und ihre aufgelösten Haare wellten dahin. Sie segelten irgendwie durch grüne Pflanzen, die auch wogten und sich bogen und neigten. An die braunen Türen waren kupferne, gewölbte Platten geschlagen und in unregelmäßig schwingenden Formen ausgeschnitten, da leuchteten honigfarbene Bernsteine drauf.

Das alles war so nicht unheimlich, doch wenn die Nacht einbrach in diese riesige Halle, in der zugleich die Treppe hochstieg, wenn sich auf alles die schwarze Dunkelheit legte, wobei der Raum – indem er verschwand – noch unheimlicher wurde, dann kam die Angst. Damals gab es noch kein elektrisches Licht in der Lietzenburg, überall nur Finsternis, einige Petroleumlampen und Kerzen. Aber die Lampen waren nie, wo ich sie gebraucht hätte.

Wollte ich aus meinem Zimmer im ersten Stock aufs Klo, dann mußte ich die Treppe hinab in die Schwärze und durch sie hindurch, mit der flackernden Kerze. Da zuckte mein eigener Schatten so wild, und oft wurde sogar die Kerze ausgeblasen, weil es ja, selbst im Sommer, überall zog. Auch im winzigen Klo war ich nicht sicher, gebannt starrte ich auf das Licht vor mir auf dem Boden – schon begann es zu tanzen, wurde ganz flach und riß ab, ich wagte nicht zu schnaufen.

In der großen Halle brannte nie Licht, das Leuchterweibchen über dem Sitzplatz vor dem Kamin trug seinen Namen zu Unrecht. Es leuchtete nicht. Bei Tag und Nacht schwebte es so dekorativ wie absurd und nutzlos unter der Decke, lachte naiv in seinem Kleid aus buntem Holz, mit seinen Apfelbacken aus Ölfarbe und hielt die unbenutzten Kerzen in seinen vorgestreckten Fäusten. Wer wollte auch allabendlich – gar noch mehrmals – zu ihm hinaufsteigen, um die Kerzen anzuzünden? Außerdem drohte ja ständig Feuergefahr.

Und der Kamin war fast genauso nutzlos. An kühlen Herbstabenden hatte man wohl Lust, es mit ihm zu versuchen, doch man ließ es bald wieder. Dieser Kamin war, wie so vieles hier, mehr künstlerisch als praktisch.

Grüne Ranken wucherten über seine Schürze, sie war mit Versen in Plattdeutsch beschriftet und es gab eine gemütliche Nische, in die Polsterbänke eingelassen waren – er war ein Schmuck- und Ausstellungsstück. Aber wehe, wenn er loderte! Dann zuckte sein Flammenschein durch Schwaden von Qualm, die sich in der Halle verbreiteten, alles ausfüllten, ehe sie gemächlich über das Treppenhaus nach oben stiegen. Allen tränten die Augen, alle husteten.

Das Haus war reich an Räumen mit lustigen Namen, der »Himmel« war unter dem Dach, da blickte man über die Insel bis zum Leuchtturm und fast bis nach Stralsund. Ein »Erker«- und ein »Balkonzimmer« gab es, vier »Vogelbauer«, winzige lustige Kabäuschen, Schlafwagenkabinen. Des Vaters Atelier lag gegen Norden, war angefüllt mit Plastiken auf Modellierböcken, aus Gips oder Marmor, auch aus Holz, es war für mich ein befremdlicher, ein kühler Raum. – Aber schön fand ich das von Ornamenten und Bernstein umrankte Waschbecken, das in einem mit Kupfer verzierten Wandschränkchen versteckt war. Oft stand der Vater hier stumm vor der Gesichtsmaske seines Bruders, die er für Onkel Oskars Grabstein modellieren wollte, stundenlang, in dumpfes Grübeln versunken. Manchmal klebte er einen Klumpen schwarzen Wachses mit der breiten Fingerkuppe darauf, verstrich ihn und schälte ihn mit dem Modellierholz wieder ab.

Vor der Bibliothek, vor der Veranda, vor dem Gartenzimmer: überall Kiefernwälder, die rauschten – und an schönen Tagen waren die Räume erfüllt von Licht. Große Plastiken des Vaters standen vor den Bäumen, der »Siegesbote von Marathon« aus Bronze, kurz bevor er – der Sage nach – zusammenbrach, und die »Persephone«, wie sie aus der Unterwelt wieder ans Licht stieg, erwachend: der Frühling.

Aber das Haus war ja eine Burg, die Lietzenburg, und so war ich der König. Mit dem Zepter aus Holz und der Krone aus

Pappe, im Umhang aus Kreppapier wachte ich vor dem Tor, fühlte mich mächtig. Stand dort stundenlang. Der Dichter Gerhart Hauptmann kam vorbei mit der Gattin, er atmete schwer, blieb stehen, auf den Stock gestützt, hob mir das Kinn, blickte mich aus wässrigen Augen an, lächelte, seufzte, und wanderte langsam weiter, als ob es ihm Mühe machte, die Füße zu heben. Doch vielleicht waren es nur seine Gedanken, die schwer waren.

Als Gast des Vaters kam Graf Coudenhove-Kalergi, sehr lebendig, sehr elegant und geistreich, ein Komet. Mit dem Vater spazierte der Graf über die Hügel, er sprach von seiner Idee eines vereinten Europas, und der Vater hörte zu, schwieg wie immer, war aber zustimmend berührt und ich trug lange das goldene Abzeichen der Pan-Europa-Bewegung mit dem roten Kreuz. Es war rund und klein wie ein Hemdknopf, sehr schmückend.

Einmal geschah fast Unglaubliches auf der stillen Insel, die ja durchaus still bleiben sollte, ein Refugium. Sogar Autos waren verboten, nur der Arzt hatte eines. Sonst gab es da nur den Schimmel von Dittmann, dem Kramwarenhändler.

Doch nun kam da ein Wasserflugzeug von Stralsund herüber, eine Junkers-Maschine mit gelbem Propeller und ganz aus Wellblech. Es wasserte vor dem Bollwerk auf Kufen, die waren wie geschlossene Ruderboote, nur länger und schlanker, und alle Fischer und Gäste liefen zusammen. Eine Postlinie sollte eingerichtet werden – wozu? Man ließ es schließlich.

Aber Friedebald begeisterte sich. Das neue Zeitalter brach an – fliegen würden wir alle. Hoch über dem Flugzeug, das im Schilf schaukelte, hing der weiße, der blasse Mond. »Schade«, sagte der Bruder, »nur zu ihm hinauf kommen wir niemals, die Schwerkraft der Erde ist viel zu groß. Schau mal«, sagte er, »renn mal los!« Und ich rannte. Der Bruder zerrte mich am Kragen zurück. »So hält uns die Schwerkraft«, rief er. »Da kann man nichts machen.« Und ich verstand ihn. Er war ja viel stärker als ich.

Als es Spätsommer wurde, das Korn auf den Feldern des Klostergutes geschnitten war, kam die Zeit, heimzureisen. Onkel Oskars Grab auf dem Friedhof wurde besucht – es lag vor dem weißen Kirchlein, ein grauer Findling. Da also sollte das Gesicht des Onkels drauf, das der Vater modellierte, ins obere Drittel, wo die Wildrosenranke herunterhing.

Der Stein ist dort heute noch blank.

Bei der Abfahrt war der Bodden nicht ruhig. Ich saß hinten im Dampfer, – »Swantje« – im Freien. Hier gurgelte das Wasser, emporgewirbelt von der Schraube. Und die Bänke hoben und senkten sich. Eine Dame saß mir gegenüber, eine fremde, unbekannte Frau. Sie trug ein schwarzes Kleid und schwarze Strümpfe, ganz ruhig saß sie da, mit ein wenig gespreizten Beinen. Der Rock war fast wie eine Schale, etwas ausgebeult, und ich neigte mich vornüber, so daß mein Kopf über der Schale war, und ich öffnete den Mund und würgte alles, was aus meinem Magen kam, dort hinein.

Ich erinnere mich nicht, was die Dame sagte, aber dem alten Emil Deckert in Kösen hatte ich viel zu berichten, denn der wollte doch wissen, ob der Zaun noch stand und wie hoch die Kiefern gewachsen waren.

Da war es schon Herbst und man dachte an Weihnachten.

Das Fest

Weihnachten war nicht nur ein Fest, einige Feiertage, es war ein Einschnitt. Weihnachten kam über die Familie und veränderte alles. Man lebte auf den Heiligen Abend hin, immer intensiver, wenn der Herbst kam mit seinen langen Nächten. Die Mutter wußte nicht aus noch ein vor Arbeit, denn in der Puppenwerkstatt war Hochkonjunktur. Das ganze Jahr hatte man auf Vorrat gearbeitet. Nun kam »das Geschäft«. Diese Hektik steigerte jeden, auch die Mutter – denn wenn man nun überall nach ihren Puppen verlangte, die eiligsten Bestellungen kamen, das Telefon klingelte, aufgeregte Mütter wissen wollten, ob denn ihre Reparaturen auch ja noch rechtzeitig fertigwürden, nervöse Händler Lieferungen anmahnten, alle Mitarbeiter so eifrig wie erschöpft waren, dann geriet auch sie wie in ein Fieber, dann konnte sie nicht genug tun an Geschenken und Liebe und Verwöhnung.

Wie in vielen Familien – damals – wurden auch bei uns hinter verschlossenen Türen Handarbeiten gemacht. Wir spielten das Spiel der Heimlichkeiten, nahmen es übertrieben ernst – Gekauftes zu verschenken wäre für uns eine Schmach gewesen.

Und die Familie fiel ein in Kösen, soweit sie auswärts lebte: aus Schulen, aus Berlin, aus Weimar – zu Weihnachten reisten alle an, manchmal kamen auch Bekannte, die Freundin, der Freund. Sämtliche Zimmer öffneten sich und wurden belegt. Allein schon diese plötzliche Belebung des ganzen Hauses bis in den hintersten Winkel erzeugte freudige Erwartung.

Sogar die unteren Räume, die Monat für Monat in staubig-stiller Dämmerung geschlafen hatten, wurden geöffnet, jetzt kam ihre Glanzzeit. Zunächst freilich wurden sie hermetisch verschlossen zur Lagerung der Pakete. Vaters sogenanntes Arbeitszimmer füllte sich mit Kartons, kleinen und großen. Im Eßzimmer wurde der Eichentisch mit den klobig-gedrechselten Füßen ausgezogen – er füllte den ganzen Raum. Die Schiebetür zum Musikzimmer wurde zugemacht. Ein Baum, über drei Meter hoch und breit ausladend, kam in die Werkstätte.

Der Bruder Friedebald, alten Bräuchen folgend, nahm mich Dreikäsehoch, und zog mit mir in die Nachbarschaft, von Haus zu Haus. Eine Puppe der Mutter hatten wir, ein Träumerchen mit geschlossenen Augen, schwer wie ein Neugeborenes, das diente als Christkind und eine umgedrehte Fußbank als Krippe. Der Bruder trug den großen, schlappenden Hut des Vaters und einen Mantel; Joseph stellte er dar, mit dem Knotenstock. Ein über den Kopf geworfener Schal machte aus mir eine scheue Maria, das Christkind hatte ich zu wiegen und dazu zu summen, Eia, Eia, während Joseph recht ruppig um Unterkunft und Nahrung bat. Sehr verfressen war dieser Joseph auch, doch als er einmal keine Milch bekam und polternd zu Maria sagte: »Die bösen Leute wollen uns nichts zu trinken geben, nimm dein Kind an die Brust«, und als ich mir das Hemd aufknöpfte und den kalten Puppenmund an die winzige Warze preßte, empörten sich die zu wenig ergriffenen Zuschauer moralisch. Die Mutter wurde verständigt, und wir heiliges Paar gingen nicht mehr auf Betteltour.

Eine andere Vorbereitung mochte ich weniger: die Proben zu Tante Annas Weihnachtsmusik. Tante Anna war ja eine kleine Familienheilige, die Lieblingsschwester meines Vaters, älter als er und mit einem tragischen Hüftleiden behaftet – (man sagte »tragisch« mit gedämpfter Stimme) –, um dessentwillen sie von ihrem Verlobten sitzengelassen worden war. Energisch und etwas altjüngferlich-herrschsüchtig hatte sie dem Vater ständig in seine Herzensangelegenheiten hineingeredet – er liebte sie trotzdem. Und Tante Anna hatte nicht nur hübsch mit Wasserfarbe gemalt, sie hatte auch komponiert, Kinderlieder nach Gedichten von Johannes Trojan, liebe Erzeugnisse eines freundlichen Gemüts, und ebenso eine Weihnachtsmusik für die Familie.

Von Zeit zu Zeit – zu meinem Glück nicht jedes Jahr – wurde diese Weihnachtsmusik aus der Schublade geholt, dem Vater zuliebe. Maria, das »Mimerle«, übernahm die Einstudierung und den Klavierpart, die Geschwister je nach Alter und Können die anderen Stimmen, die Trompete, die Zimbel, die Knarre, die Trommel, den Kuckuck, die Nachtigall. All diese Instrumente lagen als unordentlicher Haufen im altdeutschen Schrank, immer bereit, aber wir Geschwister waren weniger bereit, wir kicherten, verpatzten die Einsätze, schmetterten oder klingelten an den falschen Stellen. Die »Nachtigall« war ein mit Wasser gefülltes Blechei, in dessen Röhrchen man mit Gefühl zu blasen hatte, bis es tirilierte. Wir aber pusteten so heftig, daß der Ton in Sprudeln ertrank – und der Fußboden naß wurde. Dann schimpfte Maria.

Zum Glück war es nicht schwierig, die Trommel zu rühren oder den Kuckuck erschallen zu lassen, wenn man es nur an den richtigen Stellen tat. Am Heiligen Abend, wenn die Tür zum Zimmer mit den Geschenken bereits weit aufstand und der große Baum im hellen Lichte seiner zahllosen Wachskerzen strahlte, wenn er den Raum ausladend, duftend, und mit lang herabhängendem Lametta glitzernd erfüllte, dann ging das musikalische Spiel meist flüssig vorbei, die Mutter blickte uns mit zartem, verklärtem Lächeln an, der Vater hatte feuchte Augen, und wir waren uns alle bewußt, bedeutende Glieder einer bedeutenden Familie mit großer künstlerischer Tradition zu sein.

Es gehörte sich dann, nach dem Verklingen des letzten Tones noch einige Sekunden in stiller Rührung zu Boden zu schauen, sich ein wenig verlegen oder liebevoll anzublicken, ehe man nach seinem Geschenktisch suchte.

Einmal, da war ich noch recht klein, vielleicht vier oder fünf Jahre, dachten sich die Schwestern eine besondere Überraschung aus. Ich mußte eine eigene musikalische Vorstellung geben, zu meinem Schrecken. Die Anregung dazu erhielt die Schwester Fifi von einer kleinen Puppe, die damals zur Schaufensterdekoration hergestellt wurde. Ein knapp 38 cm großes Figürchen, weich gestopft, mit rundem, lieblichem Gesicht und gemalten, fragenden Augen, wurde in eine steife Rüstung aus gefaltetem Goldpapier gesteckt und mit Flügeln versehen. Und so ward auch ich als Rauschgoldengel verkleidet, nur war das Goldpapier kräftiger, die Falten größer und steif wie Metall: Sie zielten ringsum von der Hüfte auf den Boden, wo der Rock sich weit verbreiterte. Oben trug ich ein Hemdchen, das mit goldenen Bändern geschmückt war, ein Goldband hielt meine damals noch langen, braunen Haare und über meiner Stirn strahlte ein Stern aus Papier. Zum Überfluß wurden mir auch noch riesenhafte goldene Flügel auf den Rücken gebunden. Die Flügel wippten bei jeder Bewegung, ich wippte mit, das Gehen in dem steifen Rock war mir schier unmöglich, denn er gab ja nicht nach und stand rings auf dem Eichenparkett auf.

Nun mußte ich noch einen Tannenbaum aus Pappe in der linken Hand tragen, an dessen Zweigen Silberglöckchen baumelten, acht an der Zahl, eine Oktave. Mit einem Hämmerchen hatte ich auf diesen Glöckchen »Stille Nacht, heilige Nacht« zu spielen, Bim bimbim bam, bim bimbim bam . . .

Im Flur nahm ich Aufstellung, kunstvoll verkleidet, und nachdem man den Baum entzündet und die Flügeltür zum Eßzimmer aufgeschoben hatte, wo die Familie zusammenstand, schubste mich Fifi ins Weihnachtszimmer. Von links erschien ich im Bühnenraum, schob mich wackelnd-wippend bis unter den Baum. Er strahlte in illuminierter Pracht, mein Rock schleifte golden über den Boden und drückte mich in die Hüften, die Mutter, überrascht, seufzte: »Wie süß, ach, mein Maxel!« Und ich ließ mein schüchternes Bim-bimbim-bam erklingen.

Der Bescherung bei uns ging eine Feier in der Werkstätte voraus, am Abend vorher. Dort stand der Baum, der gleiche, große, senkte die Zweige unter dem Gewicht der Kerzen, flimmerte, duftete. Der Werkstättenchor sang, Herr Müller, der Augenmaler, dirigierte mit seinen knotigen Händen und mit rukkendem Kinn. Seine Kugelaugen ermunterten, dämpften, beschworen – es summten und jubilierten die Mädchen; und Herr Hirschfeld, alle um einen Kopf überragend, sang mit ruhigem Baß. War das heilige Lied verklungen, trat Herr Müller bescheiden, auf Zehenspitzen, in die Reihe zurück und nickte, sich selbst gratulierend.

Hans Renner sang nie.

Oft las die Mutter die Weihnachtsgeschichte. »Es begab sich aber zu der Zeit ...«. Sie sprach mit Wärme. Vielleicht – in diesem Augenblick – begab »es« sich wirklich, sie spürte es so. Dann schwieg sie, und alle schwiegen in ihren Sonntagskleidern und empfanden, daß Weihnachten war.

Eine Weile später stimmte Herr Müller den Chor noch einmal summend auf den rechten Ton ein und dann war »Ein Ros entsprungen«.

Schließlich hielt die Mutter eine Rede, sie sagte »Meine lieben Mitarbeiter ...« und noch viel Herzliches, sie sprach auch von der Not und den schlechten Zeiten und den vielen Schwierigkeiten, aber wie man sie gemeinsam gemeistert habe und gemeinsam meistern würde und voll Vertrauen sei. Und sie entschuldigte sich, wenn sie die Mitarbeiter gequält und gepiesackt habe, im vergangenen Jahr – gepiesackt war eines ihrer Lieblingsworte –, entschuldigte sich für die vielen Zettelchen und all ihre

Änderungswünsche –, aber daß es doch eben notwendig sei für die Qualität und für das Produkt.

Die Mitarbeiter nickten und lächelten, sie nickten und lächelten im halbdunklen, nur von den Kerzen honiggolden erhellten Raum und waren wieder guten Willens.

Manchmal sprach auch Babu, öfter auch Herr Renner im Namen der »Belegschaft«, man dankte jedem von jedem, in späteren Jahren sagte sogar die Schwester Fifi einige Worte – als sie Betriebsleiterin geworden war, mußte sie es wohl. Dann hatte sie immer erst einen Kloß in der Kehle, sie machte es auch meist kurz und leitete schnell zum praktischen Teil über, fort von der Rührung zum Verteilen der Päckchen, obwohl sie selber so gerührt war, oder vielleicht gerade deshalb.

Am nächsten Morgen schleppte man den Baum über die Straße in die »Privatwohnung«, wo er wieder geschmückt wurde zum wirklichen, dem einzigen Heiligen Abend.

Die Bescherungen der Mutter waren immer überwältigend, schlechthin unbeschreiblich. Für alle sieben Kinder, für sich selbst, für den Vater und für Martha, für die anwesenden Freunde auch gab es Plätze mit Geschenken. Die Pakete und Präsente waren überall aufgebaut, auf den Sofas, auf Wandborden, auf großen Ohrensesseln, auf dem Harmonium, auf Bänken – und auf kleinen Tischen, sogar auf dem Fußboden. Meist erstreckte sich diese Dekoration der Verschwendung und Liebe über drei zusammenhängende Räume, wobei um den mächtigen Baum ein freier Platz blieb, zum Schauen, sich bewegen, hin und her schlendern. Man wanderte, nachdem man seinen eigenen Platz gefunden und die Geschenke das erste Mal zurückhaltend betrachtet hatte, von einem zum anderen, um auch dort zu verweilen. Und jeder schien zu leuchten. Man war weihevoller Stimmung, man ging wie schwebend.

Überall gab es zu staunen. Kleider, Wollschals und Plaids, Tabakpfeifen und Bücher, Bügeleisen und Schallplatten – man fand kein Ende. Dazu die selbstgebastelten Schächtelchen der Kinder, die Buchhüllen, Buchstützen, Papierkörbchen, die Zeichnungen und Bildchen.

Es wurde auch gesungen, bei den Kruses – gleich nach dem Öffnen der Schiebetür und vor der Bescherung. Obwohl Schwester Maria es an kräftig-stützender Klavierbegleitung nie mangeln ließ, war es doch ein recht klägliches Unternehmen. Des Vaters schöner Baß legte zwar einen tiefen Grund, aber schon die Mutter summte nur leise. Unsicher ging sie nach den Worten und nach der Melodie auf die Suche. Die Schwester Fifi stürzte sich mit der ihr eigenen Tatkraft ins Unvermeidliche, doch hätte vielleicht gerade sie es nicht tun sollen, meist sang sie falsch. Lieblich dagegen, wenn auch zart, erklang Hannes Stimme. Die Buben, alle drei, brummten, murrten und hauchten sonderbar durcheinander, Bruder Michel stets um Anstand bemüht mit tödlichem Ernst, Bruder Jochen immer halb lachend und nur Bruder Friedebald sang unbefangen, laut und schmetternd und genoß alles.

Das Festmahl wurde klugerweise erst nach der Bescherung eingenommen. Denn Geduld erforderte es, die hätte man vorher nicht gehabt. Auch der Eßtisch war festlich geschmückt. Da funkelte das beste Porzellan mit dem Goldrand, von dreiarmigen Leuchtern hingen bunte Bänder auf die Damastdecke herab, um jeden Teller rankte sich schmückendes Beiwerk, duftende Tannenzweige, Lametta und Weihnachtskugeln blitzten. Und ernst, aber freudig gestimmt, versammelte man sich hinter den gedrechselten Stühlen, um dann auf den durchgesessenen Ledersitzen Platz zu nehmen.

Und nun folgte das Mahl des Zusammennehmens, ein Festessen, gewiß, aber ein Leid für fast jedermann, vielleicht sogar für die Mutter, die doch darauf eigensinnig bestand. Aus ihrer Heimat hatte sie den polnischen Karpfen hier eingeführt, ein Gericht, das eigentlich niemand mochte, denn es war wahrhaftig weder Fisch noch Fleisch. In einer undurchsichtig braunen, dikken und klebrig süßen Biersauce schwammen die fetten Stücke des ausgelösten Fisches, sie schwammen da mit ihren spitzen Gräten, die einem unversehens im Zahnfleisch steckten oder ganz hinten in den Backentaschen, denn, wie gesagt, die Sauce war dunkel, dick und undurchdringlich. Der polnische Karpfen gehörte zu Schlesien, zu Mutters Heimat, vielleicht gedachte sie dabei ihres »Vaterles« oder »Mutterles« – es war eine schlesische Tradition.

Und immer zog sich dieses Mahl viel zu lange hin. Mir schmerzten Po und Rücken. Mit meinen Füßen konnte ich den Fußboden ja nicht erreichen, ich thronte auf einem dicken, viereckigen Roßhaarkissen. Ich haßte den Karpfen, er schmeckte mir nicht. Die Polen, die ihn auch noch mit diesem dicken Bier übergossen und Rosinen hineinwarfen, hatten schon einen sonderbaren Geschmack gehabt. Die Mutter übrigens auch. Denn wenn schon mal eines der Kinder meuterte, von einem Braten schwärmte und von herzhaft einfacher Küche, die rasch einzunehmen gewesen wäre, blickte sie gleich schmerzlich-vorwurfsvoll, als ob man den lieben Gott lästere und meinte: »Aber Herzblatt! Das ist polnischer Karpfen!«, nur dies: »Polnischer Karpfen«, aber mit welcher Betonung! – als sei damit alles geklärt und der ganze Erdkreis habe auf die Knie zu sinken.

In meiner frühen Kindheit ging die Mutter mit mir und den Geschwistern wohl auch in die Kirche, später nicht mehr.

Zu Fuß wanderten wir durch die Nacht, dick eingemummt, zur Weihnachtsandacht. Es war der Weg einer Viertelstunde, bei bitterem Frost führte er durch eine tief verschneite Landschaft wie aus dem Märchen, die Saale war zugefroren, ihr Rauschen verstummt, nur das Eis knackte unter der Brücke, auf deren weitgespanntem Bogen, genau in der Mitte, eine Straßenlaterne brannte. Es stand dort ein Häuschen mit steilem Dach, ragte ein Erker über den Fluß hinaus, und mit seinen hohen, spitzen Fenstern und der grauen Schieferabdeckung, die nun überzogen war von der glitzernden Schneehaube, wirkte es wie eine gotische Kapelle. Über dem weiten, stillen Saaletal spannte sich der klare, schwarze Himmel mit den unruhig flackernden Sternen, da und dort waren die Schritte der Menschen zu hören, die zur Kirche gingen und – weil es so kalt war – wenig redeten. Und plötzlich fingen die Glocken der Kirche zu läuten an, mit einem sehr vollen, vieltönigen Gesang, der über dem Schnee und der reinen Luft so prachtvoll getragen wurde, daß die Mutter ste-

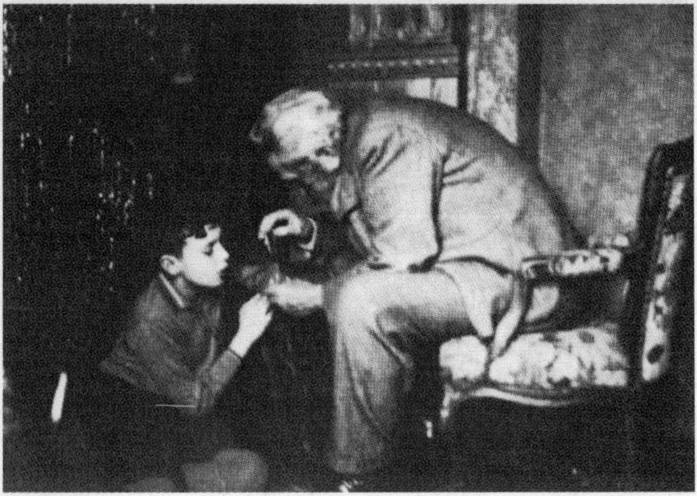

*Vater und Sohn Max Kruse
im Weihnachtszimmer.
Der Vater bemüht sich, die elektrische
Eisenbahn zu reparieren.*

henblieb, meine Hand fester faßte und sagte: »Ach, hör mal, mein Liebling!« Als ob ich es nicht hätte hören müssen, so erfüllt war ich ja selbst bis innen hinein vom Vibrieren der Tonschwingungen. Mehr sagte die Mutter nicht, doch ich verstand auch so, daß sie glücklich-erstaunt und überrascht den Schritt verhielt, um einer Verheißung zu lauschen, die ihr Herz berührte.

In der Kirche, im kalten, kahlen Raum, bei der Predigt des strengen Pastors und beim kümmerlichen Gemeindegesang vernahm sie die Botschaft nicht mehr, da bekam sie, wie sie bemerkte, kalte Füße.

Daheim dann wurden die Kerzen noch einmal angesteckt, weiße Wachskerzen. Niemand wurde gedrängt, ins Bett zu gehen, auch ich nicht, der Kleinste. Mit wachsender, immer mühsamer bekämpfter Müdigkeit blieb man noch einige Zeit »unter dem Baum« beisammen. Der Vater saß schweigend im Ohrensessel und rauchte den kräftigen Stumpen, während er mit der linken, knochig ausgearbeiteten Bildhauerhand einen Marsch auf die Armlehne klopfte, die Geschwister plauderten bei ihren Geschenken. Und langsam brannten die Lichter herab. Man ließ sie ausgehen, zu vorgerückter Stunde wurden sie nicht mehr erneuert. Wenn die letzten noch leuchteten, kurze Stummel, mehr und mehr in ihrem Bett flüssigen Wachses versinkend, dann rief die Mutter mich zu sich. Ganz still hatte ich neben ihr zu stehen, an sie gelehnt, und während die Dunkelheit in der Weihnachtsstube wuchs, mußte ich zu den letzten Kerzen schauen; wie sie zuckten, sich neigten, abrissen, wieder aufflammten, und endlich erloschen. In meinen Augen, wo sie sich winzig widerspiegelten, wollte die Mutter sie ausgehen sehen.

So war es am Heiligen Abend, an den Feiertagen, und an Silvester. Aber der Heilige Abend übertraf alle anderen.

Wenn ich am nächsten Morgen, am ersten Feiertag, voll Freude über meine Geschenke sehr früh schon im Bademantel hinunterschlich ins Weihnachtszimmer, um mit ihnen zu spielen, dann überfiel mich das frühe Tageslicht ernüchternd. Noch war die Weihnachtszeit zwar nicht vorbei, noch war man zusammen, eine volle Woche, es gab noch Gänsebraten und Torten und viele Stunden der Gemeinsamkeit. Aber es war trotzdem alles entzaubert. Nie mehr würde es sein wie gestern Abend.

Hatte ich Glück, dann durfte ich mit den großen Brüdern ein wenig Eisenbahn spielen. Es war eine Mammutanlage, die Schienen, die den Strom führten, hatten eine Spurbreite von etwa 10 cm und schlängelten sich mit Weichen und Kurven durch alle drei Räume. Einen Trafo gab es nicht, die Bahn fuhr mit 110 Volt, und wenn ich die beiden Schienen versehentlich gleichzeitig berührte, dann bekam ich »einen gewichst«, einen elektrischen Schlag, der nicht von Pappe war.

Am Abend zog der Vater das Grammophon auf und ließ Heinrich Schlusnus »O du mein holder Abendstern« singen. Die Mutter schätzte seinen sanften Bariton über alles. Doch eigentlich tönte die Tannhäuser-Arie recht blechern aus dem Trichter, und wenn die Feder nicht richtig aufgezogen war, dann sank die Stimme mit ersterbenden Silben in unverständliche Tiefen.

Auch der Vater sang den Tannhäuser, seine Stimme war kraftvoll und wohltönend, längst kein Tenor mehr, ein Baß-Bariton. Am liebsten jedoch trug er die Lieder vor, die er schon in seiner Jugend gesungen hatte, Carl Loewe vor allem, der bei seinen Eltern ein- und ausgegangen war.

Die Schwester Maria begleitete ihn am Flügel ... im Eßzimmer stand das Instrument. Der Vater wendete der feierlich gestimmten Familie seine imponierende Figur zu und das Gesicht mit dem wallenden Bart. Er trug stets einen grauen Anzug aus derbem Stoff mit Pfeffer-und-Salz-Muster. Sein Bauch gab der Weste eine bedeutende Form. Unter seiner Wölbung schaukelte die goldene Uhrkette.

Gern sah ich zu, wie diese Kette bei jedem Atemzug langgestreckt wurde und sich – indem der Wohlklang aus dem Mund strömte – wieder locker senkte, hin und her, während der Vater von der Uhr erzählte, die er stets bei sich trug, wo er ging und stand. In der Mutter Augen standen Tränen. Und draußen, ums Haus, war Winter.

Winter

Der Winter war vielerlei, er war Nässe, Nebel und Kälte, es schneite ja selten in Mitteldeutschland, meist war es nur grau und feucht. Aber zum Winter gehörte auch die behagliche Wärme der Kachelöfen, Stunden des Lesens und Träumens, Langeweile kannte ich nicht. Der Winter begann mit meinem Geburtstag im November mit vielen Geschenken, Weihnachten kam danach und Silvester – und irgendwie war der Winter dann fast schon wieder vorbei, obwohl er doch eigentlich erst richtig begann. Ich lebte von früh auf immer in der Zukunft, was gerade anfing, besonders wenn es schön war, wußte ich im voraus schon vergangen. So lebt man in Kummer.

Einmal brach der Winter mit einer Kälte ein, wie seit vielen, vielen Jahren nicht mehr, so sagten die Erwachsenen. Es war der bitterste Frost des Jahrhunderts. Die Mutter füllte das Vogelhäuschen mit Körnern und Brotkrumen, sie machte es rasch, sie öffnete das Fenster nur kurz, sie zog sich vorher die »Katze« an und schlug den Pelzkragen hoch. Denn die Luft, die ihr von draußen entgegenschlug, war eisig.

»Die armen, armen Pieperle«, klagte die Mutter.

Und die Vögel kamen. Sie schwirrten an und schwirrten davon, ich hielt mich im Hintergrund, beobachtete die Spatzen, Dompfaffen und Kernbeißer.

In dieser Wintererstarrung litten auch die Menschen. Von Arbeitslosigkeit, Armut und Hunger hörte ich täglich, obwohl ich nichts davon sah. Aber ich war verwirrt, denn die Mutter klagte viel, sie schlief wenig und ruhelos. Auch die Mitarbeiter in der Werkstatt waren bedrückt. Es war viel von »gemeinsam durchstehen« die Rede. Aber was das nun eigentlich war, »arbeitslos«, das konnte ich mir nicht recht vorstellen, es war doch eigentlich schön, nicht arbeiten zu müssen.

Es gab aber schlimme Geschichten, über die Not von Hänsel und Gretel zum Beispiel. Freilich war das nur ein Märchen. Anders im Lesebuch, da wurde von einer Arbeiterfamilie erzählt, die weinend ihre Wassersuppe löffelte, mit abgehärmten Wangen. »Abgehärmte Wangen« – das war wohl bitter.

In Kösen brach die Wasserversorgung zusammen. Nur zu einer bestimmten Stunde, mittags, teilte man Wasser aus den Hydranten aus. Dann liefen die Männer und Frauen, vermummt, mit langen hängenden Mänteln, Mund und Nase unter dem Schal und eine Wollmütze über den Ohren, mit Krügen und Eimern herbei. Der nächste Hydrant war an der Ecke beim Schuster Bauer. Eigentlich war ja der Hydrant zum Feuerlöschen da, aber nun sprudelte der Strahl in die Gefäße, und wenn man auch nur ein bißchen über die Füße bekam, bildete sich dort eine Eisschicht. Es sah lustig aus, wie die Männlein und Weiblein gleich Gnomen aus den Häusern huschten, schwarze Figuren, die den Platz belebten, die Eimer abstellten und sich die

Arme um die Schultern schlugen. Da wurde nicht viel geredet, man steckte lieber den Mund tief in die Wolle.

Das war aber der kälteste Winter, den ich jemals erlebte. Sonst waren die Monate eher mild, und wenn sie freundlich waren, legten sie weiche Pelzmützen auf die Äste.

Auch Glück brachten sie – wir rodelten mit einem Bobschlitten, der hatte vorne zwei einwärts aufgebogene Hörner und wurde mit einem Holzrad gesteuert. Hinunter ging es, eine Rodelbahn zwischen Tannen und Kiefern, auch über Geröll und Stein, nicht immer reichte der Schnee. Mit dem Bob war ich begehrt, alle wollten mit mir rodeln, unten war eine scharfe Kurve nach rechts, überhöht, das fanden wir toll – und schön war es sogar, über den Wall hinauszuschießen. Dann kugelten wir übereinander.

Wir Kinder trugen Gamaschenhosen und hochgeschnürte Stiefel, die Mädchen Röckchen und Jacken und bunte Wollmützen, bis über die Ohren.

Selten gab es so festes Eis, daß die Saale zufror, über dem Wehr, wo die Strömung aufgehalten wurde. Doch dann kam da alles zusammen, die Ufertreppen hinab und auf die glitzernde Fläche. Daß man hinüber und herüber konnte, ganz ohne Brücke und auch ohne Fähre, die festgeklemmt lag, das war schön. Kam es vor, daß das Eis nicht hielt, daß einer einbrach und mit Leitern und Stangen herausgezogen wurde, sprach man lange darüber. Und die Mutter bat uns, das Eis auf der Saale zu meiden.

Hinter dem Kloster Schulpforta wurde ja stets eine ausgedehnte Wiese überflutet, die lag zwischen der Pappelallee und dem Laubwald, der jetzt kahl war und verschneit. Der Bruder Friedebald fuhr mit mir hin, in der Blauen Tante, die Schlittschuhe am Strick um den Hals.

Da war der Platz voller Kinder und großer Leute, sie übten Schritte und glitten dahin, kreuzweise die Paare untergefaßt, mit ausgebreiteten Armen die Einzelnen. Rasch leierten wir uns die Schlittschuhe unter die Stiefel, sie hielten selten und wackelten immer. Doch Friedebald sauste davon. Er hatte ein Mädchen aus Naumburg gesehen, Zöpfchen und lustige Augen. Sie war mit dem Schlitten da und er schob sie, die Hände auf ihren Schultern.

Er sah mich nicht mehr. Mir war's recht, ich stolperte so vor mich hin.

Man kann an alte niederländische Bilder denken, man braucht nur ein wenig Phantasie, und die Jahrhunderte verschwimmen. Die Unterschiede der Kleidung vergehen, die Gruppen und Figürchen sind nicht dieselben, doch fast die gleichen. Sie wirbeln und wirbelten durcheinander. Von Bruegel gemalt, könnte auch die Kulisse sein, das Kloster Schulpforta im Hintergrund, die grauen Schieferdächer, die spitzen Giebel und Türme hinter der Mauer.

Am Abend läuteten dort die Glocken, es war ein helles Bimmeln, wie zum Gebet.

Verträumt stand der Bruder im Bus, die Eisenkufen vor seiner Brust stießen zusammen und klirrten. Gern hätte ich teilgenommen an seiner Verliebtheit, gern hätte ich viel erfahren, Geheimes, Verwirrendes. Doch der Bruder schwieg. »Daß du mir ja deine Klappe hältst«, das war es, was ich zu hören bekam.

Daß der Winter verging, der Frühling kam, mit fruchtbarer Feuchtigkeit, erkannte ich auch an den Hamburger Zimmerleuten. Wenn sie wieder wanderten, dann wußte ich, daß Rodelschlitten und Schlittschuhe endgültig auf den Speicher gehörten. Sie kamen ausgreifenden Schrittes über die Brücke, um deren Pfeiler die Schmelzwasser schäumten. Sie erschienen mir wie Fabelwesen. Ganz in Schwarz waren sie gekleidet, in schwarzen Samt, die langen Hosen unten trompetenförmig – sehr weit. Die Burschen waren schlank und muskulös, sie hatten kecke weiß-rot gemusterte Tücher um den Hals und auf den Köpfen schwarze Schlapphüte, riesengroß. Ihr Zunftzeichen war ein schwarzer Spazierstock aus gedrechseltem Holz, er drehte sich in einer Spirale vom Boden hinauf zur kräftigen Faust.

Aus Hamburg kamen sie übrigens nicht, nur ihre Vereinigung nannte sich so. Schön stellte ich es mir vor, so über das

Land zu ziehen und mal hier, mal dort bei einem Meister anzuklopfen – vor allem, wenn er auch eine schöne Tochter hatte.

Auch bei uns gab es Meister, zwei Schuster, ganz in der Nähe.

Der netteste arbeitete gleich gegenüber, er machte die Sohlen und Absätze neu. Schuster Simon hieß er, klein war er und schmächtig, ging stets gebeugt – und klein und gebeugt mußte er sein, denn auch seine Wohnung war klein, im Hinterhaus, und die Werkstatt war niedrig, die Decke hing tief.

Vorn in der Werkstatt hatte er seine Regale mit den lagernden Schuhen, hinten arbeitete er, eine Stufe empor, noch niedriger der Raum, ringsum Fenster. Kaum Platz zum Treten, alles war vollgestellt, Tischlein, Nähmaschinen. Auf dem Boden lagen die Lederreste und Werkzeuge herum. Aber er fand doch, was er brauchte unter den Sohlen, Pfriemen, Hämmern, Lochzangen, Schachteln, Büchsen, Holznägeln, Stricken und Fäden, unter all den gerollten Häuten, zerschlissenen Schuhen.

Immer war er, einen Faden zwischen den Lippen, an der Arbeit. Behende schlug er die kleinen, angespitzten Holznägel in die vorgebohrten Löcher der Sohlen, und manchmal erzählte er von seiner Handwerksburschenzeit.

Daß er Sozialist, sogar Kommunist war, daraus machte er keinen Hehl, als aber Hitler an die Macht kam, übte er sich im Schweigen, und so überstand er die Jahre.

Im Frühjahr entschloß sich die Mutter wohl auch – seufzend – die Schneiderin aufzusuchen. Manchmal begleitete ich sie. Über der Kirche, neben der Schule, am Schuppen der Zimmerei Kotte war ihr kleines »Atelier«, eine hölzerne Außentreppe empor, unter den Bäumen des Laubwalds.

Eng und fast düster war es hier, doch die Sägen kreischten und das frische Holz duftete.

Die Schneiderin steckte der Mutter das Kleid, sie hatte die Nadeln im winzigen Kissen, das klemmte über dem linken Handgelenk. Gern machte sie es der Frau Professor recht. Ein dunkles Kleid sollte es sein, ein Kleid, das sie tragen konnte, wenn sie die Kunden besuchte, ein Kleid aus weich fallendem Wollstoff, aus dünnem aber, denn es wurde ja Sommer – und vor allem solide. Auch von Chiffon war die Rede, von Seide, von Samt und von Taft. Aber dünne Wolle war doch das gegebene für die Frau Professor, zurückhaltend und strapazierfähig, auch fror die Mutter ja leicht. Aus ganz winzigen, ganz feinen Glasperlchen, Stück für Stück nebeneinander und bunt, wurde eine Borte gestickt, vier Zentimeter breit, sie bildete den hochstehenden Kragen und fiel vor der Brust herab, ein wenig seitlich versetzt.

Die Mutter stand lang vor dem Spiegel, eine kleine Frau war sie, manche nannten sie winzig, ich sah es jetzt auch, neben der Schneiderin, und beide gar doppelt, von vorn und von hinten. Nicht so recht glücklich schaute die Mutter sich an. Und draußen, auf der Treppe, sog sie die laue Luft ein und seufzte: »Das wäre mal wieder geschafft, gefalle ich dir?«

Ich freute mich, daß die Sägen sangen, ich sah es gern, wie sie sich ins Holz fraßen und die Bretter zerteilten.

Der Esel

Das Frühjahr, der Sommer, der Herbst – das waren Jahreszeiten auch wieder für Rosinchen, die Eselin. Sie gehörte zu meiner Kindheit, die zierliche, mit den spielenden Ohren, dem tiefen Blick, den schmalen Fesseln und dem staubigen Fell. Sie war so selbstverständlich vorhanden wie das Haus, der Garten, die Werkstätte und alle Geschwister.

Als ich auf die Welt kam, war sie schon da, mit ihrem historisch bemalten Wagen. Da war sie schon lange im Güterwagen aus Sizilien über die Alpen in den Norden verschickt worden.

So nahm ich sie in mein Bewußtsein auf wie Bäume, Wolken und Himmel, wie Hunde, Hühner und Katzen. Schon in meinen Windeln wurde ich an ihr Geschrei gewöhnt, an ihr Röcheln, ihr herzerschütterndes Klagen.

Doch lange machte ich mir nichts aus ihr. Das war wohl auch besser so, denn Rosinchen biß unversehens zu, mit starken,

Der sizilianische Eselwagen im vollen Schmuck,
mit den Kruse-Kindern (von links nach rechts)
Hanne, Max, Friedebald und Michel

gelblichen Zähnen. Ich wußte später noch oft ein Lied davon zu singen. Plötzlich hatte sie mich am Oberarm! Ich brüllte mörderisch, die Mädchen stürzten an die Werkstättenfenster, Ewald Wagner rettete mich, man bestrich die Wunde mit Salbe – die Abdrücke leuchteten blau und rot noch lange auf meiner Haut.

Und doch war sie reizend mit ihrem samtweichen, ins Weiße spielenden Bauch, auf dem die rosa Brustwarzen wie Knöpfchen standen. Der Vater hatte sie ursprünglich einfach »Asina« genannt – lateinisch für Eselin – aber alle sagten Rosinchen.

Sie war die vollkommene Kapitalistin an Grund und Boden. Behaglich warm war ihr Stall, gedämpft das Licht, und immer war reichlich Hafer in der Krippe. Sie erging sich im Freigehege neben der Werkstätte und wurde von den Mitarbeitern durch den Zaun gefüttert. Bei Regenwetter schlüpfte sie unter ein Dach, stand da fast unbewegt, den Kopf gesenkt, die Augen schimmernd. An schönen Tagen graste sie im Park zwischen den Fliederbüschen, den Akazien und dem Maulbeerbaum, zerknickte Narzissen und Kaiserkronen.

Ganz früher waren meine Geschwister viel mit ihr ausgefahren, in einem kleinen Leiterwagen, ich stieg lieber in den Sattel. Da hockte ich mehr als nachlässig, mit rundem Rücken, in kurzen Hosen, mit nackten Schenkeln und rutschenden Strümpfen. Immer wieder versuchte ich, Rosinchen selber anzuschirren, stolperte mit dem Zaumzeug hinter ihr her, um sie in eine Ecke oder in ihren Unterstand zu drängen. Aber sie bockte, kobolzte und trabte, schlug aus und galoppierte – als ob sie sich über mich lustig machte. Dann kam Ewald Wagner, sagte nicht viel, drückte Rosinchen gegen den Zaun, zwängte ihr die Trense zwischen die angewidert entblößten Zähne – und warf den Sattel auf ihren Rücken.

Wie rätselhaft, daß dieses Tier mit den zerbrechlichen Fesseln nicht nur den eigenen runden Bauch, sondern auch noch einen ausgewachsenen Mann tragen konnte! Das machte sie aber mühelos. Sie tänzelte auf winzigen Hufen, hatte ein dunkles Kreuz im hellgrauen Fell und ein unglaublich kräftiges Genick, ein muskulöses Fettpolster. Ihre dunkle Mähne war stets verzottelt und der dünne, in einer Quaste endende Schwanz spielte nervös um ihre Hinterbeine.

War sie einmal gesattelt, konnte ich mit ihr ausreiten, über die frischen Wiesen oder über die Stoppelfelder, von denen die Krähen aufstoben; durch den Wald, der sich kilometerweit um Bad Kösen ausdehnte. Sie trottete dann meist ruhig dahin, trabte nur ungern – und um sie zu einem kurzen Galopp zu bringen, bedurfte es wilder, hektischer Zurufe, Schläge mit dem Zügel, Püffe und Knüffe mit den Absätzen in die Weichteile. Dann – vielleicht – tat sie mir widerwillig den Gefallen, schüttelte kurz den Kopf, schnaubte und schnaufte, und trottete bald wieder in gedämpftem Tripp-Trapp über den weichen Boden, durch Laub, Farnkräuter und Waldmeister. Die Vögel krakeelten, Äste knackten, Spechte klopften, der Kuckuck rief und Rehe sprangen erst spät, fast nachlässig davon.

Auf ihre gemächliche Art trug mich Rosinchen durch die nähere und weitere Umgebung, bis hinauf zum Napoleonstein, wo man auf die Saale, nach Naumburg und Freiburg an der Unstrut hinabblickte. Am liebsten ritt ich auf den sanften Hügel des Galgenberges. An schönen Tagen sah ich die weißen Wolken über den Dächern Kösens, wurde es später, sank die Sonne hinter die Höhenzüge, der große, flammende Ball. Und ich stellte mir vor, wie hier in jenem Kreis, auf dem jetzt Akazien wuchsen, die Galgen standen, einer neben dem anderen, und wie schrecklich sie wohl aussahen, die schlaffen Leiber am Strick.

Ging es heim, witterte Rosinchen bald ihren Stall. Dann fiel sie von selbst in den Trab und alsbald begann sie zu galoppieren, und zwar unaufhaltsam! Da machte ich keine gute Figur, ich hüpfte, angelte nach den verlorengegangenen Steigbügeln, klammerte mich an den Sattelgriff und konnte nur hoffen, daß die Werkstättentore entweder ganz geschlossen waren oder daß sie weit offen standen. Denn war nur die rechte Hälfte des Tores geöffnet, dann versperrte der Querbalken der linken die verbliebene Breite der Einfahrt. Rosinchen streckte den Hals und schlüpfte glatt unter dem Balken durch, mir aber schlug er gegen den Bauch. Hatte ich Glück, hing ich darauf, festgeklammert, unter mir nichts, denn mein Esel war längst im Stall.

Manchmal mußte ich mit dem Geschirr zum Sattler, er wohnte weit hinter dem Bahnhof in einem Block schmalbrüstiger Anwesen. Hier war alles ärmlich. Man stieg zur Werkstatt hinauf wie in einen Hühnerstall. Doch oben waren vier große Fenster, nie geputzt, verschmiert, verziert mit Spinnweben und lange schon verhungerten Insekten. Ich kniff nur die Augen zu, dann sah ich die hübschesten Muster, feine Zeichnungen, verwischt und radiert.

Schien die Sonne, fand ich es schön hier. Sie brachte all die Riemen, Streifen, Gürtel und Häute zum Leuchten. Dazu kam der Duft des gegerbten Leders, der so ganz anders war als der des Holzes in der Zimmerei oder der Geruch nach Eisen und Qualm in der Schmiede.

Der Sattler war freundlich, meist erledigte er die kleinen Reparaturen am Zaumzeug schnell mit Ahle und Lochzange, auf dem Nähkloben und mit dem scharfen Messer. Er arbeitete immer allein, war äußerst wortkarg und wie eingesponnen in Geschichten, die ich nie zu hören bekam. Ich stand nur daneben, schaute zu, wartete – und war schon wieder davon.

Beim Schmied war es anders. Zu ihm mußte Rosinchen mitkommen. Die Schmiede lag am Ende einer kurzen, parallel zum Fluß verlaufenden Sackgasse, vor den Wiesen. Auch hier waren die Häuser alt und niedrig – im letzten stand der Amboß.

Hier rauschte die Saale wild durch die Brücke, sie kam vom Wehr, und oft trieben die Flösser vorbei, nachdem sie über das Wehr hinabgeschossen waren. Nun hatten sie die breite, ruhige Stromlandschaft vor sich. Noch einige Biegungen, dann sahen sie Naumburg und seine vier grauen Domtürme.

Rosinchen mußte aber nicht zum Beschlagen zum Schmied. Sie hat nie Eisen getragen. Ihre Hufe traten sich breit, dann lief sie wie in ausgefransten Pantoffeln. Seltsam widerstandslos, als wüßte sie, daß jedes Aufbegehren am Ende doch zwecklos sei, ließ sie sich die kleinen Hufe nach hinten heben und das Horn beschneiden.

Oft mußte ich mit ihr warten, dann wurden Pferde beschlagen – die Kraftpakete der Brauerei, der schmächtige Braune der Postkutsche, der Schimmel des Kaufmanns oder die Gäule der Bauern. Der Schmied säuberte die Hufe und trieb die selbstgeschmiedeten Nägel durch die neuen Eisen ins Horn.

In der Schmiede war immer Lärm und Geschrei, in der Esse loderte das Feuer und der Hammer klang.

Zufrieden trottete Rosinchen danach über das Kopfsteinpflaster zurück, mit sauberen, wohlgeformten Hufen. Heim in den Stall, auf die Wiese.

Nur einmal mußte sie selbst hart arbeiten!

Es fing recht harmlos an. Immer wieder hatten Kinder von Kurgästen darum gebeten, auch einmal reiten oder ausfahren zu dürfen. Friedebald und ich kutschierten sie, wenn wir sie mochten, manchmal im sizilianischen Karren, dem ungefederten, ohne Sitzbank. Die Kinder kauerten auf dem harten Holz und hielten sich an den Ritterköpfchen fest. Sie hatten auch jeden

Eselritt auf »Rosinchen« über die Höhen des Galgenberges

Halt nötig, denn der hübsche Wagen sprang, wippte und rumpelte.

Vielleicht kam Friedebald bei diesen Ausfahrten auf seine Idee, aus dem Esel Kapital zu schlagen. Der Anlaß jedoch war ein verlorener Regenschirm, der Schwester Fifi war er abhanden gekommen, das Klagen war groß.

Aber bald hatte sie ja Geburtstag, im August, in den großen Ferien. Ein neuer Regenschirm mußte her, Friedebald beschloß es, ein schönes Geschenk für die Schwester. Nur: woher nehmen? Eine solche Anschaffung überstieg die Möglichkeiten des Zwölfjährigen bei weitem. Sein Sparstrumpf gab nichts her. Und eigentlich sollte das Geschenk ja auch erarbeitet werden.

So stand er eines Nachmittags am Gradierwerk, selbstgemalte Plakate hingen an den Bäumen »Eselreiten 10 Pfg«. Den Esel führte er hinter sich – und er brauchte nicht lange zu warten. Im Nu war er umringt von schreienden Kindern, im Nu auch plünderten diese ihre Handtaschen, oder sie suchten ihre Eltern.

Der Bruder Friedebald bekam zu tun. Er geriet außer Atem, er mußte rennen, die Kinder verlangten es, eine Strecke ging er gemächlich, dann aber im Trab, und zurück im Galopp. Da kam auch der Bruder in Schweiß. Und am Startplatz standen schon andere, warteten. Da hielt das Kassieren sehr auf – Geld wechseln – und rechnen – ein Gehilfe mußte her. Ich ließ mich breitschlagen, Friedebald versprach mir 10 Prozent der Einnahmen. Später reute ihn seine Großzügigkeit, verschlagen meinte er: »Du kannst natürlich auch fünf haben, wenn dir das lieber ist.«

Ich war sehr beschäftigt als Ordner und Kassierer, mit einer schwarzen Umhängetasche, während der große Bruder mit offenem Hemd um den Platz trabte und abmagerte.

Der Regenschirm wurde gekauft, dann waren die Ferien zu Ende – das Gewerbeamt rief bei der Mutter an: Der Bruder hatte keinen Schein und das Unternehmen verstieß gegen die Ordnung.

Im nächsten Jahr allerdings telefonierte der Kurverein – die Gäste beklagten sich, die Attraktion für die Kinder fehlte. »Ja, Tableau!« sagte die Mutter. »Da beschweren Sie sich mal ein Zimmer weiter bei ihrem Gewerbeamt« – und der Bürgermeister erteilte eine Ausnahmegenehmigung – mit vielem Dank.

Bruder Friedebald aber mochte nicht mehr. Er wurde zu sehr strapaziert. Auch war der neue Regenschirm ja noch da – so übernahm ich das Unternehmen – ohne Gehilfen. Die Groschen waren mir heilig.

Abends stapelte ich emsig einen auf den anderen, je zehn, Türmchen für Türmchen. So ließen sich die Mark leichter zählen. Es kam was zusammen. Ich legte mein Kapital in Büchern an, trug das Geld zum Buchhändler Donath und schleppte Gedrucktes nach Hause: Abenteuer und Spannung.

Von klein auf war ich ein zartes Kind und wurde von der Mutter noch übermäßig verzärtelt. Vielleicht war es sogar eine echte Krankheit, eine Unordnung des Wachstums, die sich in Fieber äußerte, immer wieder. Ich sehe mich in einem Zimmer, erst wenige Jahre bin ich alt, die Mutter steht vor mir und ein Arzt. Sie sehen mich besorgt an – es ist etwas mit meinen »Drüsen«, sie sitzen irgendwo im Inneren meines Körpers und sind blutig, weich und fleischig wie Pflaumen.

Gelitten habe ich aber nie, die Krankheit kam ohne Schmerz, mit wohltuender Mattigkeit, und ich verdanke ihr die Befreiung von vielen Lasten und Anstrengungen.

Oft besuchte ich den liebenswürdigen, väterlichen Sanitätsrat Riemann in seiner Praxis, erster Stock, nahe dem Hotel »Mutiger Ritter«. Er bewohnte ein Biedermeier-Haus, aus der Zeit, als Goethes Arzt Hufeland die segensreiche Wirkung der Kösener Sole erkannte und das Bad in Mode brachte. Wilder Wein deckte die lange Seitenfront wuchernd zu – flammend im Herbst. Und der alte Sanitätsrat war auch eine biedermeierliche Erscheinung, behäbig, still und gütig. Er drückte mir das hölzerne Rohr an die Rippen, es schmerzte, denn ich war dünn. Er lauschte, befühlte die Halsmandeln und ließ sich den Schlund zeigen, indem er mir den Spachtel in den Rachen schob. Aber sonst war alles freundlich, die Praxis war eine gemütliche Stube mit Lehnstuhl und Schreibtisch, Vitrinen und Stichen an den Wänden.

Manchmal brachte ich ihm am Morgen ein vor dem Frühstück gefülltes Fläschchen. Der Inhalt war gelb und warm, man wickelte es in Zeitung, damit es die anderen Leute nicht sahen. Sie hätten sich geekelt, und ich hätte mich geschämt. Dr. Riemann ekelte sich nicht, er füllte das Gelbe in längliche Gläser und schüttelte sie über der Spiritusflamme, betrachtete sie gegen das Licht – doch auch danach blieben es die Drüsen. Er schrieb lateinische Wörter auf ein Rezept. Ich trug sie in die Apotheke, wo der Apotheker sie in weiße runde Pastillen verwandelte, in ein Pulver oder in eine Flüssigkeit. Mir war alles recht, wenn es kein Lebertran war.

Zur Apotheke mußte ich über die Saale-Brücke, am Schreibwarengeschäft Donath vorbei. Zuvor ging es unter der Bahnüberführung durch. Wenn die Züge kamen, donnerte es, die Eisenträger über mir bebten, es war immer zum Fürchten, aber auch schön.

Vor der Apotheke war ein winziger Garten, das Haus war niedrig, das Dach tief herabgezogen. Auch die Apotheke verdankte es Hufeland, daß sie eine Goldgrube war. Die Theke und die Wandregale waren aus Nußbaum, es roch nach heilkräftigen Essenzen, rings standen weiße Porzellantöpfe mit kleinen Kugeln auf den Deckeln, die mich an Zuckerbonbons erinnerten.

Ich schluckte die Pastillen des Apothekers nicht ungern, sie schmeckten nicht bitter und halfen sie nicht, so verschlimmerten sie doch nichts. Und grad so war es recht, denn so blieb alles angenehm in der Schwebe. Wären sie heilsam gewesen, dann hätten sie ja meiner Freiheit geschadet und ich hätte Tag für Tag in die Schule gemußt, was bestimmt sehr schädlich gewesen wäre. Doch das geschah nicht – glücklicherweise. Ich war nie ganz gesund und nie ganz krank. Es war eine interessante Anfälligkeit und sie gehörte genauso zu mir wie mein magerer Körper. So war ich nun einmal: zart und kränkelnd.

Sicher hätten ein energischer Vater oder eine andere Mutter mich anders aufgezogen. Der Vater aber kümmerte sich nicht mehr. Und die Mutter hielt nichts von Gewaltkuren, gleich gar nichts von spartanischer Erziehung. Anfallsweise versuchte sie es mit mäßiger Abhärtung. Dann machte sie mir Priesnitzumschläge, rieb mich mit kaltem Wasser und Franzbranntwein ab. Aber wenn das Fieber kam – und es kam immer – dann steckte sie mich sogleich ins gemütliche Bett.

Sie fürchtete vielleicht eine Tuberkulose und dachte an den Tod ihrer Mutter. Sie sorgte sich, ich könnte etwas geerbt haben. Sie kannte ja ihren »Ibsen«. So meinte sie vielleicht: dumm darf er bleiben, aber am Leben. Mit Dummheit kann einer leben bis ins hohe Alter, mit dem Tode nicht. Außerdem fand sie mich ja nicht dumm, ich lernte nur nichts.

Ein schmächtiges Kind war ich, ging gebeugt, gebückt, da traten die Schulterblätter vor. »Herzblatt, halt dich doch gerade«, bat die Mutter, manchmal packte sie auch meine Oberarme und preßte sie schmerzhaft zurück. Ich schwieg, schüttelte alles ab, schob die Unterlippe vor, an die vorstehenden Zähne. »Schön siehst du aus mit dem Flunsch«, spottete sie, »wenn du dich selber sehen könntest ...« Ich verdrückte mich, der Kopf war wieder unten, der Blick irgendwo auf dem Boden. Immer dachte ich an irgend etwas, immer hatte ich Pläne, Träume.

Der Sanitätsrat konstatierte eine Verbiegung der Wirbelsäule, er riet zu Gymnastik, »der Junge soll täglich hängen«, an Ringen – die Ringe wurden gekauft, im Türstock zwischen Wohnzimmer und Mutters Arbeitszimmer befestigt, die Tür war immer offen, der Flügel ausgehängt – manchmal griff ich nach ihnen, meine Fußspitzen berührten den Boden, ich guckte auf den Teppich, er hatte ein Rosenmuster, warum konnte ich diese Rosen nicht in den Garten versetzen? Ich hatte anderes im Kopf, als zu hängen.

Und immer wieder suchte ich das Bett auf, einen Ort äußerster Behaglichkeit. Hier war ich geschützt vor jedem Unbill. Hierher flüchtete ich mich mit glühender Stirn und glänzenden Augen. Da hatte ich Ausschneidebögen zum Zusammenkleben, ein Tablett auf den Knien, stinkendes, stark pappendes Syndetikon, viele Spielzeuge, Steckbaukästen und Mosaike, die Strickliesel. Ich hatte Bilderbücher in Fülle, eine ganze Schublade voll in der Kommode unter dem Bild vom Faun. Die Schublade war so schwer, ich vermochte sie kaum aufzuziehen. Da gab es die Bücher von Ernst Kreidolf und Else Wenz-Vietor, Geschichten von Zauberschlängelchen mit Goldkrönchen, es gab Erzählungen von Spielzeugpferden, die reden konnten, die Bücher der Josephine Siebe, Kasperles Abenteuer und natürlich Peterchens Mondfahrt. Humpti-Dumpti flog mit einem großen Luftballon – und Dr. Doolittle mit all seinen Tieren war mir der liebste Freund. Paula und Richard Dehmels Rumpumpel stand bei der Mutter in großem Ansehen, ich verstand die Gedichte nicht so gut und las sie mehr ihr zuliebe.

Dies war auch die Zeit meiner glühenden Sonnenuntergänge, ich malte sie mit Aquarellfarbe und Pinsel, auf dem Krankentisch, den man über die Bettdecke schob. Ich steigerte mich in einen wahren Schaffensrausch, malte Meeresbuchten und Segelschiffe im Dutzend – vollkommenes Glück.

Damals schuf ich auch die Gemälde vom Begräbnis des Reichsaußenministers Stresemann. Die Mutter empfand seinen Tod als deutsches Verhängnis. Ich bestattete ihn auf einem hohen Berg im Mausoleum, und britische Soldaten mit Bärenfellmützen marschierten zu ihm empor, unter vielen Pappeln.

Als ich endlich lesen gelernt hatte, erweiterte sich meine Welt fast grenzenlos. Ich las und las, Dutzende, Hunderte von Büchern, bis ich endlich die Höhe der Literatur mit Karl May erreichte. Seine Bände trafen in Stapeln ein, mit der Paketpost, die Witwe des Meisters tauschte mit der Mutter, da kamen auf eine Puppe zehn Titel, das Buch zu drei Mark sechzig. Ich verschlang sie atemlos, das Fieber ging niemals runter, jeden Morgen ein neuer Band, bei siebenunddreißig-acht, jeden Abend die letzte Seite bei neununddreißig-drei, von Stunde zu Stunde kletterte die Quecksilbersäule, Kara-Ben-Nemsi und Hadschi Halef Omar, Old Shatterhand und Winnetou, so hießen meine Bakterien.

Man versuchte auch die segensreiche Wirkung des Kösener Solebades für meine labile Gesundheit zu nutzen, aber sie war wohl das Rechte nicht. Ein- oder zweimal steckte man mich in die grünlich-salzige Lauge. Sie wurde mit Eimern von der Quelle herbeigeschleppt und auf dem Gasofen erwärmt, damit sie meine Konstitution kräftige. Sie kräftigte sie aber nicht, ich war im Gegenteil hinterher über jedes gewohnte Maß hinaus matt, und kroch sofort wieder in die Federn.

Die Mutter verwöhnte mich maßlos, wo sie nur konnte. Gab es Spargel, die ich nicht mochte, schnitt sie mir sämtliche Spitzen ab, so daß für sie selbst und die Geschwister nur die dicken, härteren Stangen blieben. So jedenfalls erzählten es die Brüder und Schwestern, so erzählte es die Mutter selbst, lachend, fand, es sei eine schöne Anekdote. Vielleicht war es nicht einmal ganz so gewesen, aber es hätte zu ihr gepaßt, denn sie liebte es, die anderen zu reizen. Den Geschwistern halte ich zugute, daß es mir keiner nachtrug. Ich selbst wehrte mich, so gut ich es verstand, gegen die einseitige Bevorzugung, durch Abwehr, oder auch durch nachlässiges Hinnehmen. Die Mutter war niemals zu bremsen, niemand konnte sie ändern. Sie blieb überschwenglich in allem, vor allem in ihrer Liebe zu mir. Hie und da entschuldigte sie sich: »Ein guter Charakter kann gar nicht verdorben werden!«

Ich bin nicht so sicher, ob's stimmt.

Manchmal schickte sie mich ins Kurmittelhaus. Es gab da eine Inhalationskammer, die war voll feuchten Nebels, eine fremde, märchenhafte Welt.

Schon der Zugang war vornehm, zwischen grünen Wiesen und bunten Blumen, ausladenden Baumgruppen. Daneben lag ein dunkler See, auf dem schwammen die weißen Schwäne. Und hinauf schritt man wie in einen griechischen Tempel mit korinthischen Säulen.

In der Halle des Kurmittelhauses umgab mich Vornehmheit. Damen in weißen Mänteln empfingen mich behutsam, zuvorkommend, ich sah erwachsene Menschen hin und her wandeln, das Soleglas in der Hand, ernstlich besorgt um ihr Heil. Mäntel, Schirme und Taschen – alles gab man ab und hüllte sich selbst in einen Kittel.

Dann öffnete sich die Nebelkammer. Da war nur weißes Gewölk, sie erschien unendlich. In diese nebelhafte Unendlichkeit sollte ich – ich blieb zunächst an der Tür, bis sich die Augen gewöhnten. War man drinnen, kamen schattenhafte Gestalten auf einen zu und entfernten sich wieder. In dieser Nebelkammer herrschte auch eine beinahe geisterhafte Stille, man dämpfte unwillkürlich die Stimme oder man sprach gleich gar nicht. Und die wenigen Worte, die man redete, waren wie in Watte verpackt.

Das Fieber wurde durch die nebelfeuchten Kuren auch nicht

gesenkt, die Sole-Inhalationen waren mehr für die oberen Luftwege gut, an diesen litt ich selten.

Wie gut lernte ich damals das Ausweichen vor allen Schwierigkeiten, ins Bett, da war ich geborgen.

Die Schwestern kamen mir wohl auf die Schliche. Einmal – ich mußte endlich zur Schule – schlief die Schwester Hanne in Mutters Bett, um mich zu hüten. Früher Morgen war's, Martha hatte geklopft, ich erhob mich, fühlte mich matt, und da die Schwester scheinbar schlief, stimmte ich ein halblautes Jammern an: »Kopfschmerzen«, klagte ich, »Kopfschmerzen!« Jedoch – die Schwester schlief gar nicht, sie scheuchte mich rüde davon: »Laß das Theater!«

Schmerzen hatte ich dann doch zu leiden, und zwar nicht geringe. Als ich in der Odenwaldschule von dem großen Stein stürzte, hatte ich mir die Unterlippe durchgebissen und für meine Oberzähne war dies ein zu harter Schlag gewesen. Sie schoben sich nach vorn, die vier mittelsten.

Ich begann zu nuscheln. Hielt meist eine Hand vor den Mund. Wenn ich sprach, konnte man mich kaum verstehen. Da wurde Dr. Hildebrandt zu Rate gezogen, er praktizierte in Naumburg gegenüber der Wenzelskirche – immer sah ich die hohen, gotischen Fenster, wenn ich mein entstelltes Gebiß dem Zahnarzt darbot – und nahm es der Gotik lange übel.

Dr. Hildebrandt war zwar ein lieber Mann, aber vielleicht nicht ganz auf der Höhe seiner Kunst – oder die Kunst war damals noch nicht auf der Höhe. Was er in meinem Oberkiefer erprobte, um die aufgebäumten Vorderzähne zu zügeln, war teuer und schmerzhaft, aber nicht hilfreich. Er schliff die gesunden Backenzähne zurecht, umgab sie mit Goldmanschetten, er trat auf den Fußhebel um Bohrer und Schleifscheiben zu betätigen, er ließ es surren und knirschen, worauf ich Zahnstaub auszuspucken hatte. Die Manschetten waren dünn und scharf, sie schnitten schmerzhaft ein, die Klammer, daran befestigt, wakkelte, rutschte empor auf den Vorderzähnen, bis sie tief unterm Zahnfleisch war, wo sie sich wohl fühlte und festsaß – und nichts mehr nützte.

Dr. Hildebrandt fand dies nicht richtig, er überlegte, er zog die Klammer vorn herab, durch ganz kleine Häkchen, die er um die Zähne bog.

Feine, harmlose Gummiringe hatte er auch, er zeigte sie mir, sie waren auch harmlos, solange er sie auf dem Handteller hatte. Schnippte er sie mir aber über Klammer und Manschette, hörten sie auf, harmlos zu sein, der Kiefer mochte sie nicht, er schmerzte, ich weinte.

Der Kiefer wäre zu eng, befand mein Zahnarzt. Dem Druck von außen setzte er den Druck von innen entgegen. Noch eine Klammer.

Und der Kiefer war immer noch zu eng. Ich hatte, befand er, zu viele Zähne. Er nahm einen raus, mit der Zange, der war ganz gesund gewesen, aber eben zuviel, für den Doktor. Jetzt gab's eine Lücke, links. Die war erst voll Blut – und bald war sie nicht mehr da. Da waren die anderen Zähne hineingerutscht. Da war das Gebiß auch seitlich verschoben, was Dr. Hildebrandt wunderte. Er zückte die Zange.

Doch den rechten gesunden Zahn verweigerte ich. Es war ihm dann recht. Vielleicht wäre nun doch eine Lücke geblieben.

Über Jahre hinweg, meine ganze Kindheit und fast meine ganze Jugend, kniff, drückte, peinigte, quälte mich dieses Marterwerkzeug, das ja auch nicht nach erprobtem Plan entstand, sondern in vielen Überlegungen und für den Meister vielleicht selbst quälenden Versuchen – vis-à-vis der gotischen Fenster, und dauerndem Hin und Her mit der Blauen Tante, monatelang, jahrelang. Stets wurden Bohrer und Schleifer wieder betätigt. Dr. Hildebrandt trat den Fußhebel, er wippte selbst nachdenklich und betätigte sich schmerzhaft in meinem Mund.

Ich weinte und fluchte.

Die Mutter blieb diesmal hart. Häßlich durfte ich nicht sein, später, wenn ich ein Mädchen liebte, wenn ich heiraten wollte, dann war das Unglück zu groß.

Es blieb bei der Qual. Es blieb aber auch bei der vorgehaltenen Hand, dem Verlegen-beiseite-Sprechen und dem Nuscheln. Jetzt schämte ich mich doppelt, auch noch wegen der Spange.

So war es viele Jahre, Klappschuljahre, Kinderheimjahre, Pubertätsjahre. Bis ich 17 geworden war, da waren die Zähne endlich gerade. Und Dr. Hildebrandt entfernte die Klammer.

Drei Monate später waren die Zähne wieder vorn. Der Kiefer war zu eng, es war alles umsonst. Jahre später, als ich mich wirklich verliebte, ließ ich mir Jacketkronen anfertigen, in Berlin, bei einem berühmten Zahnarzt und ohne gotische Fenster. Das war aber auch – auf andere Weise – ein Fehler, die toten Stümpfe eiterten, als ich heiratete.

Schule

Die Schule, das Lernen, diese Qualen jeder Kindheit: ganz vermochte sie die Mutter nicht von mir fernzuhalten.

Drei Jahre lang dispensierte sie mich aber – mit Sanitätsrat Riemanns Hilfe. Diese drei Jahre – über das sechste hinaus – blieb ich gänzlich ungeschoren, vielleicht nicht gerade blöd, doch ein Analphabet. Ob der Schulrat dann ein Machtwort sprach, ob er gar mit der Polizei drohte – ich weiß es nicht, ich glaube, die Mutter hatte schließlich doch ein zu schlechtes Gefühl: was sollte aus mir werden? Ein Dichter? Gewiß! – Doch einer, der weder lesen noch schreiben kann, gibt es das?

Herr Wenzely kam ins Haus. Er war Lehrer an der Volksschule. Ich hatte viel nachzuholen.

Die Mutter kaufte ein Pult, mit Bank und Lehne.

Und Herr Wenzely war lieb. Er hatte einen runden Bauch, der war elastisch und gespannt, er schob ihn würdevoll vor sich her.

Ich mußte ins Pult schlüpfen, Griffel und Schiefertafel zurechtrücken und die Fibel öffnen. Viele bunte Bilder sah ich, Tiere und Buchstaben. Der Hahn war das H und der Adler das A, das K das Kaninchen und das F der Fisch. Ich hätte ja lieber die Tiere gemalt als die Buchstaben, doch setzte ich einen neben den anderen, krumm und schief. Der Griffel knirschte, und dann trat wieder der Schwamm in Aktion.

Herr Wenzely litt. Er schritt in der Stube auf und ab. Sein Bäuchlein wippte. Manchmal zog er die Uhr aus der Tasche und ließ den Deckel springen. Dann wieder blieb er stehen, schob sich über das Pult, begutachtete das Werk, sagte enttäuscht in seinem singenden Thüringer Tonfall: »Solln das edwa weeche Bees sein? Die grümmn sich ja vor Machenschmerzn!«

Endlich war mein Können aber doch über Hahn, Fuchs und Adler hinausgewachsen. Nun las ich Herrn Wenzely traurige Geschichten vor: vom einsamen Mägdelein; von den armen Spatzen, die im Schnee kein Futter fanden und von dem Maurer, der im Winter keine Arbeit bekam. Alles Traurige ergriff mich: warum hatte der liebe Gott das so eingerichtet?

Herr Wenzely meinte: »Wenn de größer bisd, wirsdes schon versteeen.«

So lernte ich lesen und schreiben, brauchte mich vor den Gleichaltrigen nicht mehr zu schämen und konnte die Schule besuchen. Neun Jahre war ich inzwischen und trug noch lokkige, braune Haare wie ein Mädchen. Vielleicht hätte mich die Mutter weiter so gehen lassen, hätte mich der Hänselei der Schulkameraden ausgesetzt. Damals war ein Junge mit langen Haaren ja unmöglich, er mußte verrückt sein und aus einer verrückten Familie stammen.

Schwester Fifi brachte mich heimlich und entschlossen zum Friseur. Mir war das recht. Der Meister arbeitete in einer Holzbude, die war unter der Eisenbahn, darüber kreuzten sich Schienen und Autostraße. Und während ich vom Mädchen zum Buben gemacht wurde, auf dem hohen Stühlchen, von dem meine Füße herabhingen; während ich eingehüllt war in das weiße Tuch und mich neugierig-unsicher im Spiegel betrachtete, donnerten über mir die Züge, bebten die dünnen Holzwände, klirrten die Flakons und Gläser. Unter dem Brausen des Weltverkehrs, dem Tosen der Wagen von München nach Berlin, von Köln nach Dresden, fiel der Schmuck meiner frühen Kindheit.

»Ach, du siehst aus!« rief später die Schwester verblüfft und besorgt, als sie mich abholte. Die abgeschnittenen Haare wikkelte sie sorgsam in Seidenpapier – die Mutter daheim tat so, als

Max in seinen ersten Schuljahren in Bad Kösen

fiele sie in Ohnmacht. Sie saß in ihrem Arbeitszimmer, die Schwester stellte mich in den Vorgarten, rief sie ans Fenster – da fiel sie um und war verschwunden. Auf dem Teppich fand ich sie, sie atmete noch. Ich schob ihr das Päckchen mit den Haaren unter den Kopf. Sie erholte sich endlich und fand es schließlich vernünftig.

Für den Schulweg bekam ich ein Fahrrad und liebte es gleich. Nur mußte ich fahren lernen. Die Mutter erzählte, sie habe es selber nie geschafft, auf ein Stoppelfeld war sie gerast und dort gestürzt. Und die Schwester Maria sei sogar gegen die Mauer von Schulpforta geprallt, sie konnte weder steuern noch bremsen. Sie war hinabgebraust, vom Hügel, und die Mauer war so schnell nähergekommen. Maria hatte die Griffe umkrallt – da knallte es auch schon. Das Rad war kaputt, und sie probierte es niemals wieder. Das sagte die Mutter.

Ich wurde am Sattel geführt, bis ich die Balance allein halten konnte – dann radelte ich zum Galgenberg. Wenn ich umkippte und wieder aufsteigen wollte, schob ich das Fahrrad zurück, einige hundert Meter, zu einem Stein, auf den ich das Pedal stützen konnte.

Später übte ich im Werkstättenhof, in der Abflußrinne. Da hatte ich auch eine Art Krampf in den Armen, konnte das Lenkrad nicht bewegen, bis ich im Gulli steckenblieb. Ich verstand meine Schwester.

War das Fahrrad einmal kaputt, dann half Herr Niedergesäß. Seinen Namen fand ich einfach zu komisch! Und er stand auch noch groß und breit auf dem langgeschwungenen Schild über der Eingangstür.

In die Schule ging ich dann lieber zu Fuß.

Nun war ich also bald zehn. War es nicht höchste Zeit, endlich nachzuholen, was ich bis dahin versäumt hatte, worin mir alle anderen weit voraus waren.

Dachte die Mutter auch so? Vielleicht, aber sie sorgte sich um mich. Sie ging mit mir ins Biedermeierhaus. Der Sanitätsrat ließ sich die Zunge zeigen und drückte das Hörrohr an meine Brust – und wieder sprach er von Schonung. Er schrieb einen Brief, den die Mutter dem Schulrat schickte. Mochte der sehen, wie er mit ihr fertig wurde.

Freilich, alles konnte nun nicht mehr vermieden werden, so mächtig war auch die Mutter nicht. Das Allernötigste mußte sein, und allernötigst waren drei Fächer: Rechnen, Deutsch und Geschichte, mehr braucht der Mensch nicht zu lernen, wenn er begabt ist. Leider war es nicht möglich, den Stundenplan so zu gestalten, meinetwegen, daß diese drei Stunden immer zusammenlagen, sie waren – schien mir – recht willkürlich über die Woche verstreut. Da gab es Tage, an denen mußte ich gleich dreimal zur Schule, mit jeweils einer Stunde Erholung dazwischen. Klappstunden nannte man diese Zeit, vom Zuklappen des Pultes. Ein andermal ging ich nur einmal um Acht und war ab Neun wieder vogelfrei, nach zehn Minuten Hausaufgaben für den nächsten oder den übernächsten Tag.

Oft – wenn die anderen über den Heften schwitzten – trieb ich mich im Wald hinter der Schule herum und sang laut unter grünen Buchen. Damals wucherte meine Phantasie – Zucht und Ordnung lernte ich kaum. Wenn es regnete, saß ich auf der steinkalten Treppe im Schulhaus und las.

Das Kösener Schulhaus sah einem Gefängnis sehr ähnlich, es war ein grauer Kasten, drei Stockwerke hoch, ohne Schmuck, öde Fensterreihen, trist. Das Treppenhaus war dunkel, die Klassenzimmer scheußlich, drangvolle Enge, Sitzbank an Sitzbank, das Pult des Lehrers, die schwarze Tafel, ein Schrank, ein Stöckchen und das Bild des Herrn Reichspräsidenten von Hindenburg. Er schaute sehr greisenhaft, aber doch väterlich auf uns Kinder herab.

Die Klassen waren überfüllt, wir waren wechselnd zwischen vierzig und sechzig Schüler, Buben und Mädchen gemischt, da war man fortschrittlich. Auch wurden die Mädchen nicht geschlagen, mit dem Rohrstock, weder auf den Po in der Unterhose noch auf die vorgestreckte Hand. Aber auch sonst herrschte nicht gerade Tyrannei in dieser Schule, das hätte der zarte Rektor nicht geduldet.

Für mich war es nicht einfach, mich unter so vielen Kindern

zurechtzufinden und mich zu behaupten, zu sehr war ich ans Alleinsein gewöhnt und ans liebevolle Eingehen auf all meine Bedürfnisse. Hier sah ich mich zunächst einer Mauer von Ablehnung gegenüber, etwas Besonderes wollte ich wohl sein, hatte bisher nicht in die Schule gehen müssen und hatte auch jetzt nur drei Fächer – so etwas fordert Feindschaft heraus.

Aber sie hielt nicht lange. Schnell paßte ich mich an, rasch gewöhnten sich die anderen an mich: bald hatte ich auch einen Freund, Karl-Heinz, der war umgänglich mit allen, das kam auch mir zugute. Wolfgang Schmohl – dessen Mutter eine Bierkneipe unserem Haus gegenüber führte – und der ganz kräftig zuschlagen konnte, erwies sich als gutmütig. Es ließ sich leben und Komplexe hab ich von daher keine heimgetragen, Kummer, Mißverständnisse und Feindschaft, das wohl, aber nicht mehr als üblich und notwendig.

In die Schule oder nach Hause spazierte ich außerdem, des besonderen Stundenplans wegen, meist allein. So blieb ich fast völlig von Rempeleien verschont.

Nur einmal litt ich – da hatten sie etwas gefunden, mich zu ärgern. Mir war das Wort »unser Hausmädchen« entschlüpft, die Mutter mochte es gar nicht, wenn wir das gebräuchliche »Dienstmädchen« verwendeten. Den Mitschülern aber klang »Hausmädchen« ulkig. Da hatte ich meinen Spitznamen weg, »unser Hausmädchen« riefen sie, wo ich auftauchte, »da gommt unsr Hausmädchen!« – »Unsr Hausmädchen hadd eene schwarze Nase!«

Ich brauchte lange, bis ich mich an diese Hänseleien gewöhnte, ich gab mir Blößen, wurde zornig, zu Hause weinte ich – aber irgendwann war das Spiel nicht mehr interessant.

Doch oft habe ich damals Umwege gemacht, um keinem zu begegnen. Zum Beispiel an der »Kunst« entlang.

Die »Kunst« war ein Gestänge aus derben Balken, viele hundert Meter lang, eine altmodische Kraftübertragung von der Saale hinauf zur Solepumpe, und von da aus noch weiter zum Gradierwerk. Unterhalb des Hotels »Mutiger Ritter« schäumte die Saale über zwei riesige Mühlräder. Nachts waren sie sogar beleuchtet. Und die Räder betrieben die »Kunst«. Vor und zurück schob sich die Balkenkette, knarrend, unter einem Holzdach. Altmodisch wirkte das, und etwas heruntergekommen, aber auch stilvoll.

Eigentlich war er düster, der Weg an der »Kunst« entlang, schmal eingeschnitten am Abhang, neben verfallenen Holzzäunen, durch deren Zwischenräume die Schneebeeren wucherten. Aber er war verträumt und verschwiegen.

Sehr unlieb war es mir auch, im Schulklo gesehen zu werden, es genierte mich über die Maßen. Hier vollzog sich ja alles in der Öffentlichkeit! Wie dezent war es doch daheim, das kleine Örtchen, die schmale Tür, der Blick auf Gärten, Häuser und Bäume. Ob man da saß oder stand, das wußte niemand! Nun aber, auf dem Schulhof, im ebenerdigen Häuschen, da waren die Seiten schwarz geteert, am Boden eine Rinne, in der alles davonlief, was alle gemeinsam gegen die Wände sprudelten – und es stank! Ich hielt mir die Nase zu und stieg auf Zehenspitzen herum, denn auch der Fußboden war naß.

Der Hof lag hinter der Schule, das Rennen, Jagen und Brüllen war uns verboten. In Zweier-Reihen, immer im Kreis, sollten wir marschieren und uns gegenseitig unterhalten. Ein Lehrer führte die Aufsicht.

Einmal wollte der Lehrer gesehen haben, daß ich gerannt war – aber ich war nicht gerannt, nicht einen Schritt, ich beschwor es, es half nichts. In der Klasse mußte ich vortreten, ans Pult, ich mußte mich vorbeugen, Hände auf die Knie – und dann pfiff das Stöckchen.

Der Schmerz war höllisch. Er war wie von glühenden Eisenstangen und es gehörte zur Prozedur, nun kläglich zu brüllen. Doch ich jammerte nicht. Schweigend und finster verstockt setzte ich mich in die Bank, tödlich beleidigt, weil mir so bitteres Unrecht geschah.

Auf dem Heimweg erwog ich alles, was zur Vernichtung der Rohrstöcke schon überlegt worden war, ich verbrannte sie, gut war es auch, sie auszuhöhlen und mit Tinte zu füllen, dann wurden sie spröde und brachen.

Die Eltern schlugen mich nie! Bisher hatte ich nie darüber nachgedacht, aber jetzt erkannte ich es. Es ging mir auf – wie am Morgen die Sonne. Ich lehnte mich auf das Brückengeländer, das Kinn auf die Hände und schaute hinab zum eiligen Fluß. Was für Eltern hatte ich doch! Die besten Eltern der Welt! – So gut waren sie, so lieb – und berühmt außerdem, die bedeutendsten Menschen – und ich war ihr Sohn. Nie wollte ich mich von ihnen trennen. Und wenn ich groß war, würde ich die Mutter heiraten. Denn bis dahin war der Vater, so lieb und bedeutend er auch sein mochte, doch sicher schon tot und ich noch lebendig.

Der Mutter verschwieg ich die Schläge nicht – wohl aber meine Gedanken. Übrigens war ich von ihr enttäuscht: sie empörte sich nicht, nahm's äußerst gelassen, meinte nur, daran stürbe ich nicht, und schon morgen sei alles vergessen.

Es war ja auch meine spärliche Schulzeit keineswegs nur voller Leid und Qual. Sie bestand nicht aus Schlägen, Demütigungen und Ungerechtigkeiten. Sie erfüllte mich auch mit Befriedigung. Im deutschen Aufsatz war ich meinen Kameraden schon früh überlegen. Wo ihnen nichts einfiel, begann ich munter zu fabulieren, erzählte von einer elektrischen Eisenbahn, die wir in einem Saal unter dem Dachboden hätten – weder die Eisenbahn gab es in dieser Perfektion, noch hatten wir schloßähnliche Säle unter dem Dach. Es waren Wunschträume, die ich für wahr ausgab. Ich ließ die Züge durch ferne Kontinente brausen, sie wurden aufgehalten von Kamelen und standen erstarrt im Eis, oder sie schlängelten sich durch die Prärie. Der Lehrer las den Aufsatz vor, vier volle Seiten hatte ich verfaßt, allein diese Menge machte mich stolz. Das meiste war allerdings kaum zu entziffern, meine Schrift war verheerend. Meine Mitschüler bestaunten mein Werk, andere fanden »du schpinnsd woohl?«. Aber ich sah mich auf dem Wege, ein zweiter Karl May zu werden. Der Lehrer gab mir eine Eins für den Inhalt, eine Sechs für die Schrift. Diese Sechs behielt ich zeitlebens, zu Einsen reichte es später kaum noch.

Mit den Zahlen tat ich mich nicht so leicht. Ich lernte das kleine Einmaleins schwer. Wo ich lief oder stand memorierte ich, schon morgens im Dunkeln, zu nachtschlafener Zeit, oder am Tag auf der Straße. Vier mal vier ist sechzehn, das ging ja noch, und gesegnet sei die Fünf: zwanzig, fünfundzwanzig, dreißig, das ließ sich leicht merken. Ich stellte mir die Zahlen körperlich vor, jede hatte ihren Platz in einem aufsteigenden Raum, wie auf einer Leiter, sie hatte auch eine Farbe, aber ich hätte nicht sagen können welche, sie waren dunkel, leuchteten diffus. Sie standen aber auch nicht fest, sie schwebten, und es kam vor, daß sie mir entschwanden, dann gähnte an ihrem Platz ein Nebelloch, schrecklich!

Am schlimmsten waren die Sieben und Acht, ich brachte sie stets durcheinander, obwohl ich ein Büchlein hatte, in dem alles so übersichtlich gedruckt war. Nur war es verboten, es aufgeschlagen unter dem Pult zu haben während des Unterrichts. Aber verboten ist viel, es galt nur aufzupassen.

Der Lehrer ging durch den Mittelgang und hatte scharfe Augen. Blitzschnell war er da, faßte unter die Platte und hatte es schon erwischt. Dann mußte ich meine Hand vorstrecken und der Rohrstock sauste. Das tat weh.

Im Kopfrechnen blieb ich eine Niete, stand fast immer als letzter noch in der Bank: das war so ein Spiel des Lehrers. Wir mußten uns alle erheben, wie beim Morgengebet, er rief uns Aufgaben zu und wer sie zuerst gelöst hatte, durfte sich setzen. Ich stand da und träumte, versuchte das Rätsel zu erfassen, es war ein Gebräu in meinem Kopf – gleich dachte ich an den Zirkus, ans Esel-Reiten, an Winnetou – und bald an meine erste Liebe – die Liebe hindert immer, beim Rechnen, beim Denken, bei allem.

Ich war nicht getauft, man hatte es immer versäumt, so wichtig erschien es den Eltern auch nicht, nun war ich ja eigentlich kein Christ, sondern ein Heide, und irgendwie war ich stolz darauf. Trotzdem besuchte ich eine Zeitlang freiwillig den Religionsunterricht, was unserem Pfarrer gefiel, und heilig erhoben ging ich zu ihm in den Kindergottesdienst, in die kahle, die leere Kirche, kniete mich auf die Bank und sang Lieder aus dem schwarzen Buch.

Die Texte kannte ich nicht, die Noten noch weniger, es war aber gleich, was man sang, die Orgel brauste laut über uns hin und der Pastor sang selbst mit kräftiger Stimme, er hörte uns nicht.

Was mir wirklich gefiel, das waren all die Geschichten von David und Goliath, von König Salomon und Joseph mit den sieben mageren Jahren. Schön waren die Zeichnungen in dem Buch, Männer mit wallenden Mänteln und großen Turbanen, sie hatten unendlich viele Söhne und Töchter, die wieder Söhne und Töchter gebaren, und wieder gebaren, sie lebten Hunderte von Jahren, erstarrten aber auch zu Salzsäulen, sie lebten in Unzucht und Sünde – die Flut kam und Noah baute die Arche.

Da alles freiwillig war, hörte alles auch freiwillig wieder auf, die Geschichten konnte ich genausogut alleine zu Hause lesen, konnte mir aussuchen, was ich wollte: die alt gewordenen Könige, die sich auf der Harfe vorspielen ließen, zu denen sich Jungfrauen legten, um sie zu erwärmen und vielleicht auch Jünglinge, denn deren Liebe ist ihnen »sonderlicher gewesen, denn Frauenliebe ist«.

Wir unternahmen Wanderungen mit der Schule, Tagesausflüge in die Umgebung, die mochte ich nicht so gern, ich schleppte mich lustlos mit und fand keinen Gefallen am Trott in der Masse. Nur als es zu einem Ritterspiel ging, auf einer Freilichtbühne, da lebte ich auf, glühte. Die Burg lag im Eichenwald, ich weiß nicht wo. Ritter donnerten auf schweren Rössern über die Wiese, sie trugen silberne Helme, ihre Mäntel wehten rot, und sie verteidigten arme Witwen und Waisenkinder. In der Pause beruhigte ich mich mit süßer Limonade, es gab sie an Brettertischen zu kaufen, unter Holunderbüschen.

Und einmal jährlich kam die Tierschau zu uns in die Klasse. Zwanzig Pfennige zahlten wir, die sammelte der Lehrer ein. Ein derb riechender Mann brachte uns Papageien. Sie kreischten, rückten und nickten auf ihren Stangen und plapperten schwer verständliche Worte; ein Äffchen turnte auf einer Schaukel – und Grausen erregten die fliegenden Hunde, obwohl sie nicht flogen. Ihr Meister zeigte sie schlafend, die spitzen Mäuler nach unten. Er zog ihnen die Flügel auseinander, damit wir das feine Gerippe in der dünnen Flughaut betrachten konnten, Überbleibsel aus grauer Vorzeit waren sie, erklärte der Lehrer – sie ließen sich nicht als Haus- oder Hofhunde abrichten und oft bekamen sie Läuse.

Läuse – auch wir Kinder, vor allem die aus den Arbeitervierteln, wurden von ihnen geplagt, ich blieb verschont. Sie verursachten jeweils viel Aufregung – der Aussätzige mußte heim – erschien er wieder, war sein Haupt kahlgeschoren, mit Läusesalbe beschmiert, und bandagiert, die Binde wurde sehr bald schwarz und stank infernalisch.

Einmal stank auch der kleine Nipperdey. Er saß vorne in der Bank und war schon mehrmals hin und her gerutscht – doch dann saß er still – ganz still und erschrocken. Und nach und nach hielten sich die neben und hinter ihm die Nasen zu. Da ließ der Lehrer den kleinen Nipperdey vortreten, das war nicht gescheit, nun drängte alles nach unten, der Schwerkraft wegen. Der kleine Nipperdey machte die Beine breit und lief rot an, man sah es sogar von hinten, im Nacken.

Er wurde nach Hause geschickt – aber wie konnte er so nach Hause gehen? Der Hausmeister wurde gerufen, er kam, fluchte auf thüringisch und benutzte scharfriechende Mittel. Der Lehrer sprach begütigend von einer Krankheit, er wollte nicht, daß der kleine Nipperdey von uns gehänselt würde – aber er hieß fortan nur noch »der Hosenscheißer« und hatte es schwer.

Er tat mir eigentlich leid, aber andererseits mochte ich ihn nicht und nun konnte ich ihn doch nicht gernhaben, weil er ein Hosenscheißer war. Mehr Mitgefühl hatte ich mit dem großen Herrn Nipperdey, mit dem Vater, denn der führte das Fotogeschäft gleich hinter der Saalebrücke, »Agfa«, vis-à-vis des Friseurs unter dem Weltverkehr. Herr Nipperdey war ein moderner Fotograf, nicht so wie der alte Lichtbildner beim Bahnhof mit seinem Atelier und dem Plüsch. Bei Herrn Nipperdey lieferten die Amateure selbst ihre Filme ab. Er arbeitete auch für die Mutter, entwickelte ihre Puppenfotos. Gern brachte ich ihm die Negative nach jener Demonstration der Schwerkraft, ich suchte im Gesicht des Vaters nach Anzeichen der Scham, der Erschütterung, wartete auf ein Wort der Erklärung. Doch der Meister tat, als sei nichts gewesen.

Herr Donath war ein kleiner, ein gebückter, ein undeutlich nuschelnder, mißtrauischer Mann, nicht mit Schönheit gesegnet. Knollig war seine Nase und er trug dicke Brillen. Aber er war der Herr eines Reiches voller Wunder. Die Schulartikel waren nur der Nebenzweig seines Erwerbslebens, er verkaufte auch Bücher für Erwachsene und Kinder. Buchhändler war er von Beruf, und das war etwas Gehobenes. Außerdem führte er auch Spielwaren, Luftschlangen, Fang-den-Hut und Mensch-ärgere-dich-nicht, Blechautos, Flugzeuge und Segelschiffe. Sein kleiner, schmaler Laden, in dem die vollgestopften Regale bis zur Decke reichten, war zwar nicht im entferntesten mit denen der großen Kunden der Mutter vergleichbar, mit »Matthes« in Berlin oder »D. H. Wagner & Sohn« in Leipzig. Aber Herr Donath, der keine Kruse-Puppen führte, weil sie bei ihm »nich jefrachd warn« – die Kurgäste kauften sie lieber in der Werkstätte –, Herr Donath hatte den großen Spielwarenparadiesen doch etwas voraus: er war sofort zu erreichen. Je älter ich wurde, je wichtiger wurde er mir. Bei ihm entwickelte ich mich empor vom Ausschneide-Klebebogen bis zu Burckhardts »Kultur der Renaissance in Italien«, in Dünndruck und Halbleder für vier Mark achtzig.

In der Schule kam ich gemäßigt voran. Ich machte Fortschritte im sparsam bemessenen Lehrstoff, es bestand keine Gefahr, daß ich sitzenblieb und auch die halbjährlichen Zeugnisse erwartete ich ohne Herzklopfen. Ich bekam ja sowieso nur Noten in drei Fächern und die wußte ich im voraus: in Deutsch eine Zwei für den Ausdruck, mit sehr vernichtender Beurteilung von Schrift und Rechtschreibung – zur Eins reichte es nie. In Geschichte war mir die Zwei auch sicher, ich hielt es gern mit Kaisern und Königen. Nur im Rechnen schwankte ich zwischen befriedigend oder gerade noch ausreichend. Mir genügte das auch.

Ich wuchs, wurde älter. Die Grundschule brachte ich hinter mich, in zwei Jahren, klappstundenweise. Eine höhere Schule gab es in Kösen nicht, doch wurden vier Aufbauklassen eingeführt. Da kam ich wieder zu Herrn Wenzely und seinem Spitzbauch, er wurde mein Klassenlehrer und hatte mir eine gewisse Sympathie bewahrt. Nun hatte er mir mehr zu bieten: deutsche Gedichte und Balladen. Das leiernde Aufsagen hatte er aber satt, er sagte es oft, es »schlüche sich ihm uff'n Machen«. Er bat mich vorzutreten, aufs Podest, aus pädagogischen Gründen, seine Leidensmiene wurde heiter, dann sprach er vom »gudn Beeschbiel« und »da gönndr euch ne Scheebe von abschneedn«. Ich jubilierte vom Brunnen vor dem Tore und vom Röslein auf der Heiden. Es half aber nicht, es wurde weiter geleiert.

Vielleicht half die Musik? – Vielleicht lockerte eine dramatische Darstellung die Hemmungen? »Drei Burschen zogen wohl über den Rhein, bei einer Frau Wirtin, da kehrten sie ein ...« Die drei Burschen, ich unter ihnen, zogen zwischen den Bänken durch den Mittelgang, und das Lied ward angestimmt vom brummenden, zwitschernden Chor, im Thüringer Tonfall, bis wir »drei Burschen« nacheinander unser Solo darbrachten, im Wirtshaus – das war vorn auf dem Podest und bestand aus mehreren Stühlen. Da erfuhren wir von der Wirtin: »Mei Döchdrlein liecht auf dr Dodenbahr ...« und das war traurig. In die Kammer – zwei Stühle weiter – traten wir nun, falteten die Hände, da lag das Töchterlein, und lag auf einem länglichen Tisch. Es war meines Freundes Karl-Heinz Gottschlings kleinere Schwester, Liby, ach, auch sie hatte die Hände gefaltet und die Augen geschlossen. Wolfgang Schmohl, der kräftige, schaute sie an mit verschleiertem Blick, wie es der Dichter verlangte, und brummte: »Ach, leebdes de noch, du schööne Maid ...« Karl-Heinz breitete ihr den Schleier – sein Taschentuch, sauber war es ja nicht – fürsorglich über das blasse Gesicht, wendete sich ab und greinte: »Iich haab dich geliebet so mahanches Jahr.« Dabei grinste er aber, und der Schwester bebte das Zwerchfell.

Ich lachte nicht. »Den Schleier hob er auf sogleich und küßte sie auf den Mund so bleich.« Nein, ich küßte sie nicht wirklich. Ich stockte über Libys Mund – und jetzt hielt sie ganz still, vielleicht erwartete sie etwas? »Dich liebt' ich immer, dich lieb ich noch heut, und werde dich lieben in Ehewigkeit«, sang ich laut – und war ganz durchglüht von Gefühl.

Aber da kicherten die Mädchen in den Bänken und hielten sich die Hände vors Gesicht.

Gern ging ich zu Rektor Haubold in die Lateinstunde. Der Rektor gab Privatunterricht, in seinem Büro, da stand eine kleine Bank. Nur ich und Karl-Heinz kamen zu ihm – so wollten es unsere Eltern. Bei Karl-Heinz war es der Vater, er war von Beruf Oberkellner im Hotel »Mutiger Ritter«, er wußte, wie wichtig Fremdsprachen sind und daß Latein der europäischen Sprachen Wurzel ist. Bei mir war es die Mutter. In diesem Fall war sie für Schule, für klassische Bildung, das konnte ich brauchen. Das Lehrbuch »Ludus Latinus« wurde bei Herrn Donath erworben, ich erfuhr, daß das Huhn gackert: gallina cantat und daß sich die Dunkelheit (in der Mehrzahl) nahte: tenebrae appropinquabant. Mit Cäsar war ich im Forum Romanum, mit Hermann dem Cherusker schlug ich die Römer aufs Haupt, mit Mucius Scaevola legte ich meinen Arm in die Flammen. Mit Leidenschaft tauchte ich in die alte Kultur ein – nicht, daß mir die Sprache, lingua, flüssig von der Zunge, auch lingua, gegangen wäre, und noch weniger leicht floß sie mir aus der Feder, penna, auch besserte sich meine Schrift, scriptum, keinesfalls. Aber die Geschichten aus dem alten Rom, von den Kaisern, Bürgern und Göttern; die Zeichnungen von den Tempeln, Toren, Waffen und Togen begeisterten mich – wie mich sogar das Unverständliche, Rätselhafte der Sprache anzog – so sehr, daß ich versuchte, auch die Mutter emporzuheben in die höheren Gefilde. Ich bedrängte sie mit dem Lateinbuch und mit meinen neuen Kenntnissen – zweimal, dreimal ließ sie sich herbei, lauschte meinem Unterricht mit gerunzelten Augenbrauen, in ihrem Privatbüro.

Brav las sie dann auch die einfachen Texte aus dem Buch und verstand ihren Sinn sofort, und doch gerieten wir in Streit, weil sie alles italienisch aussprechen wollte. Sie hatte nun einmal mühevoll ein wenig Italienisch gelernt im Selbststudium – Methode Langenscheidt – und warum sollte sie das wohl verleugnen? Sie wußte es vielleicht sogar besser als der Rektor, der nie in Rom gewesen war.

So sagte sie »Tschezar« statt Cäsar und sang überhaupt sehr melodisch, vokalreich und voller Betonung, wo doch der Rektor gerade erzählt hatte, was für eine klare und logische Sprache Latein ist, die Sprache eines sachlichen Volkes.

»Ach, Herzblatt«, sagte die Mutter. »Logik – davon verstehe ich nichts. Gefühl ist alles – wenn du erst einmal d'Annunzio lesen kannst, oder Dante: ›Lasciate ogni speranza, voi ch'entrate‹, das ist Dichtung, mein Herzblatt. Und weißt du wohl, daß ich mit der Duse Theater gespielt habe ... die sprach ein Italienisch! Das war Musik!«

O Santa Lucia! Ich verfolgte den Plan, der Mutter Latein beizubringen, nicht weiter.

Da erschien mir Schwester Hanne doch verständnisvoller. Nicht, daß sie Latein gelernt hätte, das nicht. Und wozu auch. Aber es machte ihr nichts aus, meine Sklavin zu sein. Sie befand sich damals vermutlich in einer glücklichen Phase, vielleicht war sie verliebt, sie kannte wohl Dorul van der Heide schon und schaute vergnügt in die Zukunft. Sie strahlte von innen, selbst ich Bub merkte das, ich kommandierte sie herum, herrschte sie an, daß sie mir den Rücken seife, daß sie mir das Badelaken reiche, daß sie mich ins Bett geleite, der ich eingehüllt war in die Toga aus Frottee.

Sogar auf die Knie ließ sie sich vor mir nieder – wenn auch lachend – und sagte »Gute Nacht« auf gut deutsch. »Schlaf wohl, mein Cäsar.« Sie kicherte, küßte mich auf die Backe, und das war seltsam, denn sie haßte eigentlich alle Zärtlichkeiten und das übertriebene Gehabe der Mutter ganz besonders. Gnädig legte ich ihr die Hand auf den hübschen, blonden Scheitel und murmelte herablassend: »Vale Sklavin.«

Der Rektor bemühte sich redlich um uns. Er war ein schmächtiger Mann, der mit leiser Stimme sprach – alles an ihm erschien mir fein. Seine Augen blickten verhalten durch eine schmale Brille, sein Haar lag dünn aber gepflegt über seinem wohlgeformten Schädel, die Haut über der hohen Stirn war durchscheinend, seine Hände schmal. Es war undenkbar, daß der Rektor tobte, er redete gedämpft, aber eindringlich, auf deutsch wie auf lateinisch. Er hielt die Schule auf seine ruhige Art in Zucht. Vielleicht war Rektor Haubold keine Leuchte der Wissenschaft, auch kein genialer Kopf. Aber ich lernte mit ihm einen Menschentyp kennen, der klar, sachlich und frei von Emotionen dachte – er führte mich in eine Welt ein, die sich von der meines Elternhauses grundsätzlich unterschied, denn da war alles durchtränkt von Gefühlen, da herrschten individuelle Empfindungen, da äußerten sich schweifende Begabungen mit wechselnden Launen.

Für den Vater bastelte ich zum Weihnachtsfest ein Heftchen, in dem der italienische Stiefel sich auf jeder Seite wiederholte, und jeweils war das Römische Reich in seiner durch die Jahrhunderte wachsenden Ausdehnung daraus so ausgeschnitten, daß es sich – wenn man Seite auf Seite aufblätterte, rot ausgemalt – vom winzigen Anfang anschaulich über Europa und Nord-Afrika ausbreitete. Das war keine Schulaufgabe und der Vater betrachtete das Geschenk lange, bis er den Rauch seiner Zigarre durch die Aussparungen blies, die das Weltreich darstellten und sagte: »Sic transit gloria mundi.«

Im Kino gab es »Ben Hur«, das spielte unter Römern mit römischen Helmen, und die Säulen vor den Palästen sahen aus wie im Lateinbuch. Um Christus und um das Kreuz ging es in diesem Film, um sehr viel Glauben und hohen Mut. Das Wunderbild eines edlen Römers war Ramon Novarro, ich sah das Kreuz über den Hügeln von Golgatha strahlen und weinte bittere Tränen. Gegen den Schuft Messala führte Ben Hur seinen Wagen zum Sieg, im römischen Wagenrennen, im Zirkus Maximus, der Zirkus hieß beinahe wie ich, oder ich hieß fast wie der Zirkus. Dramatisch, wild und gepeitscht jagten die Pferde nebeneinander her, Schimmel und Rappen, die Ledergeschirre ächzten, die Rösser keuchten und die Umhänge der Wagenlenker flatterten.

Da versuchte ich, aus Kisten und Rädern einen Wagen zu bauen, einen römischen Wagen, und hängte ihn hinter Rosinchen – da nannte ich sie wieder Asina – im Werkstättenhof. Weiter kam ich nicht, der Wagen wollte nicht stehen auf seinen zwei Rädern, er kippte entweder nach vorn oder nach hinten, als römischer Wagenlenker fand ich keinen Halt und Rosinchen bemühte sich auch nicht, sie jagte nicht, sie keuchte nicht, sie ließ etwas fallen, was Ewald Wagner gut brauchen konnte im Frühbeet.

Das war Rom – und von China hörte ich auch in der Schule, ein fernes, so fernes Land, sehr fern und sehr groß. Aus China kamen das Porzellan und die Seide. Seidenraupen konnte man züchten, sie nährten sich aber nur von den Blättern des Maulbeerbaumes und der einzige Maulbeerbaum Kösens stand in unserem Park bei der Werkstatt.

Herr Wenzely besorgte mir Raupen, nackte, weißliche Würmer, ich riß die Blätter ab. In unserem Gartenhaus, in Schuhkartons, ließ ich die Würmer fressen, satt werden und sich einspinnen. Federleicht war der Kokon aus dem silbernen Faden – aber niemand war da, der ihn aufwickeln konnte. Wäre das nicht etwas gewesen für die Puppenwerkstätte – die eigene Seide? Die Mutter winkte ab: »Ach, Herzblatt!« Sie hatte andere Sorgen.

Schon wieder war ich in neuen Welten: Bilderschecks aus Zigarettenpackungen. Die Mutter rauchte nicht, aber einige Freunde, der Bruder Jochen. Die Bilderschecks sammelten wir in der Schule, tauschten. Man hätte sie nach Nummern ordnen müssen, von 1–50, aber wirkungsvoller waren die Briefe der Mutter an die Werbeabteilung von Reemtsma, da kamen die bunten Bilder auch so, sehnlichst erwartete Pakete. Da kam die weite Welt, da kam die Kunst. Die Goldmaske des Pharao kam und seine Mumie, gedruckt auf Papier; deutsches Handwerks- und Zunftleben im Mittelalter; die Malerei der Gotik und die der Frührenaissance; die Malerei des Im- und die des Expressionismus. Man konnte Alben kaufen – und ich kaufte sie – Alben auch für die historischen Miniaturen. Ich sammelte, ordnete, leimte, ich klebte Giotto und van Gogh, ich pappte Max Liebermann ein und erfuhr, daß der Vater ihn gut gekannt hatte, denn Liebermann war Präsident der »Berliner Sezession« gewesen und der Vater der Vize. Ich klebte mit Pelikanol und mit der Zunge, die Spitze wanderte über die Lippen, sie wurden rauh und die Zunge wurde wund, seitlich im Gaumen, weil Dr. Hildebrandts Zahnklammer sie aufriß. Da waren auch viele Bilder, gotisch, sanfte Madonnen, ich hatte sie lieber als die Fenster gegenüber vom Zahnarzt, Dürer, Cranach und die Engel Matthias Lochners mit den geschwungenen Flügeln. Ich verzieh der Epoche, was ich in ihrem Anblick gelitten.

Fuhr ich jetzt mit der Mutter aus, im Auto, dann sah ich mehr, dann erfuhr ich mehr. Ich sah nicht nur die Messehäuser in Leipzig, die Mutter ging mit mir zum Völkerschlachtdenkmal. Das war ein gewaltiger Koloß, mir erschien er erdrückend. Ich stand mit der Mutter oben im Wind und sie erzählte von Napoleon und daß er hier besiegt worden sei von vielen Völkern, Tausende von Soldaten waren unter uns gestorben, verblutet – Geschrei und Kanonendonner und das Stöhnen von Sterbenden.

Aber jetzt war Frieden und der Friede würde bleiben, denn niemand wollte Krieg. Dafür hatte man nun in Genf den Völkerbund, und Deutschland hatte einen so großartigen Außenminister, der hieß Stresemann, der machte jetzt alles gut.

Auf der Heimfahrt nach Kösen, es war Nacht und dunkel, kamen wir durch Lützen, ein winziges Dorf. Die schmale Straße schlängelte sich an einer Kirche vorbei – hier war Gustav Adolf gefallen, der König aus Schweden, er hatte für die Protestanten gekämpft und Protestanten waren wir Kruses auch, Hugenotten. Aber andererseits war ja auch Wallenstein nicht direkt ein Feind, denn wenn man Schillers Tragödie sah – die Mutter kannte sie gut – dann litt man mit ihm und haßte seine Gegner, die ihn hinterrücks erdolchten. Max Piccolomini hieß einer seiner Getreuen, ein feiner Held, er trug meinen Vornamen – und Wallenstein sagte viele tiefe und schöne Dinge: »Spät kommt ihr, doch ihr kommt, der weite Weg, Graf Isolan, entschuldigt euer Säumen«, und: »Nacht muß es sein, wenn Friedlands Sterne strahlen.«

Das paßte jetzt sehr gut, denn es war ja Nacht, als die Mutter es deklamierte, im Auto hinter Lützen und die Sterne strahlten und der Weg nach Hause war weit.

Ich war sehr müde. Ich war auch oft müde, wenn wir aus Weimar heimkamen, wo die Mutter ihre Freundin besuchte oder jene Familie, bei der Bruder Friedebald wohnte, als er in Weimar zur Schule ging. Das waren Verwandte von Friedrich Nietzsche, der den »Zarathustra« geschrieben hatte – und in dieser Dichtung von der Nacht: »Nacht ist es, nun reden lauter die Lieder der Liebenden und auch mein Lied ist das Lied eines Liebenden!«

»Verstehst du, mein Herzblatt, wie schön das ist? Es ist das Tiefste, was in deutscher Sprache geschrieben wurde, und dein Vaterle hat Nietzsche modelliert, da war er schon todkrank. Das war sein größter Eindruck!«

Als das Jahr 1932 kam, ich war elf Jahre alt, beging ganz Deutschland Goethes hundertsten Todestag. Es war ein Jahr voller Weihe auch für die Mutter, trotz aller geschäftlichen Sorgen. Es wurde ein schöner, ein warmer Sommer und glücklicherweise hatte Goethe ja auch noch im August Geburtstag gehabt – alles was dieser große, wundervolle Geist tat, war weise, so auch der Tag, den er sich ausgesucht hatte, um auf die Welt zu kommen. Die Mutter fuhr mit uns zum »Kickelhahn«, dem bewaldeten Hügel, wo er »Über allen Gipfeln ist Ruh« geschrieben hatte. Ich sah die Holzhütte auf der Höhe und wußte, daß ich auf heiligem Boden stand.

Die Mutter fuhr mit uns zu den Dornburg-Schlössern, die hoch und steil über dem Saaletal stehen. Wir gingen zwischen den geschnittenen Hecken, den Laubengängen, den Rosenspalieren und Rabatten, den Skulpturen und Brunnen, wohin Goethe sich nach dem Tode seines Freundes, des Großherzogs Karl-August, zurückgezogen hatte; sie wanderte mit uns durch den Park von Tiefurth, dort standen die Marmornymphen hinter den Büschen. Am Abend kam der Nebel auf, der Nebel stieg aus der Ilm und die Ilm war das Flüßchen, über dem der Mond so rund stand, als Goethe die Frau von Stein liebte. »Füllest wieder Busch und Tal still mit Nebelglanz, lösest endlich auch einmal meine Seele ganz«, das hatte Goethe geschrieben – übrigens noch mit einer Entenfeder, und nicht mal gekleckert.

Und »Ja« sagte der Bruder Friedebald, das Gedicht hatte er in der Schule auch gelernt: »Füllest meinen Suppentopf still mit Ochsenschwanz, und ich neige meinen Kopf und ich schlürf sie ganz!«

»Ach, Friederle, Herzblatt!« rief die Mutter und blickte erschrocken. »Und so was ist nun der Sohn eines deutschen Bildhauers!«

»Es könnte auch ›... und ich schlürf ihn ganz‹ heißen«, sagte der Bruder treuherzig, »es kommt darauf an, ob der Schwanz oder die Suppe gemeint ist!«

Im Goethe-Haus am Frauenplan stand eine gewaltige Büste der Göttin Juno aus Gips, die hatte sich der große Geist aus Rom mitgebracht. Ich fand, es war ein monströser Kopf und jedenfalls viel größer als die Marmor- und Holzköpfe vom Vater, die bei uns auf den Wandschränkchen standen und auch nichts sagten. Der berühmte Dichter hatte doch einen sonderbaren Geschmack gehabt. »Eine Geliebte hat er gehabt, in Rom«, wußte Friedebald, aber war die denn auch so voluminös gewesen?

Friedebald war damals mit großer Leidenschaft Statist am Weimarer Theater. In der Oper »Tannhäuser« tanzte er in der Venusgrotte mit sehr wenigen Schleiern bekleidet mit Mädchen, die auch sehr wenige Schleier trugen – weshalb man die Grotte selbst auch hinter einem Schleier verbarg und in ein magisch-sündiges Licht tauchte, das eigentlich ein Halbdunkel war. Ich konnte meinen verschleierten Bruder beim besten Willen nicht erkennen, so begierig ich auch schaute, aber immerhin sah ich doch viele schlanke Leiber in fleischfarbenen Trikots um Frau Venus und Tannhäuser herumhüpfen, sich ineinander verschlingen und verheddern, wobei ihre Arme über den Köpfen blumig hin und her wehten. Mein Bruder wollte zum Theater.

Auf der Türschwelle zu Goethes Gemächern, gleich wenn man die Treppe hinaufgestiegen war, stand das Wort »Salve« zur Begrüßung der Gäste.

»Siehst du, mein Herzblatt, das ist lateinisch«, erklärte die Mutter und fügte pädagogisch hinzu: »Goethe hat natürlich Latein gekonnt.«

Das »Salve« hatte ich schon lange vor ihr entdeckt. »Es heißt ›Sei gegrüßt‹«, sagte ich zum Bruder und nickte bedeutend.

Aber Goethe war tot, weshalb auch ganz Deutschland seinen Todestag beging mit Feiern und Reden. Überhaupt, so schien es mir, waren sehr viele Dichter schon tot.

Da standen sie nun im Bücherschrank.

Freunde

Der Knabe, der meinen Namen trug, war immer ein Einzelgänger, ich war nicht das einzige Kind, aber das letzte. Meist war ich allein bei der Mutter, oder sogar allein im Haus, wenn die Mutter verreist war – und das war sie oft.

Schaute ich aus dem Fenster, sah ich die Buben und Mädchen des Kinderheims Bubiag – die Braunkohlenkinder – vorbeimarschieren. Sie sangen vom schönen Westerwald und daß dort der Wind so kalt weht. Sie waren blaß und ärmlich gekleidet. Manchmal winkte ich ihnen zu, wenn sie an hellen Sommerabenden in ihren Leibchen im Nebenhaus am Fenster standen, um sich für die Nacht auszuziehen.

Einen Sommer lang spielte ich mit drei Kindern aus der benachbarten Pension in der anderen Hälfte unseres Hauses, die der unseren spiegelbildlich glich. Da waren zwei Mädchen und ein Junge zu Gast. Sie schaukelten im Garten, getrennt von mir durch die Holunderhecke. Die Mädchen sprachen mich schließlich an, ich hätte es nicht gewagt, nun schlüpfte ich hinüber und war von da an täglich mit ihnen zusammen. Die Mädchen trugen Zöpfe und hatten Rüschen an den Kleidern – aber ich war ganz gefangen von dem Buben im Samtanzug, der mich mit Prinzenaugen anlächelte, und überhaupt sanft, braun und dunkel war. Er war ein wunderschönes, ebenmäßiges Kind, sehr zierlich, er kam mir vor wie aus einem Märchen. Daß er Alfons hieß, wie ein König von Portugal, verzauberte mich noch mehr. Portugal – portugiesisch – das war wie eine Kette aus blauen und roten Kugeln, mit zwei silbernen Perlen darin, die beiden »i«.

Aber trotz meiner Verzauberung empfand ich keine Freundschaft für Alfons, er war nicht das, was man einen Kumpel nennt. Ich war vielmehr berührt von seiner Schönheit, wie von der Schönheit an sich, als ob sie unabhängig von der Person sei und er ganz ohne Verdienst an ihr, wie er ja auch seinen Namen mit den blau und roten Vokalen nur zufällig trug. Ich ging manchmal wie im Traum umher, doch der stille, braune Knabe war da wie der Sommer und verschwand wie dieser.

Unser Gegenüber, an der Kukulauer Straße und ihren Kastanien, war die Kneipe von Frau Schmohl. Da war nun nichts von ätherischer Schönheit zu finden.

Der Vater Schmohl war früh dahingegangen, er muß wohl das Urbild eines Mannes gewesen sein. Vielleicht hat er sich zu Tode gesoffen. Er hinterließ eine Witwe und zwei Söhne – Wolfgang der eine, er war mir einigermaßen verbunden; Gerhard der andere, der jüngere, ihm begegnete ich immer mit Mißtrauen, denn er konnte gemein sein.

Alle in der Familie Schmohl waren dick, nur bei Wolfgang war es weniger Fett als Kraft. Die Mutter aber barst aus allen Fugen, ihr Körper war schwer und teigig, sie zwängte ihn in eine Kittelschürze, aus deren kurzen Ärmeln die Oberarme herausquollen. In ihrer winzigen Küche, in der sich alles abspielte, von früh bis spät, wo auch die Speisen der Gäste zubereitet wurden, herrschte ein drangvolles Durcheinander. Auf dem einzigen Tisch lagen die aufgeschlagenen Hefte und Schulbücher der Buben, voller Flecken, zwischen geleerten Biergläsern unter klebrigen Fliegenfängern, an denen Insekten im Todeskampf brummten; da gab es Spielzeug, aber auch frischgebratene Würste – und über allem hing eine Glocke fetten Dunstes, durchsummt von Fliegen, die noch nicht in die Falle gegangen waren. Es war dies fast wie ein modernes Kunstwerk: »Das pralle Leben« – ein groteskes Arrangement.

Die brave Frau Schmohl brachte sich und ihre beiden Söhne aber mit Anstand durch, ohne daß einer an Volumen verlor. In ihrer Wohnküche stopfte sich jeder in den Mund, worauf es ihn im Augenblick gelüstete, und was der Augenblick bot. Irgendein Gericht dampfte immer auf dem Herd, irgendwelche Teller mit Resten standen immer herum.

Abends saßen die Arbeiter im Gastzimmer – auch da war es düster und muffig und der Geruch nach schal gewordenem Bier und Rauch wehte einen Übelkeit erregend an.

Nur der winzige Vorgarten, unter den großen Bäumen, den man durch das bogig aufgewölbte Firmenschild betrat, atmete eine gewisse Heiterkeit. An sonnigen Tagen war er übervoll.

Rollte der Bierwagen an, aus derbem Holz, davor zwei prächtig-muskulöse Rösser, dann polterten die Bierfässer über Bretter herab; die Kutscher in ihren langen, braunen Lederschürzen sahen aus wie ungeschlachte Recken einer Sage, und während sie die vollen Fässer gebückt über den Kies rollten und gegen die leeren tauschten, kauten die Pferde gemächlich den Hafer aus Futtersäcken.

Es war nur natürlich, daß Wolfgang Schmohl mich an die verbotenen Genüsse heranführte. Er kam leicht an Zigaretten. In die labyrinthische Höhle des Gradierwerkes, unter das versalzte, verkalkte Flechtwerk, krochen wir wie in einen verzauberten Berg. Hier waren wir sicher, wie in einem magischen Bezirk, in einem riesenhaften schwarz-verkrusteten Kirchenraum, in dem sich die Verstrebungen aus Balken in die Höhe reckten. Das Licht sickerte gedämpft durch die tropfnassen Wände und die Luft war von Sole durchfeuchtet.

Wolfgang verteilte Streichhölzer und Zigaretten, duftende weiße Stängelchen an fünf Knaben, zu denen außer mir auch Karl-Heinz Gottschling gehörte. Wir brannten darauf, erwachsen zu werden. Wir hockten auf dem nassen Boden im Kreis, wie die Indianer. Lässig steckten wir uns die eleganten Röhrchen aus der bunten Packung und dem Silberpapier zwischen die Lippen, wie wir es bei den Großen, den Brüdern und Bekannten gesehen hatten. Wolfgang schnippte das Streichholz an, es ging feierlich von Hand zu Hand, meine Kameraden schlossen die Augen, lehnten sich zurück, schienen in Welten märchenhafter Genüsse zu versinken – nun kam Karl-Heinz an die Reihe, er zwinkerte mir listig zu, vielleicht hatte er schon einmal geraucht, der Oberkellnersohn.

Ich war der letzte, machte nach, was ich gesehen hatte, zog eifrig, schluckte alles in meine mehrfach durchleuchtete Lunge – da zerriß es mich. Ich zerbarst, ich hustete nicht nur, ich explodierte – Spucke, Rauch und Schleim. Da saß ich, der Held, mein Mund stand trichterrund offen, ich war inwendig entflammt bis zum Zwerchfell, und während ich würgte, guckte ich stier, wie verblödet mit schwimmenden Augen und tropfender Nase. Wolfgang Schmohl ließ den Rauch sanft und künstlerisch aus seinen Nasenlöchern kräuseln. »Na ...«, meinte er väterlich, »hasde dich verschluggt?« Und ein anderer, der den Stengel fein zwischen Zeige- und Mittelfinger hielt, sagte tröstend: »So isses mir's erschde Mal ooch gegangn.«

Langsam kam ich wieder zur Besinnung und zu Verstand. Karl-Heinz neigte sich zu mir und klopfte mir auf den Rücken. »Warum inhaliersde denn ooch, du Dämlag?«

Ich habe so bald nicht wieder geraucht. Und die Knaben waren alle nett, niemand hat mich gehänselt. Überhaupt gingen diese Kinder, Kleinstadtkinder, damals viel gelassener miteinander um, sie waren frei von Aggressionen, geborgener in ihren Familien und hatten kaum das Bedürfnis andere kleinzukriegen, um sich selber groß zu fühlen.

Eine Ausnahme machte nur Gerhard, Wolfgang Schmohls kleinerer Bruder. Er konnte roh und hinterhältig sein – der arme war ein Faß, eine wabernde Tonne – aufgetriebener Hefeteig. Er konnte kein frohes, ausgeglichenes Kind werden.

Da passierte es mir schon einmal, daß mir plötzlich der Arm nach hinten gedreht wurde oder daß ich über ein rasch vorgestelltes, prallfettes Bein stolperte.

Dann saß ich mit Karl-Heinz zusammen und schmiedete Rachepläne, die von Karl May inspiriert waren und niemals ausgeführt wurden. Wir waren uns unserer Machtlosigkeit vollkommen bewußt und Karl-Heinz tröstete mich: »Ach, weesde, der gehd uns ja jarnischt an, der gann uns mal!«

Karl-Heinz war sehr zierlich, freilich nicht kränklich, nicht von Fieber geplagt, ganz und gar gesund, von drahtiger Zartheit, schmal in allen Gliedern, ein wohlansehnlicher Knabe, biegsam und höchst gelenkig, mit frischen, dunklen Augen.

Seine schmale, reizend geformte Nase stand über dem ebenso reizend geformten Mund, sein Teint war bräunlich – er war ein romanischer Typ, und nicht nur er, die ganz Familie war so, sein kleinwinziger Bruder, den wir als störend empfanden, da er des öfteren gehütet werden mußte; die jüngere Schwester Liby, ein Quirl mit Zöpfen, in die ich mich wohl nur deshalb nicht verliebte, weil mein Herz damals schon anderweitig gebunden war – sehr töricht, denn mit Liby wäre es vermutlich eine lustige, turbulente Kinderliebe geworden.

Der Vater, Herr Gottschling, waltete seines Amtes im »Mutigen Ritter«, das war ein Prachtbau im Zustand langsamen Verfalls, eine Halle mit Plüschsesseln, Marmortischen und Zimmerpalmen. Herr Gottschling schwebte, dessen war ich mir sicher, wie ein Gott durch die luxuriösen Räume, er hatte niemanden über – und auch niemanden neben sich. Sein Beruf brachte es mit sich, daß wir ihn selten zu sehen bekamen, denn er übte seine Tätigkeit mit fliegenden Frackschößen ja an den Nachmittagen und Abenden aus, wie auch an Sonn- und Feiertagen.

Die Mutter Gottschling fiel ein wenig aus der weltgewandten und munteren Art. Sie war zwar lieb, doch sehr ruhig und trat kaum in Erscheinung. Allerdings bediente sie die Wäschemangel, die stand ganz hinten im schmalen Gärtchen, in einem engen Schuppen, ein Schild wies draußen darauf hin.

Da kamen die Frauen mit ihren Wäschekörben, nach Vorbestellung, wir hörten den gewaltigen Kasten schon von weitem rumpeln, sehr gemächlich, sehr gleichmäßig. War der hölzerne, mit Sand gefüllte Sarkophag an der einen Seite angelangt, gab es ein polterndes Geräusch, dann schlugen die zwei Rollen unter ihm zusammen, der Kasten bekam das Übergewicht, er senkte sich, auf der gegenüberliegenden Seite stieg er empor, ächzend; geschwind zogen die Frauen das Laken hervor und breiteten ein anderes darunter. Das mußte rasch gehen, denn schon begab sich das Ungetüm knarrend wieder auf den Rückweg.

Und währenddessen fuhren die beiden Balkenreihen der »Kunst« in rhythmischer Gegenbewegung am Gärtchen entlang – hin und her, die Ständer schwankten, ohne jemals das Übergewicht zu bekommen, sie stiegen empor und senkten sich rückwärts herab – alles schwankte, fiel und hob sich, schob sich gegen- und auseinander – da konnte ich lange zusehen, und die Scharniere quietschen, das Holz quarren hören.

Mit Karl-Heinz verband mich die innigste Freundschaft, mit ihm saß ich in der einzigen Schulbank beim Rektor Haubold. Wir verehrten die gleichen antiken Helden, wir fragten uns Vokabeln ab und übersetzten dieselben Texte. Wir waren Winnetou und Old Shatterhand, der Kurpark hinter dem Gradierwerk war unser Wilder Westen, dort wo die kränkelnden Kurgäste wandelten, ihrer Gesundheit zuliebe.

Da brachen wir aus dem Gebüsch, schwangen plump geschnitzte Holzmesser, waren verkleidet, die Hemden flatterten, Karl-Heinz trug einen Cowboyhut, ich eine schwarze Perücke. Freundliche Mädchen aus der Werkstätte hatten sie mir geknüpft, aus Perlgarn. Die Zotteln hingen lang herab, ein rotes Band lag über meiner Stirn und hinten steckte eine Adlerfeder.

Wir brüllten, eine Dame schrie, sie schien zu Tode erschrokken. Ihr Gatte eilte zu ihrer Hilfe herbei, da waren wir rasch verschwunden.

Aber die Mutter erhielt einen bösen Brief, sie solle ihre Kinder besser erziehen. Sie dachte nicht daran, sie fragte nur: »Aber mein Herzblatt, müßt ihr denn gleich skalpieren?« Sie diktierte einen ihrer lieben Briefe an die Dame, die sie unter uns eine hysterische Ziege nannte und plauderte im Rundfunk über Kindererziehung – da hatte sie die Lacher wieder auf ihrer Seite.

Ich durfte sie sogar nach Leipzig begleiten, ins Funkhaus, und während sie im Aufnahmeraum war, stand ich am offenen Fenster und schaute auf den Marktplatz hinab und hoffte, daß recht viele Menschen mich hier oben sähen und bemerkten, daß ich dazu gehörte und daher eine bedeutende Persönlichkeit war.

Hinterher zeigte man mir das Mikrophon, es hing an vier Gummischnüren federnd in einem Ring, man zeigte mir die beiden zentimeterdicken Wachsplatten, die sich immer wieder abschleifen ließen. Sie waren so hintereinander geschaltet, daß auch lange Sendungen ohne Unterbrechung wiedergegeben werden konnten, obwohl ihre Spieldauer jeweils nur wenige Minuten betrug.

Die Mutter hörte mit mir zusammen ihren Vortrag ab, alle, die Redakteure, der Aufnahmeleiter, der Tonmeister, waren sehr zufrieden, man fand, sie habe so spontan, so natürlich und menschlich gesprochen, nur ich war erstaunt, denn aus meinem Karl-Heinz, dem Freund, hatte sie kühn den Bruder Friedebald gemacht. Das nahm ich ihr übel. Aber für sie bestand eben die Welt vor allem aus ihren Kindern, und außerdem war der Friedebald doch gerade das Vorbild für eine so beliebte Puppe geworden, die seinen Namen trug. Da war es doch viel wirkungsvoller seinen Namen zu nennen: »Verstehst du das nicht, mein Liebling?«

»Wenn's doch nicht wahr ist!«

»Wahr nicht, aber hübscher«, antwortete die Mutter. »Ach, weißt du, die Wahrheit ist ja so langweilig!«

Eine Puppe Karl-Heinz gab es nicht, so sehr ich auch drängte.

Abgesehen von dieser Eskapade wandelten Karl-Heinz und ich jedoch meist auf kultivierteren Pfaden. Ich – im Besitz einer Pappschachtel voller Muscheln und Donnerkeilen aus Hiddensee – gründete einen »Altertumsverein«, wir gewannen drei andere Knaben als Mitglieder, ich ernannte mich selbst zum Vorsitzenden, Karl-Heinz zum Schriftführer, er hatte die bessere Handschrift und überhaupt war das Arbeit. Ich entwarf Satzungen, die der Schriftführer in einem Heftchen festhielt. Es war die reinste Tyrannis, es ward bestimmt, daß jedes »Mitglied hat ...« und alle »Mitglieder haben ...«, dem Vorsitzenden, dessen Entscheidungen unanfechtbar waren, und der selbst zu gar nichts verpflichtet war, »unverbrüchlich treu zu sein und in allen Dingen zu folgen«. Die »Altertümer« selbst kamen in den Satzungen nicht vor. Unter einer Holunderhecke wurde der Bund beschworen, die Satzung von allen unterschrieben, wir trafen uns noch einige Male, steuerten sogar den einen oder anderen Gegenstand bei, Kupfermünzen und Hühnerknochen – sowie Tonscherben von Blumentöpfen. Doch nach und nach löste sich die Vereinigung von selber auf, worüber niemand Bedauern empfand, wir hatten längst Bedeutenderes im Sinn und beschäftigten uns nicht mehr mit Kindereien.

Denn es kam ein Theater nach Kösen, ins Parkhotel, das versteckt am Waldrand über der Kirche lag.

Am Nachmittag wurde gespielt, für uns Kinder, den Eintritt bezahlten wir in der Schule – es war eine Schülervorstellung mit deutschem Aufsatz danach. Das Stück hieß »Wilhelm Tell« und war von Friedrich von Schiller, er hatte es in Weimar geschrieben, als Goethes Freund, und er konnte nur schreiben, wenn ein Apfel neben ihm lag und verfaulte. Der faulige Duft war das Geheimnis.

Um einen Apfel ging es ja auch in dem Stück, der Landvogt war ein Tyrann, er ritt auf einem lebendigen Roß in den Wald aus Pappe. Von des Vaters plastischer Bühne hatte die Truppe noch nichts gehört, die Bäume waren flach und wackelten.

»Nein!« tobte Wilhelm Tell, er wollte den Hut auf der Stange nicht grüßen, was doch ganz verständlich war, aber den Landvogt ärgerte das, er rutschte vom Roß und befahl, Wilhelm Tell solle dem Sohn, seinem eigenen Fleisch und Blut, einen Apfel vom Haupte schießen, mit einer Armbrust, die hatten die Schweizer jetzt auf der Schokolade und auf den Briefmarken.

Es gab dann noch Sturm und Aufruhr und den berühmten Rütlischwur, den wir in der Schule auch aufsagen mußten: »Wir wollen sein ein einig Volk von Brüdern ...«

Sehr nachhaltig und sehr tief wirkte diese Bühnenkunst auf mich und Karl-Heinz – aber warum sich nur vorspielen lassen, warum nicht selber agieren?

Auf dem Heimweg, auf der Saalebrücke beschlossen wir es, es dämmerte schon und der Fluß rauschte unten so mächtig. Ich entschied sofort, daß es ein eigenes Stück sein müsse und Karl-Heinz war bereit, für den faulenden Apfel zu sorgen, aber den Duft brauchte ich nicht. Das Stück war schon fertig, gleich auf der Brücke, es stand im Lateinbuch und hieß »Der Kampf im Teutoburger Wald«. Es ist eine Geschichte mit riesigen Armeen von Römern und Germanen, doch mit denen hielten wir Künstler uns gar nicht erst auf, sie wurden gestrichen.

Ich schlief wenig in dieser Nacht, ich lag im Bett und erfand ohne Papier und Bleistift, ich hatte alles im Kopf.

Schon am nächsten Tag begannen die Proben, im dämmernden Musikzimmer, das war ja sowieso leer und ein herrlicher Bühnenraum. Im Eßzimmer sollten die Zuschauer sitzen, auf den Lederstühlen, oder auch auf den Rokokosesseln, das war dann die Loge. Viele Pausen würde es geben, um die beiden Vorhänge auch mehrmals öffnen und schließen zu können. Vorhänge gehören zum Theater und wir hatten ja einen aus schwerem roten Samt, aus dem es sanft stäubte.

Auf Dekorationen verzichteten wir. Desto verschwenderischer war die Kostümausstattung.

Es gab unter dem Dach eine hölzerne Kiste, ich kannte sie gut. Sie wurde nie mehr genutzt, das war lange her, als die Mutter noch in Berlin auf Kostümfeste ging, auf den Reimannball, unter Künstler und Bonvivants. Jetzt tat sie es nicht mehr. Damals hatte sie auch ihre Tochter Fifi eingeführt in den farbigen Rausch aus Tanz und Musik. Die Kostüme lagen nun hier, in der Kiste, zwei seidene Umhänge, Dominos oder so was, der eine rot und der andere grün, den roten hatte die Mutter getragen. Und sie hatte den Pelzkragen hochgeklappt gegen die Backe und seitlich hinüber gelächelt. Jetzt roch alles nach Mottenpulver.

Einen Helm hatte die Mutter auf ihre Haare gestülpt, einen Goldhelm aus Messing, der lag ganz fest an und war völlig glatt, er reichte bis über die Ohren. Nur vom Scheitel bis in den Nakken war er offen mit einem Schlitz, deshalb federte er und haftete auf jedem Kopf.

Den Helm requirierte ich für mich, ich spielte den römischen Kaiser, das konnte ich nicht ohne goldenes Haupt. Ich spielte ihn im ersten Akt, als er seinen Feldherrn aussandte, den Varus, um die wilden Germanen zu unterwerfen, und spielte ihn im letzten, wo er die Nachricht von der Vernichtung all seiner Legionen bekommt: »Vare, Vare, redde mihi legiones!« ächzte da der Kaiser, »Varus, gib mir meine Legionen wieder.« Das hätte der Varus ja sicher ganz gern getan, aber nun war er doch tot, ermordet vom eigenen Schwert und vermodert im Sumpf. Da konnte auch der Kaiser nur noch die Toga zerknüllen und den Goldhelm zu Boden werfen, so daß es schön schepperte. Der Helm federte, er hüpfte wie ein Frosch.

Im zweiten Akt, im Teutoburger Wald, wo der Verrat raunte und rauschte, spielte ich wieder den anderen Helden, Hermann, den Cherusker. Er war schon ein Verräter, aber er war es aus edlen Motiven und für sein Volk. Ein Bärenfell trug er um seinen mageren Leib, darunter war er dann nackt: Rippen und Schulterblätter und eine Badehose.

Zwei Schilde aus Holz sägten wir, zwei Schwerter dazu, die splitterten leicht, Ewald Wagner zerlegte sehr dünne Kisten. Und die Augenmaler rührten die Goldbronze an.

Doch die Proben befriedigten zuerst nicht so recht – es fehlte etwas: Kein Schauspiel ohne ein Weib. »Du hasd eene Meise«, meinte Karl-Heinz. Aber die schmächtige, zierliche Liby zeigte sich überraschend gefällig. Und das Bettlaken stand ihr, mit allen Falten und Sicherheitsnadeln. Liby kniete als Sklavin in Rom vor mir und reichte dem Kaiser die silberne Schale mit Wein, damit er sich atze und schmatze. Im Walde stellte sie Tusnelda dar, Hermanns Gemahlin, um die er den Arm schlang und fragte: »So soll ich es tun?«

Und »Ja!« hauchte sie. »Du musd, mei Gebieder, fier mich, fier dei Volg!«

Drum tat er's.

So fing ja alles gut an. Nur kam der Bruder Friedebald aus Weimar, der Statist, vom Theater und aus der Venusgrotte. Er ließ sich auf einen Lederstuhl nieder, stützte das Kinn auf die

Faust und führte Regie. Er zeigte der Sklavin, wie eine Sklavin kniet, er machte es vor und breitete die Arme aus, so. Er zeigte dem Kaiser aus Rom, wie er auf dem Thron zu sitzen hatte und auch, wie ein Kaiser schmatzt.

Denn ein Kaiser schmatzt feiner als ein Vasall.

Dann tauchte Schwester Maria auf. Und leidenschaftliche Gefühle drückt man am besten in Tönen aus, sie öffnete den Flügel, sie drehte den Spindelhocker empor und wogte. Sie brauchte ja keine Noten, sie hatte doch alles im Kopf, ihren Weber und ihren Wagner, Tuba-Getöse in Rom und flüsternden Wind in den Bäumen, das Kaiser-Motiv und das Hermann-Motiv, das Freiheits-Motiv und das Todes-Motiv.

Leidvoll erkannte der kleine Max: je mehr Schöpfer beteiligt sind, desto schwieriger ist so ein Werk. Aber natürlich auch desto großartiger.

Der Helm durfte nicht mehr hüpfen.

Eigentlich hatten wir ja alles nur als ein Spiel geplant – zum eigenen Vergnügen. Aber nun – Einladungen wurden verschickt.

Die Mutter saß in der Loge, im Großvaterstuhl; der Lungenarzt Kuni aus Halle reiste heran; Rektor Haubold erschien, zurückhaltend gekleidet; Hans Renner setzte sich ganz weit nach rechts, Babu ganz weit nach links. Die Ouvertüre erklang mit allen Motiven, Freiheit und Tod, als Maria nickte, zog der Regisseur den Vorhang auf – er war faltig und blutrot.

Und da saß der Kaiser in roter Toga und Goldhelm und die Mutter jauchzte verhalten: »Ach süß! Mein Maxel!« Sie beugte sich zu Fifi und fragte: »Weißt du noch, mein Finerle, die Reimannbälle?! Es war eigentlich doch entzückend!«

»Psst!« machte Fifi.

Das Spiel schritt dann munter voran, es war ja nicht lang, nur sehr musikalisch. Maria geriet in Schwung, das Publikum stimulierte sie. Sie improvisierte nach Laune, und wir erkannten bald die Motive nicht wieder.

Doch alles gelang – irgendwie. Nur als Hermann und Varus miteinander fochten, verlor Hermann sein Schwert, es rutschte unter das Sofa. Der Held mußte auf dem Bauch hinterher, im Bärenfell. Und Varus wartete verlegen und edel, statt ihn zu meucheln.

Die Mutter verkniff sich das Lachen. Der Beifall prasselte. »Wie hübsch, mein Mimerle, wirklich sehr hübsch!« rief die Mutter. Sie strich ihrem Jüngsten über die Haare und sagte: »Fein, mein Maxel. Aber weißt du, das nächste Mal sprecht ihr in Versen.«

»Des nächsde Mal sprech ich gar nischt, da hübfe ich bloß schdumm rum«, zischte Karl-Heinz dem Dichter ins Ohr. Und Liby flocht sich die Zöpfchen.

Das nächste Mal hüpfte er wirklich, da verblüfften wir die Mutter ganz ohne Musik und Regie mit Zauberkunststücken, wir jonglierten mit Keulen und beendeten unsere Darbietungen mit einer Fakir-Nummer. Ich legte mich auf den Fußabtreter, auf den eisernen, rostigen, mit nacktem Rücken, und Karl-Heinz sprang auf meine Brust, auf die nackte, mit nackten, frischgewaschenen Füßen.

Da verlangte die Mutter auch keine Verse.

So wohlgeordnet, so festgefügt schien diese kleine Welt. Es gab nichts Unerwartetes, höchstens daß die Geschwister aus ihrem anderen, reiferen Leben Unruhe brachten, Kunde von Liebschaften und Kummer. Es kamen auch Freunde ins Haus, die belebend wirkten, hindurchrollten wie Kugelblitze, herein und hinaus. Ihre Dramen, ihre Leidenschaften flogen an mir vorüber, ich nahm sie mit Neugier zur Kenntnis, war teilnahmsvoll, wurde aber niemals beunruhigt. Lange Zeit litt die Schwester Fifi unter einer innigen Freundschaft zu einer Tänzerin, Elinor Tordis, ein Wunderwesen mußte sie sein, den Leiden der Schwester nach zu urteilen, ein kapriziöses, ein hochbegabtes Geschöpf, dazu in Wien lebend, der Hauptstadt Österreichs, was sie zusätzlich mit einer Gloriole umgab, denn Wien stand für Glanz und Adel, Wien waren Schlösser – und Wien war Musik. Ob Elinor wirklich so war – bildschön und kapriziös, ich kann es nicht sagen, ich habe sie nie gesehen, doch die Schwester war ganz erfüllt von ihr.

Aber all das, dieser Strom des Lebens, die Menschen, Künstler, neuen Freunde, war nur ein Wirbel um einen ruhenden Mittelpunkt. Die Heimat, Bad Kösen, blieb unverändert wie am ersten Tage. Alles war unverändert, nicht nur Straßen und Häuser, auch die Menschen, Kameraden und Freunde waren es, nur ein wenig älter wurden sie, aber auch das nur im gleichen Maße, wie auch ich wuchs. Indem sie mit mir durch die Jahre gingen, blieben sie dieselben. Die kurzen Abstecher, Reisen, Aufenthalte, in die Dolomiten, ins Kinderheim nach Riezlern, nach Hiddensee, nach Berlin, änderten nichts am Bild dieser Beständigkeit, im Gegenteil, sie bestätigten es. Zurückkehrend war ich wieder im Vertrauten.

Aber dauernd bleiben konnte es so nicht. Indem ich größer wurde, erfuhr ich Neues, Fremdes. Schließlich drängte es mich auch danach. Als ich elf Jahre alt wurde, kam ein Hamburger Junge in unsere Schule, mit dem verstand ich mich gut. Es war ein dicklicher, gemütlicher Knabe, der viel las und blaß war, er hatte Kummer. Die Eltern hatten sich scheiden lassen, das quälte ihn, aber er sprach nicht darüber, er schämte sich, damals schämte man sich einer Scheidung noch. Auch daß er Jude war, erzählte er nicht, aber irgendwie war es durchgesickert und wenn man es ihn auch eigentlich nicht spüren ließ, ein Jahr vor Hitlers Machtergreifung, erwähnte man es doch als eine Besonderheit, die vielleicht bedenklich war. Wir Kinder konnten uns freilich nichts darunter vorstellen, nur daß es etwas anderes war, das begriffen wir.

Die Mutter des Hamburger Jungen war dem Vater davongelaufen, so hieß es, zu einem anderen Mann, und dem Vater war er »zugesprochen«, was immer das sein mochte. Der Bub also lebte beim Vater, das heißt, der Vater hatte ihn nach Bad Kösen in eine Pension gegeben, in eines der feineren, stilvolleren Häuser im »besseren Viertel« hinter dem Friedhof. Er wollte seinen Sohn wohl fern vom Schuß haben, aus den Streitigkeiten heraus, vielleicht auch konnte er ihn in Hamburg, wo er arbeitete, gar nicht brauchen im frauenlosen Haushalt. Und Geld hatte er.

Bücher las der Hamburger viel, auch mir borgte er welche.

Sie waren von etwas anderer Art, historisches Interesse und Vorliebe für fremde Welten tat sich in ihnen kund, ganz so, wie ich mir eines Hamburger Interessen vorstellte, er kam ja aus der Hansestadt mit den Schiffen, am Ozean. So las ich von der Leidenschaft, den Kämpfen und den Intrigen um die ersten Tulpen, besonders um die kostbarste, die schwarze, und das alles war von Holland ausgegangen, was ja ganz nah bei Hamburg lag. Auch über Orchideenjäger im Urwald Südamerikas las er, der neue Freund war, wenigstens in den Büchern, ein Liebhaber der Blumen.

Ich hatte sie, im großen Garten, bisher eher gleichgültig betrachtet, sehr selbstverständlich.

Im Garten hoben wir zusammen eine tiefe Grube aus, auch Karl-Heinz Gottschling war dabei, mitten im großen Fliedergebüsch, was eine beträchtliche Arbeit war, denn die Wurzeln hinderten sehr. Wir bedeckten das Loch mit Kistenbrettern und möblierten den Raum mit Töpfen, Teekesseln, Fußbänken und Fleckenteppichen.

Wir fühlten uns wohl darin – nur die Fliederbüsche litten.

Aber eines Tages war der Bub weg, verschwunden, er fehlte einfach in der Schule. Rektor Haubold sah gequält aus, der Vater aus Hamburg reiste an, auch er gequält, und unausgeschlafen.

Ich wurde aus der Klasse geholt, der Vater befragte mich eindringlich: »Er war doch dein Freund!« Aber ich wußte nichts, nur den Kopf konnte ich schütteln. Der Vater ging mit mir all die Wege, die der Sohn wohl auch gegangen war, am Friedhof entlang, die Kukulauerstraße und in die Schule. Er blieb verschwunden.

Schließlich, als letzte Hoffnung, verlangte der Vater die Grube im Flieder zu sehen. »Ach nein, da ist er doch nicht«, rief ich, aber ich führte ihn in den Garten und der Vater hob die Bretter auf und sprang hinab und klopfte an die Wände, ob da nicht doch noch ein Hohlraum sei.

Dann drehte er sich um und weinte, weinte inmitten des Fliederstrauches, der damals grad blühte, und ich dachte beklommen, daß der Hamburger Junge irgendwie mit den Blumen verknüpft war, auf nicht ganz erklärbare Weise, zuerst mit den schwarzen Tulpen, den wilden Orchideen und nun mit dem Flieder. Gottlob war die Grube nicht sein Grab.

Später erfuhr man, im Morgengrauen sei ein Auto bei der Pension vorgefahren, nicht genau davor, es hatte an der Ecke gehalten. Eine Dame sei darin gesessen, das sei die Mutter gewesen, reich, elegant und sehr entschlossen habe sie ausgesehen. Auch einen Chauffeur habe sie gehabt. Und als der Bub zur Schule gehen wollte, habe sie ihn in den Wagen gezogen und sei mit ihm davongefahren.

Ich habe nie mehr etwas von ihm gehört. Der Vater aber erschien mir sehr traurig, er rührte mich in seiner Hilflosigkeit, ich hätte ihm gerne geholfen.

Sex – und erste Liebe

Sex – das war damals ein heikles Thema. Ich durfte freilich von Glück sagen. Die Mutter und der Vater dachten tolerant. Sie dachten so, aber sie redeten auch nicht darüber.

Daß die Kinder nicht vom Storch gebracht wurden, wußte ich schon früh. Wie das Ganze aber funktionierte, blieb mir dennoch lange verborgen, wenigstens, wie das Kind in Mutters Bauch hineinkam. – So sehr interessierte es mich allerdings auch nicht. Und wenn die Kinder in der Schule dies und das munkelten, so ließ es mich ziemlich kalt, verdorben wurde ich davon nicht.

Ein Junge war da, bläßlich, etwas jünger und kleiner als ich, er ging auch in eine Klasse darunter, der führte uns auf verruchte Pfade – niemand wußte so recht, wie es begann. Jedenfalls war er bereit, sich nackt zu zeigen, vollkommen nackt, vor sechs oder sieben anderen Knaben, es war ihm egal, wieviel, und er wollte auch nichts dafür haben, keine Murmeln und kein Geld, vielleicht bereitete es ihm selber Vergnügen.

Nun konnte man sich zwar selber ansehen, so oft man wollte,

aber das war denn doch eine andere Sache. Klar, daß kein Erwachsener davon erfahren durfte, es mußte heimlich geschehen und nur ich verfügte über den rechten Platz, entweder im Park oder in einem der Werkstättenlager.

Die Darbietung fand auch statt, zwei- oder dreimal. Das erste Mal ließ der Bub nur alle Hüllen fallen, im Fliedergebüsch und bot sich hager im Halbschatten dar. Seine Haut war blaß marmoriert. Wir gruppierten uns im Halbkreis um ihn, auf Armlänge, wir fühlten uns teils verlegen, teils verdorben, einer hielt am Kiesweg Wache, er durfte dann auch mal gucken.

Was man zu sehen bekam, war allerdings enttäuschend, das Zippelchen war ja winzig klein, von Haaren noch keine Spur – und damit hatte sich der Ausflug in die Sünde.

So recht war es nichts. Oder doch? – Es wurde jedenfalls wiederholt. Diesmal banden wir den willigen Buben mit Stricken an einen Baum, es steigerte wohl unser Lustgefühl, daß er sich als Gefangener präsentierte, so wehrlos, obwohl er sich ja ohne Widerstand dazu hergab. Nun schauten wir auf unser kleines Opfer mit all seinen minimalen Reizen und bohrten in unseren Nasen und fühlten uns womöglich noch schlimmer als beim erstenmal. Was wir hier taten, war gewiß schon allerschwärzeste Sünde, vielleicht sogar ein Verbrechen.

Mehr aber geschah nicht. Niemand berührte das freiwillige Schauobjekt, schon gar nicht dort, wo man es verstohlen betrachtete. Ich schlug zwar vor, ein Mädchen zu der Knabenschau einzuladen, Ruth Renner hatte ich im Sinn, aber ich schauderte selbst davor zurück, obwohl ich gedrängt wurde, auch der nackte Knabe war einverstanden, warum denn nicht, vielleicht war er sogar begierig darauf.

Und gewiß war es gut, daß ich den Mund hielt. Das prüde Mädchen wäre vielleicht doch zu Schaden gekommen, ihre Mama hätte es kaum überlebt und auch meine Mutter wäre gezwungen worden »etwas zu unternehmen«.

So erfuhr niemand von unseren Eskapaden. Auch nicht, als die Vorstellung ein drittes Mal vor erweitertem Publikum zwischen den braunen Rehhaarballen im Werkstättenlager stattfand, in eigenartiger dumpfer Luft, einem muffigen, stickigen Geruch, den die gepreßten Haare ausströmten. Die Rehhaare waren eigentlich Rentierhaare, etwa zwei bis drei Zentimeter lang, sie wurden vom Fell der Rentiere im hohen Norden geschoren. Die Mutter hatte sie wegen ihrer besonderen Elastizität zum Stopfen der Puppenkörper ausgewählt.

Es war besonders jener schwere, ein wenig scharfe Duft, der dieser letzten Entblößung noch eine gewisse Würze gab. Auch die Kulisse war eindrucksvoll. Ringsum waren die braunen Würfel bis an die Decke empor gestapelt, nur an einer Stelle gab es einen kleinen, freien Platz, durch schmale Schluchten mußten wir uns zu ihm hinschleichen, zweimal um Ecken herum.

Ja, es herrschte hier eine Atmosphäre gedämpfter Heimlichkeit, die recht förderlich war, gedämpft wurden die ohnehin schon wispernden, flüsternden Stimmen, und die Schritte auf Zehenspitzen durch die dicken Säcke. Gedämpft wurde auch das Licht irgendwo von einem verstaubten Fenster auf dem Umweg über die niedrige Zimmerdecke. Es war hier ausgesprochen gut munkeln, vollkommen geborgen und weich gepolstert – und trotzdem, außer dieser Veränderung der äußerlichen Gegebenheiten änderte sich eigentlich nichts. Schade – dieser Ort wäre einer größeren Ausschweifung würdig gewesen.

Der Bub präsentierte sich, ließ sich angucken und grinste, der gleichmäßig graubraune Hintergrund tat seinem hellen Körper recht Liebes, er ließ ihn klar in seinen Konturen hervortreten und das dämmrige Licht machte seine Formen weich. Es war eine malerische Stimmung.

Und dann war alles vorbei. Es wurde auch kein Wunsch nach einer Steigerung solcher Exzesse laut – es hatte keiner ein schlechtes Gewissen, auch ich nicht, ich war auch nicht enttäuscht oder irgendwie beunruhigt, es hatte mich nicht gelangweilt und auch nicht erregt – ich dachte später nicht mehr daran. Man lief auseinander, in die helle Sonne, man spielte weiter zusammen wie bisher – und der willige Junge wurde sofort vergessen.

Etwas entschlossener ging der Bruder Friedebald der Sache

später zu Leibe – im Sinne des Wortes. Teils wollte er mich wohl belehren, teils spürte er selbst den Wunsch nach praktischer Erprobung. Vielleicht erfuhr er dabei, was er selbst noch nicht wußte? Dazu bedurfte er eigentlich einer Partnerin, doch war diese nicht zur Hand, Bruder Friedebald war ja selbst eben erst zwölf. Er warf sein Auge auf mich, den kleinen Bruder, den Neunjährigen, der nicht wenig verwundert war ob der Rolle, die er da spielen sollte. Aber neugierig war ich auch.

Es begab sich an einem Nachmittag. Das Wohnhaus war leer, die Mutter war wohl auf Reisen und auch sonst hielt sich niemand in der Nähe auf, es traf sich also.

Der Bruder wählte Mutters Schlafzimmer, ja sogar ihr Bett zum Platze der Übung, verriegelte sorgfältig die Tür, stieg aus den Kleidern und auch ich mußte dies tun. Ein wenig kräftiger war Friedebald, wohlproportioniert, an Bauch und den Oberschenkeln sogar ein wenig speckig, aber doch weich und angenehm, während ich eher spillrig wirkte und nichts Weibliches an mir hatte.

Ins Bett mußte ich mich legen, und er stieg zu mir. Er gab lehrhafte Erläuterungen, er legte seine Vorderfront mit dem kleinen Bauch an meinen Rücken und deutete Bewegungen an, die aber nichts bewirkten. Die Natur hatte den Bruder noch nicht in den Stand versetzt, tätig zu werden. Und mein magerer Körper war gewiß auch nicht dazu angetan, bei ihm besondere Kräfte zu wecken.

Das alles verlief sich im Sande, in den Kissen, es wurde erst gar keine Sache daraus und eigentlich vermochte ich mir nach dieser Demonstration noch weniger vorzustellen. Ein wenig verlegen schaute der Bruder zur Seite. Wir standen auf, zogen uns an und richteten das Bett sorgfältig wieder her. Friedebald schärfte mir mehrmals nachdrücklich ein, ich dürfe niemandem etwas verraten – nun, das hatte ich selbst nicht im Sinn gehabt. Und was hätte ich denn auch verraten sollen, wo doch beim besten Willen des Bruders gar nichts gewesen war.

Vielleicht, daß trotz seines besten Willens nichts daraus wurde, kränkte ihn am meisten.

Die Mutter aber ahnte wohl, daß es an der Zeit war, mich aufzuklären. In der Schule wurde ich womöglich verdorben.

Die Gelegenheit war günstig. Bömby war läufig und schon einmal hatte sie sich ihrem struppigen Freund von der Straße hingegeben, da war nichts mehr zu verhindern. Zufällig sah die Mutter aus dem Fenster, daß Bömby und ihr Verehrer wieder miteinander spielten, die Beine einstemmten, davonsprangen: gleich war es soweit.

Sie faßte sich ein Herz und rief mich: »Schau mal, Herzblatt, so ist das, du mußt es ja doch mal erfahren.«

Ich schaute und erfuhr. So ähnliche Bewegungen hatte der Bruder ja auch angedeutet, aber dann war er mühelos aufgestanden, während die beiden Hunde im Garten aneinander klebten und verzweifelt in die Gegend guckten, vor allem der Hundeherr, der nicht loskam von Bömbys Hinterteil und mit einem Bein hilflos darüber hing.

Es schien mir eine unangenehme Sache zu sein, und ich war froh, daß es Friedebald nicht nach Wunsch gegangen war.

Unangenehm war es der Mutter nun auch, sie blickte mich unsicher an, durch ihre Brille, mit hellgrauen, schwimmenden Augen. Dann lächelte sie, um ein Zeichen des Verständnisses bittend und murmelte: »Nun weißt du es also!«

»Die armen Hunde!« sagte ich.

Mit der richtigen Liebe hatte das aber wohl nichts zu tun, dessen war ich sicher. Da empfand ich ganz anderes – und das ging mir tief zu Herzen.

Ruth hieß das Engelskind, sie war Hans Renners einzige Tochter, des hageren Mannes, der die Puppenwerkstatt kaufmännisch leitete und jede Verantwortung ablehnte. So groß und so dünn wie er war, konnte man ihn eine englisch-elegante Erscheinung nennen. Er hatte gewiß kein leichtes Brot, denn er war ja – sieht man von Ewald Wagner, dem Gärtner ab; von zwei Augenmalern; einem Friseur und einem Präger für die Köpfe – der einzige ansehnliche Mann in dieser puppenerzeugenden Weibergesellschaft voller Nähnadeln und Scheren, voller Eifersüchteleien, Gekränktheiten, stets aufgewühlter Gefühle, Gerüchte, Liebe und Haß. Er war daher auch in mehr als eine Affäre verwickelt: in der Firma, außerhalb der Legalität mit Vehemenz – und außerhalb der Werkstätte, innerhalb der Legalität, ohne Fortune.

Wie es sich nun verhielt, ob er geschieden und zum zweiten Male verheiratet war, oder ob damals seine erste Gemahlin versuchsweise noch einmal in den brüchigen Hafen der Ehe zurückgekehrt war – jedenfalls lebte er mit einer Frau Renner in einer von Bäumen beschatteten Wohnung, nicht allzuweit von der Werkstätte entfernt – und bei ihnen wohnte nun Ruth.

Sie war ein schlankes Geschöpf mit nußbraunen Haaren, ein stilles Kind. In dieser Ehe, wo es ständig kriselte, konnte sich kaum ein Ausbund an Fröhlichkeit entwickeln. Aber gerade ihr stiller Ernst rührte mich. Am Morgen, wenn es mit meinen Klappstunden zusammenpaßte, wartete ich unter den Linden an der Straßenecke und war froh, ihr die Schultasche tragen zu dürfen. Dabei sprachen wir kaum etwas miteinander, wir hatten uns wenig zu sagen. Mir war es aber genug, stumm neben dem geliebten Mädchen herzugehen.

Dafür erduldete ich viel Spott. Meinen Schulkameraden blieben weder meine Eskapaden noch mein verträumter Blick verborgen. Gerade hatten sie aufgehört, mich »unser Hausmädchen« zu rufen. Nun mußte ich neue Hänseleien ertragen: »Hallo, hier kommt deine Frau« – »Vergiß nicht, deine Frau zu grüßen« – »Deine Frau hat ihr Heft liegengelassen«. Diese Anpflaumereien ärgerten mich, aber es erschien mir auch ehrenvoll, meiner Liebe wegen zu leiden.

Nachts lag ich nun im Bett, im Kiefer drückten und zerrten die Zähne, in der Brust drückte und zerrte das Herz.

Die Mutter sah dem eine Zeitlang zu. Doch es gefiel ihr nicht, auch meine Wahl fand sie nicht gut. »Das lohnt nicht«, meinte sie, »Ruth ist nur ein unreifes Gänschen. Weißt du, ich möchte dich vor einer Enttäuschung bewahren, mein Liebling!«

Ich war damals überhaupt anfällig für Anbetung und Heldenverehrung. Von Old Shatterhand, Kara-Ben-Nemsi und Hadschi Halef Omar träumte ich Tag und Nacht. Als Winnetou starb, im Arm des in Versen betenden Freundes, und brechenden Auges zum wahren Glauben fand, da heulte ich Rotz und Wasser – und schämte mich meines Schluchzens nicht: was war mir die Welt nun noch wert?

Ich litt aber auch mit den tapferen Männern, die den Nordpol suchten und unvorstellbare Strapazen erduldeten. Nobile und Amundsen waren mir innig vertraut – und Andrées Ballonfahrt über das Eis und sein bitteres Ende erzeugten in mir Fieberschübe. Auf Fotos sah ich ihn nun mit seinen Männern, dick eingepackt. Ach, ihr Ballon hatte sich doch zunächst kühn über Spitzbergen in die Luft erhoben, aber dann gab es ein Unglück nach dem anderen, bis die Hülle vereiste und die Männer zu Fuß den Rückweg über das Treibeis suchten. Umsonst – viele Jahre später fand man ihr letztes Lager und ihr Tagebuch.

Oder Siegfried – gewiß, das war lange her – aber was ist Zeit? Siegfried war gegenwärtig. Ich sah ihn mit seinen blonden Lokken – und ich liebte Kriemhild, indem ich Siegfried war. Wie schön und rührend war diese Liebe, beendet durch schnöden Verrat. Da lag nun Siegfrieds Leichnam vor Kriemhilds Tür, in dunkler Nacht, und sie warf sich klagend darüber.

Ich las das Epos in der Nachdichtung Wilhelm Herzogs – ein Buch voller Heldenpathos.

Und nun hatte Ruth Renner Geburtstag, und ich wurde mit einer Einladung beglückt. Sogleich fieberte ich, aber wohl temperiert, mein Besuch wurde dadurch nicht gefährdet. Ich fieberte vor Freude, aber auch wegen des Geschenkes: was könnte es sein, so kostbar, so schön und – vor allem – so beziehungsreich?

Siegfried! Ja, sie würde lesen und verstehen! Ich war ja Siegfried und sie war Kriemhild, und sie würde sich über meine Bahre werfen bei Fackelschein, und die Welt war ihr fortan kein Lächeln mehr wert, weil ich tot war ...

Der Mutter ging das gegen den Strich. Ein Veilchenstrauß! Oder noch besser: ein kleiner Kaktus. »Kakteen sind ja so dankbar, Herzblatt, sie brauchen so wenig Pflege!«

Wer sprach hier von Pflege?

»Aber Herzblatt: so ein kostbares Buch!«

»Kostbar? Wieso? Kann man es denn nicht kaufen?«

»Nein«, sagte die Mutter (sie log womöglich?). »Nein, es ist vergriffen.«

»Dann schenke ich ihr meines!«

Die Mutter hob die Schultern. »Du wirst es bereuen.« Aber ich radierte die Fingerpatzer vom Einband, wickelte den Band in buntes Papier, kämmte mich, klingelte bei Renners, und Ruth öffnete mir, mit Zöpfen und Sonntagskleidchen.

»Danke, sehr nett, aber das war doch nicht nötig«, sagte sie und legte Siegfried neben die Kerzen und Haarschleifen auf ihren Geburtstagstisch. Auch ihre Mutter fand freundliche Worte. Dann ging man zu Schokolade und Kuchen über. Ich stammelte noch etwas, von der herrlichen Dichtung, vom edlen Helden, von ewiger Liebe ... »Jaja«, sagte Ruth, »jetzt iß mal die Torte, meine Mutter hat sie selber gebacken.«

Da erkannte ich, daß sich Ruth niemals über meine Bahre werfen würde.

Schade, daß ich keinen Kaktus hatte.

Frau Renner verließ ihren Mann bald, diesmal endgültig, Ruth zog mit ihr, die Nibelungen nahm sie mit, es war mir recht. Mir brach auch nicht das Herz, ich vergaß rasch. Das Leben erschien mir voller Wunder – immer größer, immer weiter wurde die Welt. Und Bücher gab es in Hülle und Fülle.

Bücher

Solange ich sehen konnte, hatte ich Bücher vor Augen – solange ich denken konnte, war ich ihnen ausgeliefert. Sie waren, mit Konrad Lorenz zu sprechen, meine Graugansmütter und ich ihr Grauganskküken.

Trotzdem – warum ließ ich mich ausgerechnet von Büchern »prägen«, warum nicht von elektrischen Schaltern, von Möbeln oder gar von Puppen? Ich war ja nicht nur von Büchern umgeben, das Haus der Mutter war kein Haus der Bücher, sie hatte keine »Bibliothek«, ja, eigentlich war unser Bücherbestand eher gering. Gewiß, im Arbeitszimmer des Vaters gab es einen Schrank mit Glastüren, in dem sich die Kunstbücher stapelten. Er war nicht verschlossen, aber sein Inhalt interessierte mich nicht. Darüber hinaus hatte die Mutter nur noch ein offenes Bücherregal, es stand auf einer Truhe, nicht eben groß und auch nicht besonders auffällig unter den anderen Möbeln, dem Sekretär, der Chiffoniere mit ihren sieben Schubladen, dem Kachelofen, den Tischen, Liegemöbeln, der Uhr und den Bildern.

Aber mein Schicksal wurden die Bücher. Vielleicht deshalb, weil die Mutter mir früh schon vorlas, Geschichten von Feen und Zwergen und Schwiegermüttern und Froschkönigen und Prinzessinnen und Aschenputteln, dem kleinen Muck und Zwerg Nase. Alle diese Wunder standen in Büchern, und wenn man sie zuklappte, waren auch die Wunder fort, sie hatten nicht mit dem wirklichen Leben zu tun, sie hatten ihr eigenes Leben und ich hätte es sogar schlimm gefunden, hätten sie nicht ihren eigenen Glanz und ihren eigenen Zauber gehabt.

Vielleicht rührte meine frühe Bindung an die Literatur aber auch daher, daß die Mutter immer eine verklärte Stimme bekam, wenn sie von einem Dichter oder Schriftsteller sprach, auch ihr Gesichtsausdruck war dann entrückt – wie die Madonnen auf Gemälden das göttliche Kind anblicken. Diese Verklärung der Dichter kam wohl aus ihrer bitteren Kindheit, von der Armut und Not ihrer Jugend, von der die Literatur sie ja wahrhaftig erlöst hatte und schließlich – über die Schauspielkunst – ihr ganzes Leben veränderte, erhöhte und über die frühen Kümmernisse hinaus führte. Nur ihre Liebe zur Dichtung, ihre Hingabe an die Bühne, hatten ihr den Weg geebnet, ans Lessingtheater und zum Vater. Die Dichtung war für sie die Brücke gewesen zu einem erfüllten Leben. So behielt sie in ihrem Herzen immer den höchsten Platz.

Viel Zeit zum Lesen hatte sie nun nicht mehr, aber sie las immer, und wählte mit Geschmack – nach ihrem Gefühl. In ihrem Bücherregal stand natürlich eine Ausgabe »ihres« schlesischen

Dichters Gerhart Hauptmann, sie las Hermann Hesse und Knut Hamsun, Jakob Wassermann und Jakob Schaffner, Thomas Mann und Friedrich Nietzsche – und viele, viele andere.

All diese Namen kannte ich, lange ehe ich selber lesen konnte. Ich hörte sie von der Mutter. Und ich spielte unter dem Bücherregal – baute kleine Häuser mit Holzklötzchen, schob Wägelchen über den Teppich – und immer, wenn ich aufsah, hatte ich die Bücherwand über mir, sie erschien mir riesig, bis zur Zimmerdecke reichte sie. Sie hatte Ähnlichkeit mit einem Altarbild, ja, das Buchregal mit der Truhe darunter war Altar und Altartafeln. Die Tafeln waren nicht mit Figuren geschmückt, sondern mit bunten Buchrücken, die goldene Namen trugen, auch die Bibel war darunter und die Bibel hieß die Heilige Schrift.

So wurden mir Goethe und Schiller zu Vertrauten. Das Wort »Faust« ging mir leicht über die Lippen – ohne Sinn und Verstand. Mir war die Jungfrau von Orleans ein so fester Begriff wie anderen die Jungfrau Maria – aber ich wußte nichts von ihr, außer daß sie: »Lebt wohl, ihr Wälder, ihr geliebten Triften ...« gesagt hatte, mit überschwenglichem Gefühl, wie die Mutter es zitierte. Ich kannte Titel über Titel und Namen über Namen, aber ich wußte nichts, verstand nichts – wie wäre es auch möglich gewesen.

Niemals – zum Beispiel – vermochte ich zu ergründen, was es mit dem Titel von Gerhart Hauptmanns »Der Narr in Christo Emanuel Quint« auf sich hatte. Gab es da nun einen Narren in einem Mann, der Christo Emanuel Quint hieß? An einen Narren in Christo, einen christlichen Narren, der Emanuel Quint hieß, dachte ich nie –, und ich fragte die Mutter auch nicht. Aber ich liebte diesen Titel mit all seiner Unbestimmtheit. Überhaupt hatten die Buchtitel ja soviel Rätselhaftes, ob es sich nun nur um Namen handelte oder um Begriffe. »Der Dechant von Gottesbüren« – ein einziges Geheimnis. »Der Fall Maurizius« nicht minder – »Also sprach Zarathustra« – das klang wie Musik.

Und Rätsel, Geheimnis und Musik blieben mir die Bücher immer, solange ich zu ihren Füßen auf dem Teppich spielte, denn niemals drang ich zu ihrem Inhalt vor, der mich ja auch grenzenlos gelangweilt hätte. Niemals schlug ich ein Buch auf, es genügte mir, die Verfasser und die Titel zu kennen. Und so stand es schon früh für mich fest, daß auch mein Name einmal in Bücherregalen zu finden sein würde, in Goldbuchstaben.

Deutlicher wurde mir die Literatur, als ich selbst lesen konnte, da war es Sophie Reinheimer, die den einfachen, herzinnigen Ton fand, den man für Kinder zuträglich hielt. Die Mutter hatte sie kennengelernt, oder Sophie Reinheimer die Mutter, es wurden liebe Briefe gewechselt, eines Tages kam sie nach Kösen, ein schmächtiges, altjüngferliches, bescheidenes Geschöpf, nichts Großmächtiges, nun, von ihr hatte die Mutter ja auch nur herzlich, nicht aber verklärt gesprochen. Ich war ein wenig enttäuscht, aber nicht sehr. Sophie Reinheimer plauderte mit mir, strich mir übers Haar, später schrieb ich ihr zwei oder drei Briefe, der Zweck ihres Besuches bei der Mutter war ja ein Buch gewesen, das sie verfassen wollte: »O Fritz, wohin sind wir geraten«, so hieß es und war die Geschichte zweier Puppen, die gestohlen wurden und schließlich in unsere Werkstätte kamen. Es wurde ein sehr erfolgreiches Buch, wie fast alle Bücher der Reinheimer, und ich durfte ihr brieflich einige Anregungen geben. Das nahm ich sehr ernst, ich warf mich in eine Fieberperiode, die waren ja stets schnell erzeugt, ich diktierte »Dinah« vom Bett aus – ich kam dann auch mit vollem Namen in der Geschichte vor, ich las die Stelle mehrmals, aber eigentlich erkannte ich weder die Mutter, noch die Schwester Fifi, noch mich selbst so richtig wieder.

Höher in der Gunst der Mutter als Sophie Reinheimer stand ein Kinder-Autor, ein Mann, Adolf Holst, er war Hauslehrer, oder – wie sie sagte – »Prinzenerzieher« in Bückeburg, ein armer Teufel übrigens, auch das erwähnte die Mutter. Adolf Holst schrieb hübsche, sehr eingängige Verse, die Mutter schätzte seine gedichteten Märchen vom »Weihnachtsstern« und von »Hans Wundersam«, dem Wanderburschen. Mit Vorliebe las sie mir diese Geschichte vor: »Ein Wanderbursch zog über Land, der ward Hans Wundersam genannt, trug Ränzel, Stab und Nagelschuh und pfiff sich eins und fror dazu.« Recht innig war es und auch ich mochte das, mit all den klaren bunten Bildern von Ernst Kutzer. Aber am meisten mochte ich »Fridolin der Osterhase«.

Auch Adolf Holst besuchte Kösen, doch schrieb er kein Buch über die Mutter, er kam zu einer Dichterlesung, in eine bescheidene Gastwirtschaft nahe der Schule, da gab es einen dunklen, geeigneten Saal. Kurz davor hatte hier ein Marionettentheater gastiert, zwei Abende hintereinander, ich besuchte beide Vorstellungen: Das Rittermärchen vergaß ich schnell, das Volksstück vom Doktor Faustus erregte mich, daß ich Puppen sah wußte ich und vergaß es doch, die Verzauberung wirkte nachhaltig. Dr. Faustus in seinem schwarzen, mittelalterlichen Gewand, mit dem knochigen, leidvollen Gelehrtengesicht, der in einer Dekoration aus gotischen Säulen und Spitzbogenfenstern den Rätseln der Welt nachging und sich mit den höllischen Geistern verbündete; sein Bursche, der Kasper; der Teufel Mephistopheles mit dem Zaubermantel, glühend vor Spannung und alles in mich einsaugend, saß ich auf dem harten Stuhl, stopfte mir abwechselnd einen Finger oder gleich mehrere in den Mund, rückte unruhig hin und her und kehrte aufgewühlt nach Hause zurück.

Die Lesung von Adolf Holst war dann freilich viel stiller, viel weniger aufwühlend, es fiel mir sehr schwer, ruhig auf dem Stuhl zu sitzen, auch die anderen Kinder zappelten, husteten und scharrten mit den Füßen. Adolf Holst las aus seinen Geschichten, die ich alle schon kannte, aber das störte mich nicht, eher im Gegenteil. Vorne saß der Dichter am runden Tisch, ein kleiner, etwas gebückter Mann. Ich schaute ihn an – sehr viel anders als unsere Lehrer sah er nicht aus, überhaupt unterschied er sich nicht von allen anderen Menschen. Wer ihm auf der Straße begegnete, hätte ihn wohl überhaupt kaum für einen Dichter gehalten.

Aber ich war doch stolz, daß Adolf Holst Gast bei uns war, ja, die Mutter beherbergte ihn, man hatte ihm eine winzige Stube unter dem Dach eingerichtet, da schlief er, ich erzählte es allen meinen Schulkameraden, und genauso stolz ging ich nach der

Lesung an seinen Tisch, sagte, wie gut es mir gefallen habe, daß ich auf ihn warten wolle, bis er fertig sei, denn es kamen einige Kinder, die um sein Autogramm baten. Adolf Holst zeichnete lustige Tintenmännchen in die vorgelegten Bände, das war seine Eigenart und dazu schrieb er wie ziseliert seinen Namen.

Dann ging ich neben ihm nach Hause, Adolf Holst fragte mich über die Schule aus, wunderte sich, wie wenig ich lernte, zeigte sich aber nachsichtig, es ließe sich alles nachholen, meinte er, vielleicht, weil er selber Hauslehrer war. Aber er redete nicht gern von seiner Tätigkeit, auch nicht von den Prinzen, die er unterrichtete, es waren vielleicht auch nur Buben wie wir.

Hier hätte ich nun eine Gelegenheit gehabt, etwas von der harten Realität des Dichterberufes zu erfahren, aber ich nahm sie nicht wahr. Ich machte mir keine Vorstellungen von diesem Metier.

Übrigens währte es nicht mehr lange, da stieg ich selbst mit Intensität ins Handwerk ein, ich hatte ein eigenes Sekretariat, »Dinah«, die flink stenographierende Sekretärin, und es war gut, daß sie so flüssig stenographieren konnte, denn ich sprudelte alles nur so heraus. Um Dinah war immer eine fröhliche Atmosphäre. Das erleichterte mir die frühe Arbeit. Dinah lachte viel, es schien, daß ihr meine Werke gefielen. So etwas beflügelt.

Es kam zu dieser ersten und luxuriösen Dichterwerkstatt, weil die Mutter verreist war, für längere Zeit. Briefe des üblichen Inhalts, mir geht's gut, wie geht es dir, ich muß jetzt wieder arbeiten, deshalb mache ich Schluß, mochte ich nicht schreiben. Da fiel mir nichts ein. Aber Geschichten fielen mir ein. Auch gut, sagte die Mutter, schreib mir Geschichten. Und vielleicht war sie glücklich, daß ich so rasch schon den mir offenbar vorbestimmten Pfad betrat. Der Vater hatte ihr das Puppenmachen angeraten: »Eine bessere Möglichkeit, dich künstlerisch zu betätigen, kannst du dir gar nicht wünschen.« Die Mutter riet mir das Geschichtenerzählen. Und daß Dinah ihre Zeit opferte, am Stenoblock und an der Schreibmaschine, waren eben »Ausbildungskosten«.

Dinah kam zum Diktat ins Wohnhaus. Da lauschte sie mir,

am runden Tisch, die Beine übergeschlagen. Ich rannte in der Stube auf und ab. »Die Abenteuer des Bobi Box« diktierte ich. »Es war um zehn Uhr, und donnernd brachen die Wogen in sich zusammen, als Bobi in das Licht der Welt sah. Er wollte hinaus auf das freie Meer, um gegen den Tod und für das Leben zu kämpfen. Gigantisch wälzte sich das Meer auf die ›Luziana‹ zu.«

Ich band das auf 15 Seiten angewachsene Oeuvre selbst in Pappe, versah das bunte Titelbild mit dem mir geläufigen Sujet »Segelschiff im Sonnenuntergang« und Dinah verschickte das Bändchen mit der Post.

Als die Mutter heimkam, hatte sie wohl empfunden, daß es nun Zeit war, mich in die höheren Gefilde der Dichtung einzuführen – fort auch von Karl May, an den Born wahrer Poesie.

Sie trug mir Balladen vor. Zwar las sie aus Büchern, aber sie las, als ob sie nicht lese, frei flog ihre Stimme mit den Worten dahin, die gelernte Schauspielerin fand zu ihrer Begabung zurück, sie war mitten in der Dichtung, mitten im Geschehen, im Vers, in der Empfindung, in der Tragödie.

Ich habe ihr immer für diese Stunden gedankt. Sie gehörten zu den stärksten Erlebnissen meiner Kindheit. Zum Eisenhammer ging die Mutter mit mir; zu Dionys, dem Tyrannen, dies oft und immer wieder; zwischen Szylla und Charybdis stand sie und warf den goldenen Becher hinab. Auch den Handschuh schleuderte sie den Löwen vor und den Dank, Dame, begehrte sie nicht. Was immer an deutschen Balladen ihr wert schien, das deklamierte sie und ich fühlte des Fiebers wohlige Wärme in mir aufsteigen. Bei der Bürgschaft, die über wilde, gefahrvolle Wege führte und mit dem Dritten im Bunde endete, stieg die Quecksilbersäule gefährlich: 39,5.

Immer wieder entdeckte sie Neues: die Füße im Feuer, und die Sonne, die es an den Tag brachte. Es gab auch erholsame Zwischenspiele des Humors, die der Mutter behagten und die sie vielleicht noch trefflicher zu gestalten wußte, Wilhelm Busch war ihr teuer und sie ließ mich an ihrem Vergnügen teilhaben, seltener an Max und Moritz, häufiger an der Frommen Helene, am Heiligen Antonius von Padua und vor allem an Tobias

Knopps Lebensweg zu bürgerlichem Ehestand bis zu seinem irdischen Ende. Sie wurde nicht müde zu zitieren: »Schnell verläßt er diesen Ort und begibt sich wieder fort«, oder auch »Mädchen – spricht er – sag mir ob ... Und sie lächelt: Ja, Herr Knopp!« Ein Vers, der ihr reichlich Gelegenheit zu verschmitztem Mienenspiel gab, der ihr ganz aus der Seele gesprochen war, denn wohl niemals hat sie sich in ihrer »Rolle« als Frau unwohl gefühlt. Sie liebte Wilhelm Busch, sie kannte ihn in- und auswendig, und es focht sie auch nicht an, daß der Vater grantelnd von seinen Münchner Begegnungen mit Deutschlands Parade-Humoristen berichtete und herablassend von dessen »faulen Witzen« sprach.

Von anderer Art war der Humor Fritz Reuters, wenn die Mutter ihn vorlas, lachte sie Tränen. Die Mutter hatte sich das Platt recht und schlecht zu eigen gemacht, die Eltern des Vaters hatten es noch gesprochen, in Stettin, der Vater konnte es und die Fischer in Hiddensee redeten so. Auch ich verstand es, es war ein zusätzlicher Reiz, wie komisch war alles, was Onkel Bräsig in Berlin widerfuhr, wie er seine Geldtasche in der Hose auf dem Bauch verbarg, aus Angst vor den Dieben.

Berlinern konnte die Mutter auch – und so hörte ich die Geschichte, die »Onkel Oschen mit seiner Schwiegermutter in Amerika passierte«: Onkel Oskar, der Bruder des Vaters. Es war die einzige seiner vielen Schnurren, die Ernst von Wolzogen aufgeschrieben hat, denn »Onkel Os« selbst schrieb nie etwas auf. »Sehr schade war das, mein Herzblatt, denn Onkel Os hat ja viel, viel besser erzählen können. Da rutschten alle vor Lachen unter den Tisch.«

So war diese Geschichte aber auch. Noch in der Nacherzählung.

Aber natürlich wußte die Mutter sehr wohl, wo die wahre, die große Kunst beheimatet ist: im Drama. Das war jedenfalls ihre Meinung. Gern hätte sie vielleicht mit ihren Kindern Theater gespielt, aber das war undurchführbar. Dafür brachte sie es eine Zeitlang in Mode, mit verteilten Rollen zu lesen, wer gerade im Hause war von den Töchtern mußte heran an den Text, ich natürlich genauso, »eine bessere Gelegenheit, die dramatische Dichtung kennenzulernen«, konnte ich mir ja gar nicht wünschen, ich wünschte sie mir auch kaum. Mit von der halsbrecherischen Partie war meistens die Schwester Fifi, vielleicht auch einmal Hanne, doch seltener, weil sie wenig in Kösen war, und die Brüder schon überhaupt nicht, die lernten Dichtung in den Landschulheimen.

So war ich der einzige Mann in der Runde, kaum ein Viertel-Mann. Abwechselnd hatte ich den Königen des Griechenvolkes, Achilles und Odysseus, Diomedes und Antilochus meine noch ungebrochene Knabenstimme zu leihen.

Kleists Penthesilea war nicht das einzige Meisterwerk, das auf diese Weise ergreifend zum gesprochenen Worte kam, wohl aber das aufwühlendste. Da deklamierte die Mutter wie singend, wortgewaltig, sich melodiös verströmend, getragen von Gefühl, sprach als Amazonenkönigin:

»Nun denn, so grüß ich dich mit diesem Kuß,
unbändigster der Menschen mein!
Ich bin's, du junger Kriegsgott, der du angehörst ...«

Da antwortete ich – Achill – in zirpendem Heldenton:

»O du, die eine Glanzerscheinung mir,
als hätte sie das Ätherreich eröffnet,
herabsteigst, Unbegreifliche, wer bist du?«

Da sagte schließlich die Schwester Fifi als Amazone in bemühtem Leiergesang zur Mutter-Penthesilea:

»Viel auch, viel littest du – von so viel Leiden,
willst du an meiner treuen Brust nicht ruhn?«

Doch nein, die Mutter wollt's nicht, ob auch der Schwester Busen sich hob und senkte.

»Wie ist mir?« seufzte sie.

»Mein süßes, o, mein Leben«, säuselte die Schwester, während ich – Achill – zum Schweigen verdammt war, denn ich war bereits tot. Und auch die Mutter wird gleich sterben, Penthesilea, sie stirbt vorwiegend an gebrochenem Herzen.

»Und diesen Dolch jetzt reich ich meiner Brust
– und nun ist's gut.«

Noch einmal durfte die Schwester reden, sie hatte ja das Schlußwort, ihre umflorten Augen hefteten sich auf die Mutter, die gesammelt-entseelt auf dem Stuhle saß, noch heilig benommen vom Seelensturm, und Fifi hauchte:

»Sie sank, weil sie zu stolz und kräftig blühte,
die abgestorbene Eiche steht im Sturm,
doch die gesunde stürzt er schmetternd nieder,
weil er in ihre Krone greifen kann.«

Und dann schwiegen wir alle, lange und bewegt, und ich fühlte deutlich, daß etwas Heiliges um die Dichtung war, daß man aber auch einen trockenen Mund bekam, wenn man allzu lange hintereinander Verse sprach, mit der ganzen Kraft des Gemüts und Leidenschaft bis zum Tode.

Heiß ist mir geworden, schon längst hatte ich mir alle Knöpfe des Hemds geöffnet, aber die Hitze kam ja von innen. Vielleicht blieb ich morgen wieder im Bett, ich hatte doch eben bestimmt mehr gelernt, als ich in der Schule je lernen konnte, und ein neuer Band Karl May lag auch noch in der Schublade.

Bildende Kunst

Künstlerisch waren alle in dieser Familie, vom Vater und der Mutter gar nicht zu reden, von denen kam es ja her, und noch weiter von den Eltern und von den Geschwistern des Vaters. Auch uns Kruse-Kindern konnte da kaum etwas anderes in den Sinn kommen, und es gereicht dem Bruder Michel zur Ehre, daß er, cellospielend, der Versuchung widerstand, Musik zu studieren und statt dessen Physiker wurde. Aber er blieb die Ausnahme, auch insofern, als er sein Studium regulär abschloß, cum laude oder sogar summa cum laude: er war ein gründlicher Mensch. Jochen wurde erst Graphiker, dann Fotograf, Friedebald wollte zunächst zum Theater, dann zur Architektur, er begann im Feld zu malen – diese beiden Brüder kehrten aus dem Krieg nicht zurück.

Und die Töchter?

Maria komponierte, zeichnete, aquarellierte. Hanne machte dies und das, sie bildhauerte ein bißchen, sie aquarellierte ein bißchen, sie spielte Klavier, sie nahm Gesangsunterricht, sie wollte zum Film und hätte vielleicht Erfolg gehabt, wäre sie konsequent geblieben. Aber sie war immer vollauf beschäftigt mit sich und ihren Verehrern, die Kunst zu leben und zu lieben verlangte ihr viel ab. Sehr beziehungsreich schenkte ich ihr in meiner Latein-Epoche einen selbstgemalten, mit Girlanden geschmückten Wandspruch aus den Römerbriefen: »Glaube, Liebe und Hoffnung, diese drei, aber die Liebe ist die größte unter ihnen.«

Ich war es von früh auf gewohnt, als Modell benutzt zu werden, doch das Stillstehen oder Stillsitzen war eine Folter. Bereits in der Odenwaldschule, im Kindergarten, malte mich meine Halbschwester aus Vaters erster Ehe. Sie hatte bei Matisse studiert. Ich hockte auf einem Mühlstein, der als Tisch diente und auf der Mittelsäule wackelte, ich trug einen sehr bunten Spielanzug, so daß es auch ein buntes Gemälde wurde. Der Bruder Friedebald stand neben mir. Und ringsum wucherten die Büsche.

Mieze wurde diese Halbschwester genannt, sie hieß Annemarie, ich sah sie selten, sie war etwa so alt wie unsere Mutter und hat sehr an ihrer eigenen Mutter gehangen, der ersten Frau des Vaters, das machte es ihr nicht leicht, die zweite, so junge Frau und deren Kinder zu akzeptieren. Sie führte jedoch auch selbst ein leidenschaftliches Künstler- und Eheleben.

Es kam aber auch keine Feindschaft von ihr. Wunderschön war sie, eine große blühende Frau mit schweren Augen unter starken Augenbrauen. In der Mitte gescheitelt, fielen ihr die braunen Haare reich und voll über die Ohren, im Nacken zu einem schweren Knoten gefaßt. Den besonderen Reiz aber empfing dieses bedingungslose Gesicht durch die hochstehenden, breiten Backenknochen – nicht nur die Tiefe ihrer Empfindungen, auch ihr Aussehen hatte etwas Asiatisches, sie heiratete Igor von Jakimow, einen russischen Bildhauer und Maler, eine elementare, ungebärdige Natur.

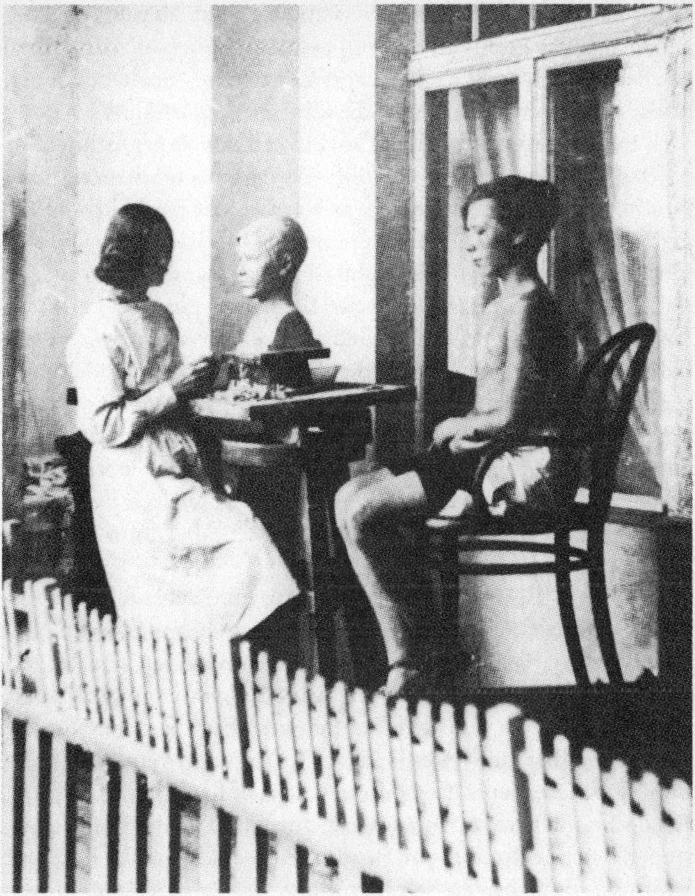

Schwester Fifi modelliert den Bruder Friedebald auf der Terrasse des Kruse-Wohnhauses in Bad Kösen

Ich nahm sie hin wie alles, was um mich herum war, ich hatte sie auch recht gern. Vor allem aber schätzte ich es, daß Mieze mich zum fünffachen Onkel gemacht hatte, noch bevor ich selbst geboren wurde. Als sei dies ein Mirakel, erzählte ich gern: »Ich bin schon als fünffacher Onkel auf die Welt gekommen!«

Meine Schwester Sophie – Fifi – begann zu bildhauern. Den Bruder Friedebald mit seinem lieben Gesicht entdeckte sie zuerst, er mußte ihr auf der überdachten Terrasse hinter unserer Küche sitzen, sie modellierte ihn dort, das war einfacher wegen der Fußbodenreinigung und das Licht war gut und kam von Norden. Einen großen Modellierbock mit drehbarer Platte baute sie auf und werkte mit den Fingern und mit Modelliereisen, der Bruder hockte sonnigen Gemütes, wie immer, kerzengerade auf einem Stuhl, mit heruntergestreiftem Hemd, denn es kam der Schwester auch auf die Nackenpartie an. Sie trug einen weißen Leinenkittel und arbeitete bedächtig, auch sie hatte – wie Mieze – das Haar in der Mitte gescheitelt, aber ihres war rotblond und lockig.

Aus dieser Büste wurde der Kopf für eine Schaufensterfigur, für die Kinderfigur Friedebald, die aber auch, mit Zöpfen oder Ponyperücke, fast noch öfter als Mädchen verkauft wurde.

Daß ihr Werk zur Handelsware wurde und rasch vervielfältigt, bremste vielleicht den Weg der Schwester in die hohe Kunst – öffnete ihr aber ein weites Feld der Betätigung, wenn auch nicht ohne Dornen, denn die Mutter war ja äußerst anspruchsvoll. Kinder modellierte Fifi noch viele, auch die Töchter von Kurgästen, die sich geehrt fühlten: Bruder Friedebalds erste Liebe, einen kaum schulpflichtigen Schmetterling. Dieses Mädchen, blondhaarig und blauäugig, war um und um liebenswert und so recht geschaffen zum Knuddeln – sie lag auch gern auf der Wiese in den Armen des älteren Jungen, und es dachte sich niemand etwas dabei, außer daß man die beiden reizend fand.

Dann aber geriet ich ins Blickfeld der Schwester, und es kam eine Leidenszeit auf mich zu, denn ich wurde nicht nur einmal modelliert, sondern in verschiedenen Reifestadien – und ich wuchs gerade so rasch! Ich haßte es, wie angeleimt zu sitzen,

So modellierte die Schwester Fifi (Sofie Rehbinder-Kruse) ihren kleinen Bruder Max als Vorlage für eine Schaufensterfigur

sei es nun auf der Terrasse oder in der Werkstätte, aber die Firma brauchte Kinderköpfe und ich war immer im rechten Alter. Nun mußte ich mich unbeweglich betrachten lassen und litt, ich litt aber nicht still, ich sagte es auch. Manchmal wurde mir vorgelesen, da ich ja selbst nicht lesen durfte, denn dabei hätte ich den Kopf gesenkt und ich mußte doch stur geradeaus blicken und mich gerade halten, das fiel mir besonders schwer. Viele Franz-Schneider-Bücher mußten nun ins Haus, sie eigneten sich gut, denn sie waren leicht zu verstehen und nicht so lang. Geschichten von Jungens, die Autorennen gewannen oder in Australien als Schafzüchter ungewöhnlich erfolgreich waren, gefielen mir sehr. Die Mutter korrespondierte also auch mit Frau Schneider und die Bücher kamen in festen Kartons, doch nicht nur von ihr, sondern auch von anderen Verlagen, unvergeßlich ist mir der unübertreffliche »Kai aus der Kiste« mit seinem Staubsauger.

Schwieg die Stimme der Vorleserin – manchmal war es die Mutter, manchmal die Sekretärin Dinah – kam auch das Grammophon zu Ehren. Aber das mußte man aufziehen mit der silbernen Kurbel und das hielt auf. Trotzdem – wieder und immer wieder wollte ich die Rosenarie aus Figaros Hochzeit vernehmen, bis die Schwester erklärte, wenn sie noch öfter »Komm, o mein Trauter« hören müsse, verginge ihr alles.

Als sie fortgeschrittener war, warf sie sich auf das Studium von Knabenkörpern. Nur das Allernötigste durften wir Buben, Friedebald und ich, mit einem Lendenschurz bedecken, und dann fertigte sie Ausschnitte aus Pappe von uns an, von der Seite und von vorne. Oder sie nahm den Fotoapparat, um Friedebald abzulichten, im Stehen wie im Sitzen – sogar auf der Wiese im Park mußten wir gymnastische Übungen machen, federnd springen und uns nach hinten durchbeugen, wobei der Bruder mir weit überlegen war. Er hatte überhaupt den hübscheren, viel harmonischeren Körper, die Mutter nannte ihn das Ideal eines griechischen Jünglings, und warum sollte die Schwester nur ein geschwisterliches Wohlgefallen an seiner Nacktheit haben?

Von alldem angeregt, gaben wir zwei einen Elfentanz zum besten. Wir umhüllten uns mit Seidenschleiern, ließen sie wehen, durch die Luft flattern und zu Boden sinken. Die Musik dazu mußte man sich leider denken, Maria war nicht daheim. Ziemlich ungraziös stelzte ich über den Rasen, warf meine Arme über den Kopf und reckte mich auf die Zehen, bemüht, tiefe Ergriffenheit auszudrücken. Mit Leichtigkeit stahl mir Bruder Friedebald auch hierbei die Schau.

Oft, zum Zwecke künstlerischer Studien, fuhr mir die prüfende Hand der Schwester am nackten Oberschenkel empor ins Hosenbein, hinauf zum Beckenknochen, verweilte dort und war wohl nicht ohne Teilnahme für das, was sich im Laufe der Zeit reckte und vom Kinde zu einem Knaben entwickelte.

Die bildende Kunst: den Vater, leider, sah man in Kösen niemals arbeiten. Er hatte hier kein Atelier, wollte es wohl nicht haben. Zu dieser Zeit war er aber auch schon weit über siebzig, fühlte sich um seinen Erfolg betrogen, da erlahmt die Schaffensfreude. Aber an ihm – vielleicht – hätten die Kinder Maß nehmen können.

Häufig fuhren wir damals nach Weimar, zum Gipsgießer, in eine winzige Werkstatt, auch der Meister war winzig und krumm. In seinem Hinterhofschuppen war alles voll Gips, es roch nach Gips und der Gips stäubte. Er goß Goethe-Köpfchen im Dutzend, da standen sie nun nebeneinander und schauten bedeutend. Auch Goethe-Plaketten – der Künstler holte sie aus dem Negativ, doppelt so groß wie Fünf-Mark-Stücke. Weiß kamen sie heraus, dann wurden sie bronciert, das ging schnell, nun waren sie wertvoll. Auch ich durfte die teigige Masse in die Form füllen und den Goethe mit heimnehmen.

Überall in dieser Werkstatt lagen Formen und Teile davon, Werkzeuge und Schalen. Ich fand dieses Durcheinander sehr dekorativ, sehr viel war zerbrochen, und es kam nicht darauf an, der Gips war ja billig. Die verlorenen Formen zerschlug man sowieso und warf die Scherben weg.

Der Schwester goß der Meister die Tonköpfe, die sie ihm brachte, in nasse Tücher gewickelt. Sie befestigte diese dann auf

Sockeln und tönte sie bräunlich. So stand der Bruder Friedebald in der Mutter Arbeitszimmer, mit modellierten Locken und herzlichem Blick.

Ich fand mich selbst nicht so gelungen und war wohl auch nicht so geeignet.

Doch reiste bereits Hannes Verlobter, der Maler Dorul van der Heyde heran – auch ihm mußte ich sitzen zum »Bildnis eines lesenden Knaben mit Hund«. Ich mochte dieses Gemälde nie, denn es zeigte mich in langen Wollstrümpfen, was ich vielleicht noch hingenommen hätte. Daß aber zwischen Strickstrumpf und kurzer Hose die blasse Haut meines Oberschenkels hervorschaute, war mir äußerst peinlich. Ich schämte mich.

Die Mutter fand es entzückend. Sie hängte das Bild neben die anderen.

Und schließlich kamen Annot und Rudolf Jacobi, Maler beide, aus Berlin. Eine Art Freundschaft war da entstanden – zwei elementare weibliche Naturen, Annot und die Mutter, fühlten sich zueinander hingezogen.

Annot hatte in Berlin einen Namen, nicht nur, weil sie die Großnichte des kleinen großen Geheimrates Adolph von Menzel war –, was dic Mutter gern erwähnte – sondern auch, weil sie selbst große Leinwände mit kraftvollen Pinselstrichen füllte, so farbig wie ausdrucksvoll.

Annot war selbst eine raumgreifende Persönlichkeit, wenn sie ins Zimmer kam, fühlten wir uns wie an die Wand gedrückt. Sie schrieb auch so – mit breiter Feder und temperamentvoller, wilder Schrift, und sie malte immer in Öl.

Ihr Mann, Rudolf Jacobi, war dagegen ein feiner Aquarellist, er wirkte still neben ihr, leicht in Gefahr, völlig zu verblassen – und doch: eben diese stille Art rettete ihn vor dem Vergessenwerden, denn wir suchten gern seine Ruhe auf.

War er in Kösen, so wanderte er mit dem Aquarellblock hinaus und saß stundenlang an der Saale oder am Schienenstrang, um vor der Natur zu malen, Bilder in lichten Farben, schräg dahinfließende Telegraphenmasten, sonnengefleckte Wege, hellen Schotter und dunkel lagernde Holzschwellen; Spaziergänger auch, deren Kleider nur aus Strichen zu ahnen waren, explosive Büsche am Wegrand – und der Höhenzüge zarte, hellgraue Silhouetten.

Annot gruppierte dagegen die ganze, ihr zugetane Familie im Bodenraum der Werkstätte. Sie verschwand selbst völlig hinter der riesenhaften Leinwand und schaute nur manchmal, den Pinsel zwischen den Zähnen und die Palette über dem Daumen, hinter ihr vor. Ganz so groß wie Rembrandts Nachtwache wurde das Bild nicht, aber doch sehr repräsentabel. Ich verlangte nachdrücklich, daß meine neue Armbanduhr auch zu sehen sei und Annot erfüllte mir seufzend den Wunsch.

Es war eine ganz besondere Uhr, die erste meines Lebens. Schon in diesen Tagen verlor ich sie, draußen im Park, irgendwo im nassen Gras. Da fing ich auch die erste Ohrfeige der Mutter ein, sie entwischte ihr einfach und hinterher war sie selber erschrocken.

Ich war aber auch sehr verblüfft und äußerst verwundert. Am liebsten hätte ich die Mutter getröstet. Ich ging noch mal suchen und fand die Uhr, sie lief sogar noch.

Für diese »Familie mit Uhr« bekam Annot wenige Jahre später in den Vereinigten Staaten einen der bedeutendsten Kunstpreise. Er half ihr und Rudolf Jacobi, dort Fuß zu fassen, als die beiden aus Deutschland emigrierten, nach Hitlers Machtergreifung. Die National Galery in Washington kaufte eines ihrer Bilder, und viel später der Deutsche Bundestag ein anderes.

Zwei Kinder hatten Annot und Rudolf, ich sah sie nie selbst, nur auf Fotos. Es schienen mir äußerst aparte, hochbegabte und intellektuelle Geschöpfe zu sein, an die ich mich nur deshalb erinnere, weil das Mädchen an einer hinterlistigen Krankheit litt – sie hatte Haarausfall und lief mit kahlem Kopf herum – ich fand, daß dies zu ihrer blassen Besonderheit paßte. Doch auch ihr Bruder hatte sehr wenige Haare. Das kommt davon, dachte ich, wenn man zu begabt ist.

Die meinen wucherten zeitlebens dick und wild.

Der Schwester Johanna, dem Hannerle, verdanke ich einige Begegnungen mit männlichen Wesen, die sich mit ihr zu verbinden trachteten.

Hanne hatte Freier, Hanne war umschwärmt – von ihrer Jungmädchenzeit an und unter ihren Verehrern gab es nicht nur den Maler Dorul van der Heyde.

Da fand sich zunächst Dr. Konrad Grein, er wurde schon bald nur noch herzlich »Kuni« genannt, er war der erste, den ich bewußt wahrnahm, und das nachhaltig. Denn seit er auftauchte, betrieb die Mutter Hannes und seine Verbindung mit Geschäftigkeit. Kuni war nämlich ein wohlrenommierter Lungenfacharzt in Halle an der Saale, am Martinsberg. Vielleicht hätte es die Mutter beruhigt, in Anbetracht meiner ständig labilen Gesundheit, einen Lungenarzt in der Familie zu haben – soll ich sagen: zu besitzen? – Auf jeden Fall wünschte sie ihrem Hannerle eine gesicherte, bürgerliche Zukunft – und diese Vorstellung nun gerade fand Hanne entsetzlich.

Dr. Konrad Grein, Kuni, war ein kleiner, ein stiller Mann. Er war schon einmal verheiratet gewesen und aus dieser Ehe war ihm eine etwas pomadige Tochter verblieben – Beate. Sie führte ihren glücklichen Namen nicht ganz zu Recht. Kuni war Halbjude, was zu jener Zeit aber noch keine Rolle spielte und auch gar nicht beachtet wurde. Später freilich belastete es ihn. Den kleinen Mann bedrückte vor allem die Sorge um seine Tochter, die als Vierteljüdin nicht studieren durfte und auch sonst Gefährdungen ausgesetzt war.

Aber ein fröhlicher Mensch war Kuni schon damals nicht, vor der Nazizeit. Es hätte auch schlecht zu seiner Facharztwürde gepaßt. Mir schien es stets so, als pflegte er einen lautlosen und vertrauten Umgang mit dem Tode. Er ging auf leisen Sohlen in seiner Wohnung und Praxis umher, im weißen Kittel, aus dessen linker Brusttasche das Hörgerät herauslugte. Leise, den Atem anhaltend, lauschte er in meinem schmächtigen Brustkasten nach den nur ihm vernehmbaren Botschaften der Krankheit, des

Siechtums oder des Lebens. Es waren dies feierliche Minuten, die ich nie ohne ein Gefühl eigener Bedeutung erlebte. Es war ja offenkundig, daß in meinem Inneren Schicksalhaftes vorging – aber die feuchten Hände des Arztes auf meinem Rücken mochte ich nicht.

Weihevoller noch war es, wenn ich in den Durchleuchtungsapparat gezwängt wurde und fröstelnd zwischen den kalten Röhren und Metallteilen stand, den Hals von der Platte nach oben gedrückt, gleich einem aufgehängten Huhn, während Kuni schweigend im Dunkeln wartete. Er nannte das adaptieren, und es währte recht lange, bis seine Augen sich an die Finsternis gewöhnt hatten und er ins schemenhaft leuchtende Innere der Lunge zu sehen vermochte. Dann war der winzige Raum von einem weißlichen, fluoreszierenden Licht erhellt, Kuni durchforschte die Scheibe, während er mir das Metall schmerzhaft gegen die Rippen preßte.

Mit den Entdeckungen war es dann allerdings nichts –, Kunis Suche nach Verwüstungen und Verfall blieb ohne Ergebnis, sein aufmerksames Auge wanderte im ganz Normalen herum, ohne Befund, wie er sich ausdrückte. Und das empfand ich als Kränkung, nicht nur in bezug auf die ganze Veranstaltung mit Hörrohr, nassen Fingern und Geisterstunde, sondern auch entwertend für mich selbst, da ich nun – offenbar gesund – nichts Verehrungswürdiges mehr an mir hatte.

Und doch fuhr ich gern nach Halle – nicht daß ich die Stadt geliebt hätte, sie erschien mir grau und häßlich. Auch regnete es scheinbar immer. Aber die Wohnung des Arztes, im Erdgeschoß, eingerichtet mit einem gewissen bürgerlichen Pomp, mit schweren Teppichen und Polstergruppen, behagte mir. Es gab fein zu essen von edlem, weißen Porzellan, der Doktor eilte im weißen Kittel aus der Praxis in die Wohnstube und wieder zurück, und ich lag neben Beate auf dem Boden und spielte mit grauen Elefanten, braunen Löwen und schwarzen Panthern aus schweren Steinen.

Einmal war ich zusammen mit Friedebald in Halle und wir schliefen, provisorisch, jedoch gemütlich untergebracht, in der

Praxis auf Lagerstätten, die sonst zur Untersuchung dienten. Ich fand es grausig, inmitten so erschreckender Instrumente und neben weißen Schränken mit giftigem Inhalt zu schlafen. Friedebald wußte es genau: all diese Medikamente, Tabletten und Tropfen konnten uns Menschen vom Leben zum Tode befördern. Es bereitete ihm Freude, die abscheulichen Folgen auszumalen, die eintraten, wenn man sich unbefugt einverleibte – in den Leib hinein! – was hier aufbewahrt wurde. Das fing mit einem Zittern der Glieder an, dann brannte der Mund, die Augen traten aus den Höhlen, man rang nach Luft und während einem die Zunge aus dem Halse hing, fiel man tot um.

So und noch ärger, je tiefer ich mich in die Kissen verkroch, malte der Bruder das Grauenvolle aus.

Dabei war die Hölle schon ausgebrochen – ganz nahe, im Nachbarhaus, über dem Hof, züngelten die Flammen aus dem Dach. Grellrot leuchtete es gegen den Himmel und ins Zimmer, das Feuer fraß sich über die Fassade, Tuten ertönten, Menschen schrien, das Klingeln der Feuerwehr gellte, die Straße füllte sich mit Neugierigen, pechschwarze Figürchen vor der Waberlohe – und genauso winzig und schwarz kletterten die Feuerwehrleute auf Leitern an dem lodernden Gebäude empor.

»Mensch, knorke!« rief der Bruder. Schon stand er am offenen Fenster. »Mensch, knorke! Det is so schön, det kannste für Jeld jarnich koofen!«

Aber ich fand es nur schön mit Grauen, noch wochenlang träumte ich von brennenden Häusern und fürchtete mich nachts alleine, wenn die Dielen knackten und mir so unerklärlich heiß war. Deshalb schenkte mir die Mutter ein buntes Feuerwehrauto aus dem Spielwarenhaus Wagner. Da konnte ich die Leiter emporkurbeln und hatte den Schutz immer bei mir.

Das menschliche Drama zwischen Hanne und Kuni, wie ihre Bindung sich knüpfte und warum sie sich lockerte, nahm ich gelassen zur Kenntnis. Es war mir schließlich so wichtig auch nicht, vor allem, weil Kuni dennoch ein Freund der Familie blieb.

Vielleicht mißfiel Hanne die Vorstellung, Beates Stiefmutter zu werden, vielleicht grauste sie der Gedanke, ein Leben auf Polstermöbeln zu verbringen, an der Seite eines Gatten, der sein Ohr vielmals am Tage an kränkelnde Lungen legte und mittags im weiß-wehenden Mantel zur Grießsuppe erschien. Jedenfalls – die Verlobung wurde gelöst, Kuni trauerte und hielt Zwiesprache mit dem grünlich leuchtenden Tod auf dem Röntgenschirm, beschloß jedoch, auch ledig am Leben zu bleiben, seiner Beate zuliebe.

Hanne aber machte bald darauf ernst mit irrtümlichen Verbindungen: Dorul van der Heyde war Holländer und Maler, ein gutmütig, runder, schwerer Mann, der freundlich und gelassen die Welt mit Pinsel und Farbe wiedergab. Er hatte ein beachtliches Talent für genaue Darstellungen, leider war das nicht ganz die Mode der Zeit. Vielleicht hätte er früher als niederländischer Meister mit saftigen Porträts pfeifenrauchender Männer, kartenspielender Schützen oder leuchtender Seestücke Ruhm erlangt. Vom Pech verfolgt, verbrannten seine frühesten Bilder mit dem Münchner Glaspalast. Eigentlich war er ja damals noch jung, aber er hat es nie recht verwunden. Seine malerische Kunst nahm an Menge ab, er wurde ein vielbeschäftigter Illustrator von Büchern und zeichnete für illustrierte Zeitungen. Nach dem Zweiten Weltkrieg schuf er Plakate für eine große Filmgesellschaft – verwirrend schöne Stargeschöpfe in verwirrend schöner Körperlichkeit in verwirrend schöner Garderobe.

Als Hanne ihn heiratete, sah der Maler aber noch frohgemut in die Zukunft und malte viele Bilder in pastoser Technik.

Die Verlobung wurde in den Weihnachtsfeiertagen mit flimmerndem Aufwand gefeiert – die lange Tafel war ja sowieso des Christfestes wegen überreich geschmückt. Doruls rundes Gesicht lächelte zufrieden über dem dunklen Anzug und Schwester Hanne trug ein Brokatgewand, auf den blonden Locken einen Spitzenschleier. Gerührte Reden wurden gehalten – man wünschte herzlich Glück, und das war nötig, denn wirtschaftlich betrachtet, hatte niemand Grund zur Zuversicht. Ich schenkte Dorul, dem Maler, dem künftigen Schwager, ein Gemälde aus eigener Hand, es zeigte einen Zeppelin, dessen Motore von Monteuren an den Propellern angeworfen wurden und schrieb darunter »Die Wirtschaft wird angekurbelt«.

Sie wurde es nicht.

Ich mochte den Holländer, nicht nur, weil er ein Holländer war und kein Deutscher, er zeichnete mir lustige Würfelspiele, eines von Trappern und Indianern, sie warfen mit Tomahawks und Messern, schossen mit Pistolen – drei vor – wurden an den Marterpfahl gebunden – vier zurück – und wieder befreit. Das zweite gefiel mir fast noch besser, es war irgendwie ungewöhnlich, ja, verrucht, allzuviel hatte ich von den Schattenseiten des menschlichen Lebens bisher ja noch nicht erfahren. Dorul zeichnete den unaufhaltsamen Sturz eines Landstreichers ins Elend, seinen Weg voller guter Vorsätze, die doch immer wieder zum Alkohol führten, er zeichnete den Besoffenen im Straßengraben, treffend und tragisch. Doch ich fand es nur komisch. Begeistert warf ich die Würfel, der arme Kerl stolperte über Brükkengeländer und nächtigte in Pfützen.

Die Mutter wußte nicht recht, was sie zu dieser Form der Pädagogik sagen sollte.

Zeltreise

Damals gab es schon Leute, die ihr Zelt irgendwo draußen aufschlugen, aber das waren Einzelgänger. Das Wort »Camping« war unbekannt. Massenansammlungen von Zelten oder gar Wohnwagen kamen nicht einmal bei Romanautoren vor. Wohl schrieb Heinrich Hauser sein erfolgreiches Buch »Fahrten und Abenteuer im Wohnwagen«, aber das war eben deshalb erfolgreich, weil es von einem ganz neuen Lebensgefühl erzählte.

Sein Buch gefiel uns. Zwar kein Wohnwagen, aber ein Zelt wurde erworben, nicht viel größer als eine Hundehütte. Drin stehen konnten wir nicht, wir krochen hinein und quetschten uns auf zwei Luftmatrazen zusammen – zu dritt: die Schwester

Fifi, der Bruder Friedebald und ich. Da lagen wir, auf der nachgiebig-schwabbenden Unterlage, hörten innen die anderen schnaufen, draußen die Äste knacken, den Wind heulen, den Regen prasseln, überstanden Blitz und Donner und wurden von Kühen geweckt, die Kopf, Hörner und sabbernde Mäuler durch den Einlaß zwängten.

Die Mutter blieb in Kösen bei der Arbeit, nie nahm sie sich Zeit für Ferien. Sie versprach aber, uns unterwegs zu treffen. Unser Bruder Michel lernte auf der Wasserkuppe das Segelfliegen, ihn wollten wir besuchen. Unser Fahrzeug war der altersschwache Chevrolet, »Brigittchen«, Fifi chauffierte dieses Automobil, das überall Gelächter erregte, in eine Stadt durften wir uns mit ihm kaum wagen.

Es wurde dann eine Reise der Gemütlichkeit, durch Mitteldeutschland, zur Weser, zum Rhein und zur Rhön. Es war ein Dahintrudeln durch ein stilles, ein unzerstörtes Land, auf schmalen, gewundenen Straßen, durch Dörfer mit Fachwerk und Butzenscheiben, eine Fahrt des Glücks in die Vergangenheit; in den Odenwald an die Siegfriedquelle, wo Hagen von Tronje den Helden erstach – und die Lindenbäume schimmerten noch immer so grün; an den Dom zu Worms, wo die Königinnen Brunhilde und Kriemhild um den Vortritt stritten.

Wir zelteten auf Wiesen und an Waldrändern, am Ufer der Weser, die so dahinrauschte, wie es in den Märchen beschrieben wird. Es war still ringsum, selten ein Auto, kaum ein Motorrad, dafür Glockengeläut von den Kirchen, träge dahinziehende Lastkähne, das Zetern von Vögeln und Bienensummen.

Die Schwester Fifi fuhr nicht nur, sie sorgte auch für das Mittagessen, da wurden wir ordentlich ernährt, manchmal in Gastwirtschaften. Der Bruder Friedebald war Herr des Frühstücks, ein meist verspätetes Abenteuer, Haferflockenbrei, im Liegen auf dem Spirituskocher zubereitet, angebrannt oder zu dünn, oft fehlte die Milch. Mir oblag das Abendbrot, auf eigenen Wunsch, das war einfach, es gab täglich Schwarzbrot, Käse, Tomaten mit Dill, mein Leibgericht, überall frisch zu haben, sehr leicht zu bereiten. Keiner nahm's übel.

Auf der Zeltreise. Bruder Friedebald denkt auf dem Trittbrett des Autos »Brigittchen« über das Frühstück nach. Daneben Bömby

Am Edersee, an der Edertalsperre, trafen wir ein zeltendes Pärchen. Herkules nannten wir den männlichen Partner, er war so wohlproportioniert und durchtrainiert. Er schnallte mir unseren Wasserkanister aus Blech auf den Rücken und lehrte mich erste Schwimmbewegungen. Herkules fand mich sehr schmächtig und bedenklich schlaff. Da hatte er recht, doch so schnell ließ sich das auch nicht mehr ändern.

Der künstliche See war weit und klar, wir lebten am Ufer und taten nichts.

In Fulda erwarteten wir den Bruder Jochen aus Paris, die Mutter hatte ihn dorthin geschickt, damit er internationales Flair atme und die große Mode kennenlerne – für ihre verstellbaren Schaufenster-»Puppen« – ihren Kinderfiguren hatte sie gerade lebensgroße Eltern gegeben, Erwachsene. Kaum 21 Jahre war Jochen alt und was er wirklich in Paris gelernt hatte, ahnte die Mutter noch nicht. Nun stieg er aus dem D-Zug im eleganten

Anzug, mit weicher Krawatte, das Hütchen schief auf dem blonden Schopf. Die scheußliche Nickelbrille hatte er gegen eine eindrucksvolle Hornbrille vertauscht – und er rauchte Pfeife. Er duftete aus allen Poren und Knopflöchern nach Parfüm – er war auf die charmanteste Weise auch im Wesen parfümiert, heiter, konziliant, ein Liebling der Götter und Frauen. Ein wenig versnobt, vom großen Zeh bis über die Nasenspitze erotisiert, mit einem Knall aufgeplatzt – aus dem häßlichen grauen Entlein war ein weißer Schwan geworden, amüsant, weltgewandt und gut gewachsen.

Er war randvoll mit Geschichten von amourösen Abenteuern, die er mit Witz und Selbstironie zum besten gab, ein leichter Vogel, der seine zahlreichen Mädchen liebte, ihnen aber nicht nachtrauerte, was dem schwerblütigen Bruder Michel sauer aufstieß, denn Michel tauchte in jede Liebe mit Haut und Haaren ein wie in ein Moorbad, aus dem er dann schwarz und schwer wieder herauskroch, an ganzer Seele triefend – er wurde die Pakkungen sein Leben lang kaum wieder los. Vor einiger Zeit erst, in Riezlern beim Skilaufen, da hatte er Dodo geliebt, eine Fabrikantentochter aus Stuttgart, dunkel und hübsch. Das Hotel zur Post war Schauplatz dieser Romanze gewesen, an der alle innigen Anteil nahmen, die Mutter und Dodos Eltern – und zwangsläufig nehmen mußten, denn es lagen die beiden auf der Bank am Kachelofen einander stets in den Armen. Damals – es wurde dann doch nichts daraus. Aber Michel vergaß nicht, er litt.

Nun rang die Mutter, halb lachend, halb weinend, die Hände über »Jockerles« komplett und perfekt verlorene Unschuld. Das hatte sie ja nicht geahnt, nicht gewollt ... Aber heimlich genoß sie seine Metamorphose und war zufrieden, auch wegen der Firma, die würde den modischen Nutzen haben, was sich als richtig erwies.

Auf der Wasserkuppe, kahle Höhe mit dürrem Gras, weiter Blick über die Rhön, zelteten wir neben kleinen Kiefern, mitten unter Schafen. Dort setzte sich Bruder Michel in Segelflugzeuge, machte die C-Prüfung. Da war eine männliche, allen

Weibern und Modepuppen abholde Gesellschaft, Kameradschaft, der Rhönvater Ursinus mit schwarzem Bart wurde verehrt und gefürchtet wie Rübezahl. Bernsteinfarbene, kreuzförmige, windleichte und elegante Segler lagen – verteilt über die gewölbte Höhenkuppe – auf dem Rasen, wie wenn sich Insekten, Schwärme von Libellen, darauf niedergelassen hätten und ausruhten – mit ausgebreiteten, starren Flügeln. Am gespannten Gummiseil, das spitzwinklig von der Nase des Flugzeuges fortlief, rannten die Burschen hangab. »Ausziehen – laufen – los!« bis die Haltemannschaft, die Absätze in den Rasen gekrallt, den Schwanz des Flugzeuges losließ und der Segler sich rutschend, rauschend in die Höhe hob, das Seil ausklinkte. Am blauen Himmel kreuzten die hellen Vögel, still, lautlos, kreisten, schraubten sich höher, zogen imaginäre Linien, verschwanden manchmal in den Kumuluswolken wie in Kugelpalästen. Da lag ich, die Arme unter dem Kopf verschränkt, und folgte diesem gleitenden Fliegen mit den Augen, entrückt und verzaubert, mit einer Sehnsucht im Herzen, die unstillbar war, aber auch nicht gestillt werden sollte, denn das war ihr Reiz.

»Zögling« hieß das kleinste Flugzeug, ungeschützt wie auf einem Küchenhocker, mit den Füßen das Seitenruder bedienend, in der rechten Faust den Steuerknüppel, mit der linken oben am Flügel sich haltend, saßen die Schüler und machten ihre ersten kleinen Rutscher und Hüpfer. Dann stiegen sie in den Falken um und träumten vom Condor, dem überschlanken Hochleistungssegler, mit dem Günther Grönhoff seine Rekorde aufstellte, ein Flugzeug, makellos in seinen Formen, ein ästhetisches Wunder, Schönheit und Spannung bis in die Flügelspitzen. Hanna Reitsch flog damals auf der Wasserkuppe, wie ein Junge unter Jungen, in dieser Männerkameradschaft war kein Platz für Erotik, so schien es mir jedenfalls, vielleicht war Platz für die Liebe, da sie ja überall Platz hat, aber dem verspielten Flirt, wie ihn Bruder Jochen aus Paris eingeschleppt hatte, begegnete Michel mit Unverständnis.

Wenn es Spannungen in der Familie gegeben haben sollte, zwischen den beiden so verschiedenartigen Brüdern also: der eine mit schwerem Gefühl, nur in den Lüften segelnd; der andere, sich niemals selbst über die Wolken schwingend, aber sonst ein Schmetterling – wenn es zwischen diesen beiden also Reibungen gegeben hat, so belasteten sie mich nicht. Zu neu, zu schön war diese Welt für mich, die kahle, windgezauste Höhe, wo das Gras sich schief legte und man sich selbst querstellen mußte und die Haare wirbelten. Die jungen, fröhlichen und kameradschaftlichen Männer, das stille, lärmverschmähende Schweben der Riesenvögel, von denen niemand wußte, wie lange sie fern im Himmel kreisten und die kein Ziel hatten, keinen Ort, den sie erreichen wollten, was ihren Flug zu etwas Unendlichem, etwas vollkommen Zeitlosem, Zeitentrücktem machte.

Spannungen aber wurden mir dann sehr nachhaltig vorgeführt, demonstriert, auf der Heimfahrt, wenn auch keine seelischen, sondern solche zwischen leblosen Körpern. Die Mutter besuchte einen bedeutenden Porzellanfabrikanten – Herrn Rosenthal – sie bemühte sich um Dekorationen in Porzellangeschäften, denn ihre Figuren waren ja verstellbar, sie konnten alles und also auch am gedeckten Tisch sitzen, Tassen halten und den kleinen Finger abspreizen. Herr Rosenthal wohnte in einem Park; schwere, uralte Bäume, deren weit ausladende Zweige unermeßlichen Reichtum ausströmten. In seinem Schlößchen führte eine sich vielfach winkelnde Treppe um einen breiten, verschwenderisch leeren Zwischenraum bis unter das Dach, und das Geländer war, zierlich, kunstvoll und einmalig in Europa, vielleicht sogar in der ganzen Welt, aus Porzellan gefertigt, mit Porzellanröschen geschmückt. Die Mutter bewunderte es ehrlich, der Fabrikant zeigte sich kinderfreundlich, er kletterte mit Friedebald und mir hinauf und spuckte mit uns über das Kunstwerk, hinab auf den Marmor, wo's klatschte.

Ein Laboratorium hatte er sich gebaut, da hingen in Kirchturmhöhe zwei Kupferkugeln, groß wie Waschkessel, er ließ sie sich voneinander entfernen und sich nähern und die Blitze zwischen ihnen zucken – das peitschte, und die Mutter steckte die Finger in die Ohren.

In Frankfurt, der Stadt mit dem Römer, der Stadt der deutschen Kaiser und der Stadt, wo Goethe geboren worden war, schaute die Mutter bei Leo Frobenius herein. Da ging es nicht um Schaufensterfiguren, sondern nur um herzliche Gespräche, denn die Mutter und der Vater waren mit Leo Frobenius befreundet und auch mit seiner Frau, die sie Frobenia nannten.

Nach dem Mittagessen mußte ich ruhen, ich ruhte im abgedunkelten Zimmer, im Vorgarten plauderte die Mutter mit dem berühmten Afrikaforscher. Ich war diesmal nicht böse über meine Klausur, das Sofa war weich und mit bunten afrikanischen Decken belegt, auch die Kissen waren afrikanisch und auf den Bücherregalen standen feine, schwarze Figuren aus hartem Holz, schlanke Gestalten mit wulstigen Lippen, hervorstehenden Augen und Schilden und Speeren.

Und ich durfte lesen. Griechische Sagen drückte mir Leo Frobenius in die Hand, die Geschichte von Hektor und Achill, von Troja und dem Pferd und dem listigen Odysseus.

Von draußen klang das eintönige, freundliche Gemurmel herein, von der Bank vor dem Haus, die Vögel zwitscherten, damals zwitscherten sie noch in Frankfurt, im Gärtchen standen auch Bäume. Ich aber war weit weg, weit weg in der Zeit und weit weg im Ort, Jahrhunderte weit, Heinrich Schliemann grub die Stadt wieder aus, aber er fand erst eine ganz falsche, Leo Frobenius wußte über all diese Dinge sehr gut Bescheid, ihm war das klassische Griechenland genauso gegenwärtig wie die afrikanische Kultur.

So wurde ich größer. Allmählich erweiterte sich mein Gesichtskreis, ich tat die ersten Schritte aus der heimatlichen Welt. Kunst und geschichtliche Sage; Worms und die Nibelungen; der Flair einer zart-verruchten, anmutigen Lebensart; Männerseligkeit zwischen den Wolken und auch nahe dem Tod – Günther Grönhoff, mein Held, einer von unzähligen, stürzte ab – das Raunen breiter, langsam ziehender Ströme; Reichtum, Luxus und Naturwissenschaft: ich hatte viel zu verarbeiten, oder auch nur aufzunehmen, wie's meiner träumerischen, kontemplativen Natur entsprach.

Wie aber war die Zeit, was sah ich davon – was von der Politik, was von der Wirtschaft?

Die Zeit war nicht gut.

In Kösen rotteten sich zwar keine Arbeitslosen auf den Straßen zusammen, Arbeitslose aber gab es überall. Durch die Strudel der Inflation hatte die Mutter ihre Werkstatt nur führen können, wie sie sagte, weil sie nach den USA, nach Schweden, Holland und nach der Schweiz exportierte. So bekam sie Devisen, Goldmark. Es ging so recht und schlecht – einige Jahre. Wenn ich auf der Saalebrücke stand, die Eisenbahnschranke herniedergelassen war und die Güterzüge mit nicht endender Wagenfolge nach Westen rollten, über die zitternde Friseurbude hinweg, dann erklärten mir die Leute auf der Straße, daß dort die deutschen Milliarden nach Frankreich transportiert würden und ich sah sie vor mir, Sack für Sack, Goldbarren für Goldbarren.

Es kam die Zeit von Reichskanzler Brünings einander jagenden Notverordnungen. Die Betriebsleiterin Babu und der Prokurist Renner hatten Ringe unter den Augen, die nicht mehr von ihrer unglücklichen Liebesgeschichte herrührten. »Ach Maxel, Maxel, wo soll das noch enden?« seufzte Babu oft und warf früh ein weiblich-hoffendes Auge auf Adolf Hitler. Hans Renner stand ihm skeptischer gegenüber.

Zwar entließ die Mutter keine Leute, aber sie setzte alle Löhne und Gehälter herab. Hans Renner sah sich nach einer neuen Stelle um, schrieb 1932 in einer Bewerbung: »Der Grund ist der, daß Frau Käthe Kruse radikal abgebaut hat und mir ein Gehalt zahlt, mit dem ich in dem teuren Badeort mit meiner Familie nicht mehr auskommen kann.« Und die Mutter, um einen Kredit nachsuchend, erklärte dem Landrat: »Es ist mir nur mit unendlicher Mühe möglich, den Handarbeitsbetrieb – ich beschäftige etwa 65 Arbeiter und Arbeiterinnen in meiner Werkstätte und noch etwa 30 Heimarbeiter – über den schweren Sommer aufrechtzuerhalten ... und das alles kann ich allein, d. h. aus meinen eigenen, erschöpften Mitteln, nicht länger durchführen.« Dieses »allein« mag ein Schlüsselwort zu ihrem Verständnis in diesen und in den kommenden Jahren sein, denn allein war sie wohl immer gewesen mit sich und ihrem Werk, zeitlebens, trug allein die Last der Arbeit und der Verantwortung, hatte im Vater, dem männlichen Partner, keinen Halt und keine ratende, tatkräftige Unterstützung, mußte sich viel eher gegen seine wachsenden Ansprüche und Altersegoismen behaupten.

Manches aber war damals auch fröhlich, schien mir toll zu sein. Im Hochsommer gab es allwöchentlich einen »Gala-Abend« im Hotel »Mutiger Ritter« oder eine »Reunion« – das war etwas Festliches, Frohes – Glück der Erwachsenen. Wilde Musik klang nachts von dort herüber bis in unser Haus, man spielte Charleston und Jitterbug. Die Tanzfläche war im Garten, unter Bäumen, beleuchtet von roten und grünen Lämpchen.

Wir Kinder sangen: »Was macht der Meier am Himalaya« – »Wer hat denn den Käse zum Bahnhof gerollt« und »Was machst du mit dem Knie, lieber Hans, mit dem Knie, lieber Hans, beim Tanz«. Die Mutter fand diese Lieder scheußlich, ein Grund mehr, sie laut zu grölen und »Wenn die Elisabeth nicht so schöne Beine hätt'« dazu.

Eines Nachts aber verstummte die Tanzmusik aus dem Hotel, das heißt, die betörenden Klänge von Saxophonen und Banjo, die in Wellen zum offenen Schlafzimmerfenster hereingeweht worden waren, wurden übertönt von einem gleichmäßigen, lauten Brausen, das sich gemächlich näherte – alles ringsum brauste und klirrte mit – ich flog ans Fenster, ich lehnte mich weit, weit hinaus – ganz ruhig, sehr langsam, sehr gewaltig schwebte der Zeppelin tief über unser Haus. Er zog schwarz mit seiner leuchtenden, goldblinkenden Gondel über die Birke und zeichnete sich nur schwach vor dem nachtblauen Himmel ab, der aber eben doch nicht ganz dunkel war, sondern durchleuchtet – durchleuchtete, mit Sternen bestückte Nachtluft, gleichzeitig kühl und schmeichelnd, ganz so wie in Vaters Bühnenbild zu der Salome. Und jetzt brauste sie auch noch, die Luft.

Mein Herz schlug heftig. Ich empfand, wie groß das Ereignis war und wie schön die Zukunft, die Wirtschaftskrise würde man schon überwinden und im übrigen hatte man ja auch bisher trotz der Wirtschaftskrise so schön gelebt. Es war eine Zukunft voller schneller Autos, die mich erwartete, am Sonntag hing ich am Radio und hörte die Reportagen von der Avus, von den Autorennen und den Siegen Rudolf Caracciolas und Hans Stucks. Es war eine Zukunft mit Flugzeugen, mit rollenden Bürgersteigen, wie sie im »Neuen Universum« beschrieben wurden, eine Zukunft mit Ozeandampfern und vielleicht sogar mit Mondraketen, der Bruder Friedebald konnte schließlich auch nicht alles wissen. Ein Schienenzeppelin brauste von Hamburg nach Berlin, oder vielleicht war es von Bremen nach Berlin, er brauste jedenfalls, so wie der »Graf Zeppelin« über das Haus und die Birke brauste und mit seinem schwarzen, spitz zulaufenden Ende nun über dem Dach von Schmohls Gastwirtschaft verschwand.

Ja, es würde eine herrliche, eine brausende Zeit werden. Nur jetzt war sie es noch nicht ganz. Aber jeder wußte: die Zukunft wird besser. Alle wollten das Beste für die Zukunft und für ihre Kinder.

Es wurde viel gewählt, damals, immer wieder, ich sah eine Menge der verschiedensten Plakate an Wänden und Bäumen, immer andere Männerköpfe, Parolen, Zeichen aus Buchstaben und Emblemen, das Hakenkreuz war nur eines unter vielen. Fragte ich die Mutter, was sie wähle, sagte sie wohl: »Es ist eine geheime Wahl«, nicht weil sie mir ihre Meinung verschweigen wollte, sondern weil es ihr in dem kleinen Ort geraten schien. Sie gab dann aber auch zu, das Zentrum gewählt zu haben, oder eine andere Partei aus der bürgerlichen Mitte.

In Bad Kösen gab es damals nicht wenige Sozialdemokraten, auch Kommunisten. Die Stadt war gespalten, gespalten auch politisch durch den Fluß. Auf der einen Seite, rings um das Gradierwerk, wohnten die Bürger, hier standen die bescheidenen Villen in bescheidenen Gärten. Auf der anderen Seite wohnten die Arbeiter. Es gab viele Arbeiter in Kösen, die meisten arbeiteten im Leunawerk, etwa 40 Kilometer entfernt, Morgen für Morgen, um fünf Uhr früh, im Winter bei nächtlicher Dunkelheit, fuhren sie im rußgeschwärzten Personenzug in die riesige Fabrik und kehrten frühestens um die Abendbrotzeit heim – und manche fuhren zur Nachtschicht – ein hartes Dasein, von dem man nur deshalb so wenig spürte und erfuhr, weil die Männer ja an sechs Tagen in der Woche, den halben Samstag eingeschlossen, nicht daheim waren, am Sonntag ihre Ruhe haben wollten und überhaupt in ihrem eigenen Stadtteil wohnten. Sie verirrten sich höchstens an Sonn- und Feiertagen in die Kurpromenade oder in Schmohls Gastwirtschaft. So ganz geheuer waren die »Leuna-Arbeiter« mir irgendwie nie, ich hätte nicht sagen können, warum, vielleicht, weil ich sie zu wenig kannte und weil sie eine Menschengruppe für sich blieben.

Das Leunawerk selbst sah ich ja kaum, manchmal von der Eisenbahn aus, man kam dann dicht daran vorbei. Es war groß, unendlich groß, und häßlich, es bestand nur aus eisernen Rohren und Kesseln, aus Rohren, die Hunderte von Metern über- und untereinander herliefen – und nebeneinander, in ganzen Gruppen. Die Rohre schlugen Haken und stiegen in Windungen empor und herab, da gab es eiserne Treppen und Türen und Umgänge, sehr viele Hallen und Schuppen und sehr viele zerbrochene Fensterscheiben. Alle diese Röhren und Treppen und Schuppen waren rot, rostrot und rostbraun, es stank und es dampfte. So sah ich das Leunawerk und es erschien mir fast wie ein Schrecken, wie ein Gefängnis.

Nur nachts verwandelte es sich. Dann wurde diese Fabrik zu einem Wunder, zu einer Zauberarchitektur, die sich aus Lichtpunkten auftürmte und streckte, die Lichter rannten am Zugfenster vorbei, die vorderen, die hinteren schienen zu stehen. Flammen loderten aus hohen, dünnen Schornsteinen, der ganze Himmel war gluthell erleuchtet, ja, weiter oben, wo eigentlich die Sterne sein sollten, verdunkelte er ganz. Es war wie ein Feuerwerk, das auf seinem prächtigen, tausendfältigen Höhepunkt erstarrt war.

Am Tag aber war es all seines Zaubers beraubt, dann, wenn

die Leuna-Arbeiter aus der Umgebung kamen, auch die aus Kösen, aus dem anderen Kösen, aus dem Viertel um den Bahnhof. Niedrige, sehr enge Häuser ohne Gärten standen hier, Wand an Wand, lange Zeilen, Kopfsteinpflaster, winzige Kramläden, unbehaglich, ärmlich. Hier war der singende, schleifende, die Vokale verschmierende thüringische Dialekt in seiner unschönsten Ausprägung recht eigentlich zu Hause.

So empfand ich es, der Junge, der auf der Sonnenseite aufwuchs. Einmal kam ich einem Leuna-Arbeiter auch nahe. Eines unserer Hausmädchen, ein hübsches Ding, das nur ein kurzes Gastspiel gab bei uns, heiratete ihn, aber der war etwas Besseres, ein Werkmeister, und hielt sich viel darauf zugute. Ich wurde eingeladen, war stolz, ging in die enge Wohnung, ins Zwergenhaus am Eck zweier Gassen. Da trat ich in eine Schönheit aus Plüsch, Nippes, Fransendeckchen – Stehlampe mit Troddelschirm, röhrende Hirsche an der Wand – aber sie röhrten nicht wirklich, sie hielten nur ihre Schnauze offen.

Der Werkmeister war laut, herzlich, er hatte einen Spitzbauch wie Herr Wenzely, er sprach dröhnend, bewirtete mich mit Zuckerplätzchen, trank selber »was für Männer, dazu bisde noch zu gleen«, und klopfte seine junge Frau viel auf den Hintern, was diese stolz machte. Der Werkmeister war auch stolz auf alles, wozu er es gebracht hatte, Heim, Weib und Stellung, er ging nach dem Schnaps zur Zigarre über, »ooch was für Männer«, und wurde, nachdem er »seene Gleene« noch häufiger auf den Po geklopft hatte und die Hand immer häufiger dort verweilen ließ, schließlich sentimental, bekam einen verklärten Blick und schickte mich nach Hause, weil er »nu erschd rischdsch Abbedied uff's allerscheensde für Männer hadde«.

Es war ein netter Besuch gewesen, der mir recht gut gefiel, leider verlor ich den tonnenbäuchigen Werkmeister aus den Augen, ehe er mir tiefere Einblicke in sein Leben als Leuna-Arbeiter zu geben vermochte.

Keinen tiefen Einblick, aber doch einen flüchtigen Eindruck von etwas Großartigem, Bedeutendem gewährte mir ein Besuch des Reichspräsidenten von Hindenburg, er nahm an einem Begräbnis in Bad Kösen teil – wohl weil, soweit ich es verstand, ein Kriegskamerad und höherer Offizier hier zu Grabe kam. Ich sah nicht den Leichenkondukt, auch nicht, wie der Sarg in die Erde versenkt wurde, der Friedhof war abgesperrt durch Soldaten und Polizisten, ich hätte aber sowieso nicht den Mut gehabt, mich unter die Trauergäste zu mischen, wo ich doch den Toten nicht einmal dem Namen nach kannte.

Der Reichspräsident fuhr im großen Wagen vor, der Kühler des Autos schien mir wirklich besonders lang zu sein, und auf dem vorderen rechten Kotflügel stand eine Standarte. Noch drei andere Wagen folgten, uniformierte Herren kletterten heraus, salutierten, und verstellten den Blick auf den alten, schwer und majestätisch wirkenden Mann, der zwar langsam aber doch unverzüglich, im lang herabhängenden Mantel, hinter der Friedhofsmauer verschwand.

Diesem Reichspräsidenten, der mir fast zum Anfassen nahe gewesen war, gehörte von da an meine Sympathie. Sie wurde von Karl-Heinz, dem Freunde, geteilt, als 1932 die Stichwahl zwischen Hitler und Hindenburg nötig wurde. Der großväterliche Herr, in der Würde eines Generalfeldmarschalls, behagte uns sowieso mehr als der unbekannte Hitler mit dem Oberlippenbärtchen und dem rechten Scheitel. »Hindenburg erwache, unter Schlosses Dache – Hitler verrecke, in der Kuhstallecke!« grölten wir laut und von Herzen überzeugt auf dem Schulweg, der an Hunderten von Plakaten entlangführte. Wir konnten um so überzeugter sein, als wir auch die Meinung unserer Eltern wiedergaben, nicht nur die Mutter, auch Karl-Heinz' Vater wählte so.

Daß Deutschlands Unheil und das der Welt doch nicht zu verhindern war, ahnte damals noch keiner. Hitlers Machtergreifung stellte sich mir nur ein Jahr später als ein völkischer Aufbruch dar, dessen Wucht auch mich mitriß, mich vermutlich auch dann mitgerissen hätte, wenn ich kritischer gedacht haben würde. Es gab aber niemanden mehr, im weiten und näheren Umkreise, der dieses Ereignis nicht mit einem Funken Hoffnung entweder hinnahm oder sogar begrüßte.

Die Mutter wünschte den wirtschaftlichen Aufschwung, sie brauchte ihn dringend, alle Mitarbeiter der Werkstätte, für die sie sich verantwortlich fühlte, sehnten ihn herbei. Nationalsozialistin war die Mutter trotzdem nicht, höchstens guten Willens, wie sie immer leicht guten Willens war. Daß man so vieles von dem, was später kam, hätte vorhersehen können, wenn man Hitlers Schriften ernstgenommen hätte, ist wahr, aber man nahm sie nicht ernster, als man Wahlreden und Propaganda eben ernst nimmt, heute wie damals – und so, wie man heute die vorprogrammierte ökologische Katastrophe noch immer nicht wirklich wahrhaben will. Es fehlte unseren Eltern nicht an der bitteren Erfahrung eines Krieges. Und fast alle waren sich einig, daß Kriege immer ein Unheil sind. Selbst Hitler wurde ja nicht müde, ständig seinen Friedenswillen zu beteuern. Was dieser Generation aber gänzlich fehlte, das waren Erfahrungen mit einer so skrupellosen, irrwitzigen Tyrannis, mit so blutigem, grauenhaftem und erbarmungslosem Rassenmord. Noch nie in der Menschheitsgeschichte hatte es Vergleichbares gegeben. Wie hätte man das damals vorausahnen können, ohne selbst die Wahnideen eines Hitlers zu haben?

Längst hatte ich die Schmähverse vergessen, mit denen ich »des Führers« Verrecken im Kuhstall gefordert hatte. Hitler war Reichskanzler geworden, die Schule summte vor Erregung, die Schüler teilten sich in zwei Lager: Der Bürgermeister der Stadt weigerte sich, die Hakenkreuzflagge auf dem Rathaus zu hissen, weil sie nicht die Fahne des Staates war. Menschengruppen rotteten sich zusammen, nahmen Partei dafür oder dagegen, beschimpften sich auf gut thüringisch, manche lachten noch. Bald lachten sie nicht mehr. Wenig später stieg die rote Fahne mit dem Unglückskreuz in der weißen Scheibe am Mast empor und leuchtete vor dem Winterhimmel, am 30. Januar. Ein Trupp SA-Männer hatte den Bürgermeister gezwungen, wenige Tage darauf wurde er abgesetzt.

Ich kam ins »Jungvolk«, halb überredet, halb neugierig. Ein länglicher Kellerraum mit Tonnendecke in der Schule war der Treff- und Sammelpunkt. Da saß ich Klappschüler abends, es wurde früh dunkel, eingepfercht, Schulter an Schulter und Arm an Arm mit der völkischen Jugend. Die Knie angezogen hockte ich auf dem Fußboden und sang im Chor nationalsozialistische Lieder. Es war ein mir neues Gemeinschaftsgefühl und das rieselte heilig den Rücken hinunter.

Ich bekam ein braunes Hemd und eine schwarze Samthose, auch einen Schulterriemen und ein Koppel. Gürtel und Schulterriemen waren aus braunem Gummi, nicht ganz korrekt, auch die Samthose war nicht korrekt, man nahm es damals noch lässig.

Zur Sonnwendfeier brach ganz Kösen auf, zog auf den Berg, der Schulpforta vorgelagert war, da loderte der Holzstoß in die klare, schwarze Nacht. Lieder auch hier, und Fahnen, und sehr viel Kameradschaft – das rechte für einen Jungen, der Siegfried noch im Herzen trug. Ein Fackelzug in die Stadt zurück, Lichtpunkt an Lichtpunkt, das prasselnde Pechholz in der Rechten, die linke Hand auf dem Koppel und Marschtritt. Es lag ein Zauber über dieser Nacht – woher hätte Kritik kommen sollen?

Trotzdem war Hitler eigentlich recht fern, nah war nur der »kleine Trommelbube«, der erschlagen worden war, das Lied, das wir sangen über der Brücke, zu Trommeln und zum Fanfarenzug, ein sentimentales, zu Herzen gehendes Lied, ein Lied für Deutschland, oder was man darunter verstehen wollte.

Ob wir alle Juden seien, wir Kruses, das fragten wir Kinder die Mutter beim Frühstück, auf der überdachten Terrasse zum Hinterhof, bei Vogelgezwitscher und Sonnenschein und Marthas Tellergeklapper aus der Küche. Die Mutter verneinte, aber sie mußte auch erst nachdenken, so ganz sicher war ja wohl keiner, was da in Vaters oder Mutters Ahnenschar sich tummelte. Was für ein Schicksal die Antwort von uns abwendete, ahnten wir nicht, erleichtert waren wir trotzdem und die Brötchen schmeckten gleich besser.

Übrigens korrespondierte die Mutter schon mit einer Verehrerin in der Schweiz, die ein Kinderheim führte, in Arosa, 1800 Meter hoch, im Gebirge. Um Puppen ging es zunächst, dann um ihren Maxel, das zarte Kind. So ganz geheuer war's immer noch nicht mit seiner Gesundheit. Die wenigen Schulstunden wurden nicht vermehrt, die sommerliche Erholung, aus den großen Ferien – im Herbst war sie wieder beim Teufel. Mit dem Nebel, dem Regen, der Kälte – mit der Schule kam wieder die Anfälligkeit. In die Höhe müßte er, ins Gebirge. Thomas Manns Zauberberg war ja in aller Munde. Die Mutter war immer besorgt.

Der Gedanke lag nahe, mich zu Frau Suter zu schicken, zu Liegekuren, Schnee und hoher Luft. Vielleicht hatte die Mutter sogar den Wunsch, mich ins neutrale Ausland zu geben, ins internationale, in die Schweiz. An häufigen Fiebern litt ich eigentlich damals nicht übermäßig, aber guttun würde es mir sicherlich, Kuni in Halle war auch dafür. Für den November wurde es beschlossen, dann wurde es in Kösen kühl und feucht, und die Bronchitis war fällig. Der Zahnarzt in Naumburg tat sein Äußerstes bis dahin, und außerdem versah er mich noch mit einem Schächtelchen frischer Gummiringe, um die vordere Klammer straff nach hinten zu ziehen – in Richtung der Backenzähne: »Immer straff, Maxel, immer straff, hörst du?« vor gotischen Fenstern.

Dann stand der Reichstag in Flammen, Kuni sprach sehr erregt darüber, es sprachen alle darüber, die Gemüter waren zum ersten Male aufgewühlt, unsicher. Aus dem Radio kam die scharfe Stimme des Richters und die wütende Hermann Görings. Van der Lubbe, der Angeklagte, sprach leise. Überall schwirrten Mutmaßungen, in der Kurpromenade kannte man nur dieses Thema, und auch ich war begierig nach Neuigkeiten. Schlecht war mir bei dem Gedanken, daß ein Mensch hingerichtet werden sollte, ich versuchte es mir vorzustellen, die Urteilsverkündung, die letzte Nacht, den Gang zur Vollstreckung. Es war neu für mich, daß ich mit einem gewaltsamen Tod konfrontiert wurde, daß ich – im Radio – die Stimme eines Menschen hörte, dem so Grauenhaftes widerfahren sollte.

Die ersten feldgrau gekleideten Burschen zogen durch die Stadt, noch mit geschultertem Spaten, noch nicht mit dem Gewehr, noch freiwillig, noch nicht gezwungen. Ein Lager des freiwilligen Arbeitsdienstes wurde gegenüber der Werkstätte eingerichtet, da marschierten die Jungens ein und aus, singend. Ein rundlicher, etwas weicher Mann, zwischen vierzig und fünfzig, stand täglich vor dem Zaun, manchmal mit einem Kuchenpaket. Ich schloß Freundschaft mit ihm, es war ein Vater, dessen Sohn mitmarschierte und schaufelte. Der Vater war traurig, melancholisch – warum wohl? Er schaute immer aus umflorten Augen und hatte sich in einer Pension an der Saale eingenistet, nur um seinem Buben nahe zu sein. Vielleicht war der Sohn zum Arbeitsdienst gegangen, um von seinem Vater loszukommen? Jedenfalls war es der zweite Vater, in kurzem Abstand, den ich um sein Kind bangen sah. Ich konnte mir nicht vorstellen, daß »Herzlieb« ein Gleiches getan hätte – daß er nach Arosa käme und vor Frau Suters Heim stünde, mit kalten Füßen im Schnee.

Der günstigste Zug ging nachts um eins ab Leipzig, ein Schlafwagen war reserviert. Die Schwester Fifi brachte mich ins Gebirge. Die Mutter begleitete uns noch bis Leipzig. Dort aßen wir bei einer befreundeten Familie zu Abend, die hatte Geld, kostbares Geschirr, eine gepflegte Tafel und zwei Töchter.

Die jüngste, Jutta, war in meinem Alter. Jahre später verwirrte mich ihr üppiger Busen, aber jetzt war ihre Brust noch so flach wie meine. Da rührte sich nichts.

Daß ich vor der Abfahrt schlafen mußte, mitten in der Nacht aufstehen, verträumt, dumpfen Sinnes, das war wie eine bedeutende Zäsur. Der Schlaf schuf den Abstand zur Kindheit. In der Dunkelheit begann etwas Neues, das hatte mit dem alten nichts mehr zu tun. Es änderten sich nicht nur die Räume. Nun verließ ich zwölf fest miteinander verbundene Jahre. Von jetzt an gab es immer zahlreichere Epochen, immer häufigere Episoden in meinem Leben. Fast alle fielen mit Ortswechseln zusammen.

Doch jetzt war ich nur müde. Das Heimweh schickte den ersten, winzigen Vorboten, als die Mutter auf dem Bahnhof zurückblieb, unter den Lampen, von Schwärze umgeben und in jenem Ruch von Staub und Ruß, der damals auf allen Bahnhöfen, in allen Zügen war und alles überzog.

Die Entfernung von daheim wuchs von Stunde zu Stunde. Die Überfahrt über den Bodensee, von Friedrichshafen nach Rorschach, legte einen schier endlosen Raum aus Licht zwischen die gewesenen und die kommenden Dinge. Das Licht hatte keine Grenze, vom Himmel bis in die Tiefe, weder nach vorne noch zurück. Es war wie ein Nichts, in dem auch die Zeit stillstand und sich nur der Dampfer langsam vorwärts bewegte.

Der nicht mehr ganz kleine Max fütterte die Möwen.

Knaur

Biographien

David, Janina
Ein Stück Fremde
Erinnerungen an eine Jugend.
224 S. [2331] (L)
Ein Stück Himmel
Erinnerungen an eine Kindheit.
224 S. [2307]
Ein Stück Erde
Das Ende einer Kindheit.
208 S. [1143]

Dünser, Margret
Highlife
Die Frau, die mit ihrer »V.I.P.-Schaukel« Millionen Fernsehzuschauer faszinierte, schildert in diesem Buch ihr Leben, ihren Alltag, ihre Begegnungen.
462 S. [760]

Flickenschildt, Elisabeth
Kind mit roten Haaren
96 S. mit 8 Abb. [320]

Feuchtwanger, Marta
Nur eine Frau
352 S. mit Abb. [2340]

Goll, Claire
Ich verzeihe keinem
256 S. [673]

Hermann, Brigitte
Elisabeth
Eine großartige Biographie, die auf bisher nicht zugänglichen Dokumenten basiert. 672 S. mit 32 s/w-Abb. [2314]

Mailer, Norman
Marilyn Monroe
Eine sprachgewaltige Liebeserklärung Mailers an den unvergessenen Star. 392 S. mit 100 weltberühmten Fotos. [429]

Walker, Alexander
Greta Garbo
Ein Porträt mit bisher nie gezeigten Fotos.
368 S. mit 250 s/w-Abb. [2316]

Malraux, Clara
Das Geräusch meiner Schritte
25 Jahre lang teilte und beeinflußte Clara Malraux das wechselvolle Leben von André Malraux. Hier erzählt sie ihre Lebensgeschichte.
336 S. [2327]

Mills, Bart
Tina Turner
Vom Country-Girl zur Rock-Lady. Die erste und einzige Biografie über den Superstar 1985 in der Soul- und Rockszene.
192 S., 47 Abb. [2346]

Palmer, Lilli
2mal Lilli
Die beiden autobiographischen Bestseller Lilli Palmers in einem Band: »Dicke Lilli – gutes Kind« und »Der rote Rabe«.
480 S., 32 S. Bilder [1163]

Parth, Wolfgang W.
Goethes Christiane
Ein Lebensbild. Die Geschichte der Frau, die achtundzwanzig Jahre an Goethes Seite gelebt hat: Christiane Vulpius.
368 S. mit 5 s/w-Abb. [2321]

Peters, H. F.
Die rote Jenny
Ein lebendiges Portrait der Jenny von Westphalen, das darüber hinaus den Aufbruch in eine neue Zeit und ein neues Bewußtsein einbringt.
192 S. [2345]

Pulver, Corinne
Madame de Staël
Das Portrait einer Frau, die ein Beispiel für eine originelle und intelligente Emanzipation wurde. 335 S., 52 Abb. [2303]

Rofheart, Martha
Ich, Kleopatra
Ein historischer Roman um eine geheimnisvolle Frau, stolze Herrscherin und Beherrscherin der mächtigsten Männer ihrer Zeit. 272 S. [735]

Seward, Desmond
Marie Antoinette
Der Lebensweg einer der tragischsten Frauengestalten, die die Geschichte kennt.
272 S. [2323]

Stassinopoulos, Arianna
Die Callas
Die aufschlußreichste Biographie der Callas, eine fesselnde und überzeugende Lektüre.
336 S. mit 15 s/w-Abb. [2315]

Stern, Bert
Marilyn's Last Sitting
Bert Stern war der letzte Photograph, dem Marilyn Monroe – sechs Wochen vor ihrem Tod – einen Termin gewährte.
256 S. mit zahlr. Abb. [2328]

Tolstoi, Tatjana
Ein Leben mit meinem Vater
263 S. mit zahlreichen Fotos. [721]

Troyat, Henri
Die große Katharina
512 S. [2309]

Ullmann, Liv
Wandlungen
304 S. [568]

Ullrich, Luise
Unterwegs zu mir
Australische Impressionen. Ein ungewöhnliches Buch, von und über eine Frau, die es schaffte, ihr Schicksal zu meistern.
192 S. mit 14 Abb. [2333]